BÉLAYE

ET LES ENVIRONS

Abbé F. LACOSTE

BÉLAYE
ET LES ENVIRONS

CAHORS

Imprimerie veuve F. PLANTADE, 8, quai Champollion

—

1908

Abbé Lacoste Bélaye et les environs
(Cahors, in-8°, 328 p.

Cne du Lot, arr. Cahors, con Luzech
Cette petite monographie locale ne se recommanderait à notre
attention que si elle était irréprochable.

Or beaucoup de renseignements puisés dans des ouvrages
de seconde main. L'inédit (car il y en a q. g. peu)
est souvent dû aux obligeantes communications de l'abbé
Albe, qui a travaillé longt. à Paris et à Rome. Mais
l'auteur s'en sert mal : il attribue à la Bibl. nat.
les registres du Trésor des chartes (p. 81). Ailleurs, il est
vrai (p. 105), il les restitue aux Archives nat. Il
traduit une bulle d'Urbain V, et il semble, d'après lui,
que cette bulle se termine par une souscription ou une
signature de "Urbain V pape" :

Les descriptions de ~~monuments~~ l'église sont tellement peu
précises qu'elle ne donnent aucune idée ni de la forme, ni
du style (r. p. 117)
Rien de bien intéressant :: un siège s. la gu. de 100 ans.
Beanc. de généalogies
Va jusqu'en 1789

AVANT-PROPOS

Le bourg de Bélaye est perché sur une de ces hautes falaises qui bordent le Lot, et qui sont connues dans le pays sous le nom de Cévennes. Cernée, d'un côté par la rivière, et de l'autre par une vallée étroite et profonde au bas de laquelle coule le ruisseau de Rivel, la montagne se détache en une presqu'île escarpée, beaucoup plus longue que large, d'où le surnom de *Ville-Longue*.

De la grande place du Mercadiel, le regard embrasse un des plus beaux panoramas qui existent dans le département. C'est le Lot qui déroule comme en se jouant ses gracieux méandres, pareils aux replis d'un serpent. Ce sont les fertiles et riantes plaines de Prayssac, d'Anglars-Juillac et de Lagardelle, qui sont bornées à l'horizon par un rideau de collines aussi variées que pittoresques.

Mais ce qui donne au bourg son cachet spécial, ce sont les ruines amoncelées de toutes parts. Fièrement campé sur la croupe de la colline, le vieux château-fort est encore là, semblable à une immense tête de mort, avec ses grands yeux toujours ouverts. Les remparts démantelés couronnent encore les hauteurs du côté du midi et surtout du couchant. Au milieu du bourg se dressent les restes du Château de l'Évêque de Cahors, seigneur temporel du lieu, qui enclosent maintenant le jardin de la cure. Des ruines, le sol en est convert ; en construisant la nouvelle route qui descend dans la vallée et la rue qui relie le Mercadiel à la petite place, on en a mis au jour un grand nombre ; et l'on peut dire que toutes les maisons actuelles sont bâties avec des débris d'anciens édifices.

Le lierre s'attache désespérément à ces vieilles masures, les enserre dans ses puissants tentacules, pénètre le mortier qui les unit, et les désagrège peu à peu. De temps en temps une pierre se détache, roule en bondissant le long de la Cévenne et va troubler un instant le repos des merles et des bouvreuils qui sifflent dans les barthes. Selon toute apparence, il faudra de longs siècles pour que le temps achève son œuvre de destruction, à moins que la main de l'homme ne vienne lui prêter son concours.

Ces ruines, partout répandues, impriment à Bélaye un caractère de tristesse indéfinissable. Car les choses elles-mêmes ont une manière de pleurer leur décadence. *Sunt lacrymæ rerum.*

Le petit bourg, perdu aux confins des cantons de Luzech et de Puy-l'Évêque, présente encore aujourd'hui un aspect imposant que l'on trouve rarement parmi les chefs-lieux de nos communes rurales. L'immense église, faite pour une population trois ou quatre fois supérieure à la population actuelle ; le presbytère, avec ses fenêtres croisées du Moyen-Age ; la vaste maison Belmon ; la maison Boutet, avec son donjon féodal ; la maison Raynaly, avec ses fenêtres à colonnettes du xiiie siècle ; les ormes séculaires qui ombragent la localité ; tout cela, vu de loin, forme avec les débris des anciennes fortifications, un ensemble qui n'a rien de vulgaire. On dirait un noble ruiné qui garde encore, sous ses haillons, un certain air de grandeur.

Enfants de Bélaye, nous aimons cette terre qui nous a vu naître; et si les exigences de la vie nous obligent à la quitter, nous la revoyons toujours avec un nouveau plaisir. Nous vénérons ces restes d'un passé qui ne fut pas sans grandeur; nous sentons qu'il y a dans ces pierres une vertu secrète qui nous attire et qui nous captive. C'est bien le cas de dire avec le poète :

> Objets inanimés, avez-vous donc une âme,
> Qui s'attache à notre âme et la force d'aimer?

Quelle est l'histoire de ce coin de terre ? Ah ! si les pierres pouvaient parler, elles nous diraient mieux que personne la suite des événements dont elles furent les témoins muets. Elles feraient reparaître à nos yeux les monuments dont elles firent partie. Elles nous dénombreraient les générations qu'elles ont vu passer tour à tour, avec leur vie domestique, leurs vertus et leurs vices, leurs joies et leurs peines, leurs luttes sanglantes contre l'ennemi, leurs défaites et leurs triomphes. Mais c'est en vain que vous les interrogez; elles gardent bien leur secret, et c'est à peine si elles daignent vous révéler la date de leur origine.

Si vous demandez aux habitants, héritiers des anciennes traditions, l'histoire de leur pays, ils vous répondront que *Bélaye était une ville,* et qu'*il a été pris par les Anglais*; et c'est à peu près tout.

Curieux de connaître le passé de notre petite patrie, j'avais parcouru, il y a longtemps, quelques historiens du Quercy ; mais je dois le dire, grande fut ma déception de pouvoir recueillir à peine quelques faits clairsemés, de peu d'importance, parfois même inexacts.

J'en étais demeuré là de mes recherches historiques, désespérant de les compléter jamais d'une manière satisfaisante, lorsque le hasard fit tomber entre mes mains une Notice manuscrite sur les Guiscard, seigneurs de la Coste-Grézels, qui ont joué, pendant plus de cinq siècles, un rôle prépondérant dans notre pays. Il y avait là des choses du plus haut intérêt sur Bélaye et les environs.

Cette circonstance m'amena à faire quelques recherches. Tous les amateurs savent combien prenant est ce genre d'études ; de nouvelles trouvailles m'engagèrent à de nouvelles recherches ; et c'est ainsi que j'amassai peu à peu les quelques éléments d'histoire locale que j'offre aujourd'hui à mes compatriotes.

Je prie toutes les personnes qui ont bien voulu me prêter leur concours pour l'exécution de ce travail, de recevoir ici l'expression de ma reconnaissance. La famille Albet de Charrou m'a livré ce qui lui restait des minutes de MM. Boulzaguet, ses ancêtres. M. le chanoine Albe a fait copier à mon intention quelques documents de haute valeur dans les archives du Vatican. Grâce à l'obligeance de Madame veuve Bonamy, de Lagardelle, j'ai pu prendre connaissance des notes précieuses recueillies par son mari, M. Lucien Bonamy, docteur en médecine. Des indications très-utiles m'ont été données par M. l'abbé Foissac, professeur-paléographe au Grand Séminaire de Cahors. M. Henri de Folmont m'a ouvert ses riches archives. Je dois à M. l'abbé Taillefer quelques pièces intéressantes. M. Raynaly, maire de Bélaye, m'a communiqué le cadastre de 1673 et les anciens registres de catholicité. Les familles Gouzou d'Audy et Bernadou de Labeille m'ont confié leurs vieux papiers. Enfin, M. Fourastié, archiviste départemental, a mis sa complaisance ordinaire à faciliter mes recherches. A tous je dis un sincère merci.

BÉLAYE ET LES ENVIRONS

CHAPITRE PREMIER

Les origines. — Monuments celtiques. — Archi-prêtré. — Justice. — Commerce. — Le « castrum » de Bélaye.

Bélaye est un nom de lieu fort rare parmi les appellations géographiques : nous n'avons trouvé qu'un homonyme, le village de *Bélaye-le-Long*, sur la commune de Sérignac.

Quelle en est l'origine ?

Beaucoup le font venir de *Bel-Ayrc*, bel air, par allusion à l'altitude du lieu. D'autres, en petit nombre, le font dériver de *Bello-Ayguo*, belle eau, à cause du beau contour que le Lot décrit au pied de la montagne (1).

---

(1) J. B. Gluck indique les deux opinions dans son *Album historique du Département du Lot*

Mais, si l'on s'en rapporte à l'orthographe ancienne et traditionnelle du mot, on ne peut adopter ni l'une ni l'autre interprétation. Les plus vieux documents portent, en effet, et d'une manière constante : *Bélaïc* ou *Bellaïc* ; en latin : *Belaïcum, Belaycum ; ou Bellaïcum, Bellaycum.*

Ce n'est guère que sur la fin du XVIIe siècle et pendant le XVIIIe que l'on commença à écrire *Bélay* et *Bélaye.* Puis, sur la fin du XVIIIe et pendant la Révolution, on écrivait plus souvent *Bélaye* : c'est l'orthographe qui a prévalu définitivement.

Ce nom n'a évidemment pas une physionomie romane, et c'est dans les langues antérieures qu'il faut aller chercher son origine.

On sait que les Gaulois, nos ancêtres, adoraient, entre autres divinités, *Bélen*, le dieu du Soleil, appelé ailleurs *Bel, Belus* ou *Baal.* Il existe dans le Quercy certaines localités, — par exemple *Bélinac*, près Livernon, — qui étaient consacrées à ce dieu, et qui en tirent leur nom. Il est fort probable que Bélaye lui doit aussi sa dénomination. Le bourg, étendu sur toute la longueur du plateau, et légèrement incliné vers le midi, se baigne voluptueusement, comme le lézard, dans les rayons du soleil ; et l'on peut raisonnablement conjecturer que Bélaye était, fort longtemps avant l'établissement du christianisme, un lieu consacré à Bélen.

Le culte du Soleil avait peut-être, comme pendant, le culte de la Lune, dans la combe de *Lunac*, entre Pech-méja et Roquebaudy.

*
* *

Il n'existe plus aujourd'hui dans les environs de Bélaye qu'un monument de l'âge celtique : c'est un *menhir*, ou bloc de granit, appelé *lou Roc-Naout*, d'environ trois mètres de hauteur, qui se dresse dans le bois de *Combe-Layroune*, aux confins des communes de Bélaye, Lagardelle et Grézels, mais sur le territoire de cette dernière.

Guillaume Lacoste, l'auteur de l'*Histoire générale de la province du Quercy*, signale (Tome I, p. 21) des Monolithes, Béthels ou Peulvans, comme existant de son temps à *Lalaurie* : aujourd'hui, ces monuments ont complètement disparu.

Au lieu du *Mayne*, anciennement appelé *Dafas* (1), il existait, ainsi que l'indique ce dernier nom, un autel snr lequel les Druides immolaient des victimes en l'honneur de leurs dieux (2).

Enfin, la dénomination du village de *Tarre*, aujourd'hui *Terret*, rappelle qu'il y avait là un *Tumulus*, couvrant la sépulture de quelque grand personnage. Ces monuments consistaient, tantôt en de grands amas de terre, comme celui de Gramat, et alors ils étaient appelés dans le Midi *Tarré, Tarras* ou *Terras, Terral, Terrou*, etc. ; tantôt en un monticule de pierres, et, dans ce cas, ils portaient le nom de *Cayré, Cayrou*, du celtique *Kairn*, tombeau (3).

* *

Nous n'avons trouvé aucun document faisant mention de Bélaye avant l'an mille. On sait d'ailleurs combien sont rares les écrits antérieurs au XIIe siècle. On sait

---

(1) Voir le Cadastre de 1673.

(2) Nombreux sont les lieux qui portent le nom de *Fas, Lefas, Dafas* (et mieux *Da Fas*,) du verbe latin *facere*, faire employé absolument pour signifier *sacrifier*, issu lui-même de *sacrum facere*, faire la chose sainte par excellence. Le mot *afachomen* est encore usité dans certaines contrées du Midi pour signifier occision, tuerie, immolation, et rappelle manifestement les sacrifices antiques.

(3) Voir les mots *Afachomen* et *Terras dans Couzinié, Dictionnaire patois-français*.

aussi que les archives de notre Province furent enlevées par les Anglais et transportées à la *Tour de Londres*, pendant la Guerre de Cent Ans. Ce qui en reste ne tardera pas, sans doute, à voir le jour, et alors on pourra compléter un grand nombre de nos monographies.

M. Louis Ayma, — le traducteur de l'*Histoire des Evêques de Cahors, par Guillaume Lacroix,* — mentionne Bélaye parmi les 14 archiprêtrés qui formaient au xiᵉ siècle le Diocèse de Cahors (Tome I, p. 38).

Voici leurs noms, dans l'ordre même où ils se trouvent au Pouillé (1) de Longnon de 1526 : Cahors, Luzech, *Bélaïc,* Pestillac, Salviac, Gourdon, Gignac, Thégra, Figeac, Cajarc, Saint-Cirq-la-Popie, Montpezat, Moissac et les Vaux (Castelnau-Montratier).

D'après ce document, l'archiprêtré de Bélaye comprenait les Eglises suivantes, avec le compte des décimes à payer au Roi pour l'année 1526.

Bélaïc, Archipêtré de Bélaïc		*41 livres*
Bélaïc, Vicairie perpétuelle de St-Aignan, avec son annexe Notre-Dame-de-Latour. . . .	*A la collation de l'Evêque*	*40 sous*
Pescadoires.		*10 livres*
Cabanac.		*4 livres*
Flouressas.		*22 livres*
Ste-Marie-Madeleine de Moles, autrement de Ferrières.		*4 livres*
Ségos.		*12 livres*
Creyssens, avec son annexe du Volvé et Falguières (2).		*10 livres*
Sérinhac, avec son annexe de Plalong.		*16 livres*

(1) Le Pouillé était un dénombrement des bénéfices ecclésiastiques.
(2) On croit que ce nom a été défiguré et qu'il faut lire *Farguettes.*

St-Matré, autrement Le Crucifix, avec son
   annexe de Coulourgues. . . . .)
Saux. . . . . }
Mascayroles. . . . . }   *20 livres*
Tourniac. . . . .)

Ce tableau renferme une note importante. « *Pescadoires.*
» Au temps de l'abbé Etienne, c'est-à-dire vers le milieu
» du xie siècle (1), *Kalsan de Bélaïc,* Guillaume son fils, et
» Grimoard son neveu, donnèrent à l'abbaye de Moissac
» une Eglise qui est appelé *Pescadoires* (en latin, *Piscato-*
» *rias*). L'Eglise et le prieuré de Pescadoires furent cédés
» par le monastère de Moissac à l'Evêque de Cahors par
» voie d'échange en 1270. » Cette note nous révèle un
seigneur de Bélaye au milieu du xie siècle. Le nom de
Kalsan, celui de Guillaume et de Grimoard, désignent
évidemment des hommes du Nord, descendant d'un
ancien conquérant du pays, peut-être de quelque leude
de Charlemagne.

A côté du tableau de Longnon, nous donnerons le
nom des paroisses de l'Archiprêtré, d'après la carte de
l'ancien diocèse de Cahors, dressée par M. l'abbé Albe.
Bélaye, avec les Eglises de St-Aignan, de Ste-Catherine,
et de l'Hôpital (2); Latour ; Cabanac, avec Orgueil ; Mauroux ; Lacapelle-Cabanac ; Pescadoires ; Lagardelle ; St-
Benoît (près Grézels) avec le Château de la Coste ; Grézels ; Saint-Jean ; Floressas ; Ferrières, avec Moles ; St-
Matré ; Sérignac ; Ségos ; Le Boulvé ; St-Martin de Pla-
long (commune de Sérignac); Coulourgues ; Troniac ;
Saux ; Crayssens ; Mascayrolles ; soit en tout 22 Eglises.
L'archiprêtre était le premier et le chef du collège des

(1) Kalsan de Bélaye et son fils donnèrent Pescadoires à l'abbaye de
Moissac en 1037. (Doat, 129, f. 73).

(2) L'Eglise actuelle, ainsi appelée parce qu'elle se trouvait dans le
quartier de l'hôpital.

prêtres de sa circonscription. L'Evêque le déléguait pour le suppléer dans plusieurs de ses fonctions. Il était, en quelque sorte, son vicaire général ; et la suprématie qu'il exerçait sur le clergé, et les droits qu'il prélevait sur les paroisses, lui donnaient une situation importante et fort recherchée. Aussi, verrons-nous, parmi les Archiprêtres de Bélaye, des ecclésiastiques distingués par leur naissance et leurs emplois.

*
* *

Dès ces temps reculés, Bélaye était aussi chef-lieu d'*honneur* ou de *juridiction*, équivalant, à peu de chose près, au siège d'une justice de paix. C'est ce que nous apprend un acte de la maison de Guiscard du 3 septembre 1258, rapporté par d'Hozier, et dont il sera parlé plus loin.

Nous n'avons pas le nom des localités qui relevaient à cette époque de la juridiction de Bélaye ; mais nous pouvons donner, d'après les actes publics, les paroisses qui composaient son ressort au xviie et au xviiie siècle. Ce sont : Bélaye ; Latour, avec Juillac ; Lagardelle ; Pescadoires ; Grézels ; Farguettes ; Rouffiac ; Bovila ; Ségos et Fargues.

*
* *

A cette époque, Bélaye était un centre commercial d'une certaine importance. Un bail à fief de la maison de Guiscard (1) passé en la fête de St-Barnabé de l'année 1255, mentionne les mesures à grain. Les mêmes archives possédaient un acte daté du 1er mai 1312, rapporté par d'Hozier, et passé sur la place du marché de Bélaye, *in mercato de Belayco.*

(1) Archives de la Préfecture du Lot, série F., no 437.

Il n'est pas douteux que la foire de Sainte-Catherine ne remonte à des temps très-reculés, comme le prouve le terme des pacts ou payements fixé à cette date et mentionné très souvent dans les anciens actes.

*
* *

Un document de 1257 nous montre que Bélaye avait, a cette époque, une réelle importance, comparativement aux localités environnantes. C'est une transaction passée entre Alphonse, frère de St-Louis, et Barthélemy de Roux, évêque de Cahors, au sujet de quelques terres du Quercy confisquées sur les hérétiques. Alphonse donna au Prélat « tous les droits qu'il avait sur le *Mas de Barn*, avec ses » appartenances, lequel mas se trouve proche le *castrum* » de Bélaïc, *propre castrum de Belayco.* » (1) Le mot de *castrum* éfait employé au Moyen-Age pour désigner indiféremment un château-fort et une place-forte. Mais, quelle que soit sa signification dans le cas présent, n'est-il pas évident que, quand il s'agit de déterminer la position d'un village situé aux portes de Puy-l'Evêque, le fait seul de le rapporter à Bélaye montre suffisamment que notre petite ville possédait alors une notoriété bien établie ?

(1) Cathala-Couture, *Histoire du Quercy*, t, 2, p. 457.

CHAPITRE II

Les Évêques de Cahors seigneurs de Bélaye. — Les co-seigneurs. — La ville, la place forte. — Les armes de Bélaye.

Les Évêques de Cahors furent, pendant de longs siècles, seigneurs temporels de Bélaye.

La féodalité avait tout englobé dans son vaste système, personnes et choses, rois et peuples, nobles et roturiers, villes et campagnes ; et l'Eglise elle-même avait dû se faire une place dans ce régime. La terre se trouvait partagée en *fiefs* ou bénéfices. Les hommes étaient *suzerains* ou *vassaux*, et souvent l'un et l'autre en raison de leurs biens ; d'où résultait un enchevêtrement inextricable, mais aussi un lien puissant qui unissait en un seul bloc tous les éléments du corps social. Le vassal était l'*homme* de son suzerain ; il devait lui faire hommage (1) des biens qu'il tenait de lui, et lui prêter serment de fidélité. A son tour, le suzerain promettait à son vassal aide et protection.

L'Evêque de Cahors était *Comte* et *Baron* de sa ville épiscopale, et avait rang parmi les plus grands seigneurs de la Province.

(1) La cérémonie de l'hommage se faisait avec solennité, en présence de témoins convoqués à cet effet, et l'acte en était dressé par un notaire. — Le vassal perdait son fief pour cause de félonie, infidélité ou injures envers son suzerain.

Dès le viie siècle *Saint-Géry* pouvait être considéré comme étant, de fait, le seigneur temporel de Cahors. Il bâtit, avec ses fonds privés, une longue ligne de remparts sur l'emplacement des boulevards actuels ; il décide la construction de grands acqueducs pour amener dans la ville les eaux du *Pech-de-Rolle :* toutes choses qui comportent l'exercice d'un pouvoir suzerain. C'est que l'Eglise était alors la seule institution demeurée debout au milieu des ruines amoncelées sous la main des Barbares ; et les peuples, abandonnés par les rois à leur malheureux sort, se jetaient volontiers entre les bras de leur Evêque, pour obtenir son assistance. Beaucoup de prélats devinrent ainsi par la force des choses les protecteurs nés de la cité, et par suite en furent les guides et les chefs naturels.

« Tout semble annoncer, dit un historien de notre Pro-
» vince (1), que ce fut sous l'épiscopat de *Géraud II de*
» *Gourdon* et en considération sans doute de son mé-
» rite et de ses vertus, que le Comte de Toulouse, Guil-
» laume IV, se démit en faveur de son ami, notre Evê-
» que, de la seigneurie de la ville de Cahors. Il est cer-
» tain, du moins, que Géraud de Gourdon, lorsqu'il fit
» son testament, en 1090, disposa de la dîme sur la mon-
» naie qu'il *faisait battre* et frapper à son coin ; ainsi que
» de la propriété de la tour qu'il avait *fait construire* pour
» la défense des cloîtres de l'Eglise Cathédrale. Or, on
» sait que dans ce temps-là, le droit de battre monnaie,
» ainsi que celui d'élever des fortifications, constituaient
» le droit *régalien.* »

Les Evêques de Cahors rendaient hommage au Comte de Toulouse ; mais Raymond VI ayant versé dans l'hé_résie dite des Albigeois, et cessé d'être leur suzerain légi-

(1) Raphaël Périé, *Histoire du Quercy*, tome I, p. 404.

time d'après le droit public du Moyen-Age, ils portèrent leur foi au Roi de France. Le 20 juin 1211, *Guillaume de Cardaillac* se rendit sous les murs de Toulouse, auprès de *Simon de Montfort*, chef de la Croisade et représentant de Philippe-Auguste ; et là, « plaçant les mains dans les » siennes, il lui promit fidélité, pour avoir reçu le *comté* » de Cahors du dit Simon, comme il l'avait reçu de Ray- » mond, autrefois comte de Toulouse, et de ses prédé- » cesseurs. » (1) Au mois d'octobre de la même année, il prêta serment, à Paris, entre les mains du roi de France en personne.

En 1228, le même prélat rendit hommage à Saint-Louis pour les quarante villes, bourgs ou châteaux qui composaient sa temporalité. C'étaient, dans notre région, les Eglises ou paroisses de Puy-l'Evêque, Luzech, Prayssac, Grézels, Pescadoires, *Bélaye*, Castelfranc, Saint-Matré, Sauzet, Cambayrac, Sénac, Pontcirq, Frayssinet-le-Gélat, Espère, Mercuès, etc.

En outre de ces fiefs, dont il était le seigneur direct, l'Evêque de Cahors en avait un très grand nombre sur lesquels il ne percevait aucun revenu, et dont il avait investi d'autres seigneurs, qui étaient ses vassaux (2). C'est avec l'aide de cette grande clientèle et de plusieurs de ses parents que Guillaume de Cardaillac put s'emparer, sur les hérétiques, de deux places très fortes (3), *Luzech* et *le Puy* (4), et jouer un rôle important dans la guerre des Albigeois. C'est encore grâce à leurs nombreux

(1) Dominicy.

(2) Leurs noms et leurs terres sont mentionnés dans un Tableau d'hommage aux évêques de Cahors, archives de la Préfecture du Lot, série C., n° 1.

(3) Ainsi qualifiées dans une bulle du Pape Grégoire IX, du 8 des calendes de février 1227, cité par C. Lacroix, *Histoire des évêques de Cahors*, édit. Ayma, tome I, p. 300.

(4) Appelé, à la suite de cette circonstance, *Puy-l'Evêque*, du nom de son suzerain.

vassaux que les Evêques de Cahors interviennent si utilement en faveur de l'unité nationale pendant la Guerre de Cent Ans.

Les biens temporels de l'Evêché provenaient généralement de la libéralité des princes et des seigneurs, ou bien des dons que certains prélats de riche famille, comme Saint-Géry, avaient fait à l'Eglise aux dépens de leur patrimoine (1).

L'Evêque était le seigneur direct de Bélaye. Il y possédait un château féodal, où il ne paraît pas, d'ailleurs, avoir fait de longs séjours, comme à *Albas* (2) et à *Mercuès*. Il y avait, à l'usage de ses vassaux, un four banal, ainsi qu'un moulin banal, qui était le *Moulin du Lot* ou de *Rivel*.

Il y possédait très peu de biens ruraux ; nous n'avons trouvé qu'un petit ténement de cinq quarterées sis à *Pégare* ou *Pechgarel*, près *Montville* (3).

D'où venait aux Evêques de Cahors le fief de Bélaye ? Comment, de qui et à quelle époque l'ont-ils acquis ? C'est ce qu'on ne saurait dire. Les documents connus ne nous apprennent rien ; *Lacroix* lui-même, l'historien des Evêques de Cahors, est muet sur ce point ; et ce silence

(1) On a prétendu qu'après la conquête des Gaules par les Francs, et à la suite d'autres invasions, les biens des vaincus avaient été attribués aux vainqueurs et aux *Evêques* par la voie du sort. Cette opinion, en ce qui regarde nos prélats, ne repose sur aucun fondement. Les Visigoths sont les seuls qui aient pris en masse les terres de nos ancêtres, les deux tiers, et se les soient partagées par le sort ; et certainement ces hérétiques, ennemis jurés de notre foi, ne donnèrent rien à l'Eglise.

(2) Les quatre frères Séguin, Izarn, Gausbert et Arnaud, de la maison de Luzech, donnèrent l'Eglise de Saint-Etienne d'Albas au Chapitre de Cahors vers 1100, sous Géraud III de Cardaillac (G. Lacoste, tome I. p. 43). En 1256, l'Evêque, Barthélemy de Roux, donna au Chapitre certaines églises, et reçut en échange la villa d'Albas. (Lacroix tome I. p. 369). Le château épiscopal était sur l'emplacement du presbytère actuel.

(3) Papiers de la famille Gouzou.

permet de croire que l'acquisition de ce fief remonte à une époque très reculée. Quoiqu'il en soit, il est certain qu'en l'année 1228 Bélaye faisait partie de la temporalité de l'Evêque, puisqu'il est mentionné expressément dans le procès-verbal d'hommage que Guillaume de Cardaillac rendit à Saint-Louis, comme nous venons de le voir.

Nos ancêtres eurent à se féliciter de vivre sous la crosse. Sauf les redevances féodales ordinaires, et le droit de justice rendue au nom de l'Evêque, ils jouissaient d'une autonomie à peu près complète. Ils s'administraient eux-mêmes par leurs consuls, et connaissaient à peine le nom de leur maître, qui résidait au loin. Aussi, tandis que les chroniques de notre Province sont remplies de querelles, de procès, et de luttes parfois sanglantes, entre le peuple et les seigneurs laïques ; il ne paraît pas, du moins d'après les documents que nous avons vus, que chez nous la paix ait été sérieusement troublée.

Cependant, il ne faudrait pas croire que les Evêques, pour être éloignés de Bélaye, se soient désintéressés de ses habitants. Nous verrons, au contraire, comment ils prirent soin de fortifier la ville, de veiller à sa conservation, de la reprendre sur ses ennemis, de la racheter des mains des ravisseurs, de la doter de belles églises ; comment, pendant les guerres de religion, ils ouvrirent dans leur château un asile aux gens de la campagne pour les protéger contre les courses des hérétiques ; bref, ils ne cessèrent de faire sentir à nos ancêtres les bienfaits de leur puissante et paternelle protection.

*
* *

A côté de l'Evêque était une famille noble qui portait le titre de *co-seigneur* de Bélaye.

Nous avons déjà trouvé, en l'an 1037, un seigneur

nommé *Kalsan*, habitant Bélaye et bienfaiteur de l'abbaye de Moissac.

En 1235, l'Evêque *Pons d'Antéjac* fait un « accord avec » un autre seigneur, *Célébré* (1) de Bélaye, au sujet d'une » maison du bourg de Bélaye et des eaux du Lot, qui la » baignent. » (*Lacroix*, tome I, p. 98).

En 1280, *Raymond de Cornil*, évêque de Cahors, reçoit l'hommage de la plupart de ses vassaux, parmi lesquels, les seigneurs de *Bélaye*, Luzech et Puy-l'Evêque. (*Guillaume Lacroix, séries ep. cad. p. 139*).

G. Lacoste fait mention (tome III, p. 28) d'une sentance arbitrale concernant l'Evêque de Cahors et *Benoit de Jean* (des Junies) prononcée à Avignon en 1325, en présence de noble seigneur *Guillaume Séguier*, chevalier et co-seigneur de *Bélaye*.

La famille *Séguier* possédait, en outre de la co-seigneurie de Bélaye, les châteaux du *Boulvé* et de *Lalande*, comme nous le verrons plus tard. Vers 1335, elle se fondit dans la maison d'*Orgueil*, et celle-ci lui succéda dans ces trois fiefs. Dans un acte du 15 octobre 1395 (Archives de Guiscard), Guillaume d'*Orgeuil*, damoiseau, est dit *habitant* de Bélaye.

Le cadastre de 1602 nous apprend que « Monsieur *du* » *Voulbé* tenait, outre quelques terres au *Bosquié de* » *Faucherie* et au terroir appelé d'en *Douelle*, un boutge » de maison (2) et pactus joignant dans le *Fort* de » Bélaye. » D'après le cadastre de 1673, « la *Dame* (du » *Boulvé*) seigneuresse de *Lalande*, tient un boutge de » maison, pactus et sébenne à Bélaye, appelé la *Cave du*

---

(1) On croit qu'il s'agit d'un membre de la famille de Saint Géniez, apparentée aux Guiscard. Les documents du temps mentionnent, en effet, un Célébré de Saint Géniez et ne citent aucun autre personnage de ce nom.

(2) On appelle boutge ou bouge une petite maison éclairée seulement par quelque lucarne ou *boutal*.

» *Boulbé*, confronte au chemin de la *Place* au *Portanel*,
» du fond avec Lolt. » Enfin, aujourd'hui encore, les
souterrains et les ruines du Château-fort sont appelés
vulgairement *les Caves du Boulvé*.

Il faut conclure de là que les *Séguié* et les d'*Orgueil* du
Boulvé possédaient le Château-Fort de Bélaye et quelques terres, dont ils devaient l'hommage à l'Evêque; et
peut-être que les *Saint-Géniez* et les *Kalsan* possédaient
auparavant les mêmes biens et sous les mêmes conditions.

L'existence de co-seigneurs à Bélaye montre que la
seigneurie primitive avait été démembrée et que l'Evêque
en avait la partie principale. Voici en effet ce que dit
Boutaric en son *Traité des droits seigneuriaux*, p. 78 :
« Que si la Haute-Justice est démembrée ou divisée
» entre plusieurs enfants ou particuliers, celui-là seul à
» qui appartient la principale portion peut prendre la
» qualité de *seigneur*, les autres ne pouvant se qualifier
» que *co-seigneurs* ou seigneurs en partie. »

Maintenant que nous avons fait connaissance avec les
maîtres du lieu, nous allons visiter notre petite ville (1).

* *

Il nous sera possible de reconstituer approximative-
ment l'ancien Bélaye, au moyen du cadastre de 1673 et
des ruines encore existantes.

On a prétendu que la ville s'étendait autrefois fort loin
sur le plateau qui domine la *Cévenne*, et pour le moins
jusqu'aux environs du *Tuc*. C'est là une opinion fantai-
siste qui ne repose sur aucune preuve. Ce qui est vrai,
c'est qu'elle s'étendait bien davantage le long de la

---

(1) Le cadastre de 1602 porte encore la *Ville* de Bellaye, malgré sa
profonde décadence ; celui de 1673 porte simplement : Bélaye.

Carrière-Basse et sur le versant Est où il y avait un quartier appelé *Lous Coustals de Bélaye*.

Du côté du couchant, il ne paraît pas que la ville proprement dite ait de beaucoup dépassé les limites actuelles.

En arrière du cimetière était un mur épais, dont on a retrouvé les fondations en plusieurs endroits, qui partait de la *Croix de la Mission*, traversait toute la plaine, et descendait au Nord jusqu'aux rives du Lot. Il en reste encore quelques pans dans la Cévenne. C'était un simple ouvrage de défense destiné à amortir le premier choc de l'ennemi.

Il y avait en outre, près de la Croix de la Mission, au terroir appelé *les Barrières*, d'autres ouvrages plus légers, mais ayant la même destination. C'étaient des barrières ou barrages composés de pièces de bois assemblées, garnies de terre et de pierres, que l'on faisait garder par des soldats en cas de guerre.

En avant du grand mur de défense dont il vient d'être question, se trouvait le cimetière, qui était beaucoup plus étendu qu'aujourd'hui, comme le prouvent les ossements répandus dans les champs voisins. Ce cimetière remonte à une haute antiquité. Le testament de Bernard III de Guiscard, du 17 avril 1353, porte que son père y reposait, ainsi que « d'autres de sa parenté trépassés avant lui. » En 1836, la partie Nord ayant été défoncée pour nettoyer le terrain couvert d'arbustes et de pierres, on mit au jour un certain nombre de cercueils en gré jaune et d'un seul bloc, mais vides pour la plupart. On découvrit aussi les fondements d'une ancienne Eglise mesurant de 10 à 12 mètres de longueur. Les cercueils étaient rangés le long des murs de cet édifice, à l'intérieur et à l'extérieur, à une profondeur d'environ 1^m50 (Notes de M. *Couderc*, ancien curé de Bélaye, 1846-1881).

L'entrée de la ville, du côté de l'Ouest, était fermée par un rempart très-épais, encore existant, et appelé *Le Mur* qui traversait l'isthme dans toute sa largeur. L'Eglise actuelle n'existait pas encore au 13e siècle. Au lieu même où passe le grand chemin qui dessert aujourd'hui Bélaye, se trouvait une des portes de la ville.

Le rempart se continuait en partant de l'angle du *Barry-Naout*, contournait le Midi et l'Est, et allait rejoindre le rempart qui descendait du château-fort en longeant la crête de la montagne. On démolit les restes de ce dernier mur quand on construisit la nouvelle route qui descend à *Rivel*.

Dans le quartier qu'occupe aujourd'hui l'Eglise était l'hôpital. Mais le cadastre de 1673 signale un autre lieu appelé *Lespital*, situé au *Barry-Bas* : c'était, sans aucun doute, l'emplacement de l'hôpital primitif.

La principale rue qui desservait Bélaye était, alors comme aujourd'hui, la *rue d'al mech*, ou du milieu, allant de la porte Ouest à l'Eglise *Sainte-Catherine* et à la *Place*. Comme aujourd'hui encore, elle bifurquait à droite, et formait la *Carrière-Basse*, qui aboutissait à une autre porte de la ville appelée la *Porte de la Faurie*. Elle bifurquait aussi à gauche pour desservir le *Mercadiel*.

Les terres et maisons avoisinant les portes de la ville, mais sises hors des murs, portaient le nom de *Barry-Naout* et de *Barry-Bas*.

Nous voici arrivés à la seconde partie de la ville, à la citadelle proprement dite, appelée le *Fort de Bélaye*.

C'était d'abord la maison de l'Archiprêtre, qui est demeurée jusqu'à ce jour la maison presbytérale.

A côté, et sur l'aire du jardin curial actuel, était le château de l'Evêque, qui se terminait au Nord par une tour ronde d'où l'on avait une vue splendide sur les plaines de Prayssac, Lagardelle et Anglars-Juillac. Les fondements de cette tour furent mis à jour lors de la construction du chemin qui va de la Place au Mercadiel, en 1863. Le cadrastre de 1673 porte *le château ruiné*. Il ne reste d'intact aujourd'hui que le mur du Midi. Celui qui longe la Place, et où l'on voit deux meurtrières, fut démoli en partie en 1863, et les matériaux employés à clôturer le jardin du Presbytère. Quant au côté qui fait face à la Cévenne, c'est à peine s'il reste quelques pans du vieux mur.

Le long du château se trouvait un fossé, marqué encore par la dépression de terrain qui existe entre le jardin de la cure et les *Mirandes*.

L'Eglise Sainte-Catherine ou *Petite Eglise* était attenante à la Maison de l'Archiprêtre. On en voit encore quelques restes et notamment une assez belle porte. Cet édifice s'écroula vers 1830. Il avait servi de Maison commune sous la Révolution et depuis, jusqu'au moment de sa chûte.

Le four banal était à la suite de l'Eglise Sainte-Catherine.

Une seconde enceinte de remparts commençait à l'angle de cette dernière et se terminait au château-fort.

Du côté du couchant, on pénétrait dans la citadelle par un passage couvert, appelé *Arboou* (arc volte, ou voûte). La prison de l'Evêque était près de la porte, à droite.

A l'extrêmité de la citadelle se dressait le château-fort. A cheval sur la croupe de la montagne, d'où il dominait tous les lieux environnants ; vaste, sans être massif ; élevé dans sa structure, il avait un bel aspect. On peut dire que ses restes constituent encore un spécimen imposant des constructions militaires du Moyen-Age.

A côté, sur le Nord, se trouve le monument le mieux conservé du XIIIe siècle : c'est une maison percée de belles fenêtres à colonnettes avec figurines, appartenant aujourd'hui à la famille *Raynaly*. On trouve à l'intérieur une grande cheminée à colonnes, avec un écu dont on a effacé le blason. Cet édifice est de même façon et de même style que le Château-Fort.

Sur la lisière de la Cévenne, une ligne de maisons solides et contigues constituait une défense suffisante.

Comme on le voit, l'art et la nature s'étaient donné la main pour faire de Bélaye une petite place réellement forte, surtout avant l'invention de l'artillerie.

Outre les portes dont nous avons parlé, il y avait encore : *le Portail de Prayssac*, sur la Cévenne, faisant face à cette localité ; — *le Portail Rouge*, vers le Levant et à droite du Château-Fort ; — et *le Pourtanel* ou Poterne, à gauche, donnant sur la Cévenne : c'était une petite porte pouvant donner passage à un seul homme à la fois.

Dans toute place forte, il faut des locaux spacieux en vue d'enserrer les provisions pour les défenseurs et les habitants. Bélaye n'en était pas dépourvu. Sous le Château-Fort étaient d'immenses caves, profondes, solidement voûtées, qui pouvaient contenir une grande quantité de vivres. Le Château de l'Evêque renfermait aussi, sans doute, de vastes souterrains ayant la même destination.

La petite place était assez mal approvisionnée d'eau. Les habitants allaient puiser à la fontaine de *Rivel*, appelée *Font de Bélaye* et à la *Font-Grande*. De plus, une ancienne tradition parle d'un puits qui aurait existé dans le jardin de la Cure et qui serait comblé depuis longtemps.

Le système de défense que nous venons d'exposer était complété par plusieurs postes d'observation dans les alentours.

Le plus important était la *Tour de Garde* ou la *Tour de*

l'Anglais, à cheval sur la crète de la Cévenne, non loin de Lagardelle, et sur une petite éminence appelée le *Pech de la Garde*. Elle formait un carré de 6 mètres 45 de côté, sur 1 m 65 d'épaisseur, bâti en belles assises et présentant la même façon que les anciennes constructions de Bélaye. Il n'en reste plus guère qu'un étage, soit une hauteur de 5 à 6 mètres, avec une petite porte du genre gothique. La Tour de garde communiquait avec les lieux qui suivent, en remontant le Lot : Duravel, l'Eglise et la Tour de Puy-l'Evêque ; les châteaux du Meure, du Cayrou, et, très probablement, de Grézels ; la place de Bélaye ; les châteaux de la Gibertie, de Meyme (1) de Calvayrac du Théron, de Floyras et d'Anglars ; la Tour de garde située au-dessus du Montat ; le château de Castelfranc, qui communiquait avec celui d'Albas ; le château de Luzech, qui communiquait avec celui de Mercuès, etc. C'est ainsi que les possessions de l'Evêque étaient reliées entre elles par un système d'observation complet, en aval de Cahors. On donnait les avertissements au moyen de feux, et peut-être pas d'autres signes conventionnels.

Belle-Garde était un autre poste d'observation, comme son nom l'indique.

Probablement il faut en dire autant de *Labeille*, que les anciens écrivaient constamment la *Beille* ou la *Veille*, c'est-à-dire un lieu d'où l'on veille, d'où l'on fait le guet.

Tous les monuments dont nous venons de parler portent clairement l'empreinte du xiiie siècle.

Bélaye avait-il, avant cette époque, des fortifications ? Ce n'est guère probable. On n'en trouve aucune trace ; et, d'autre part, on sait qu'avant le xiiie siècle il y avait à

---

(1) Le Château de Meyme était situé sur le ruisseau qui vient de Fontcuverte, et presque à son embouchure. Il y avait une tour appelée la Tour de Ségur. (Archives de Calvayrac.) Bertrand de Meyme hommage à l'Evêque de Cahors le 15 novembre 1280, pour certaines terres de Bélaye et des environs.

peine quatre ou cinq villes fortifiées dans tout le Quercy.

J'ajoute que Bélaye, comme les autres places en ces temps reculés, n'avait pas de garnison permanente, mais seulement une garde, à laquelle les habitants venaient se joindre au besoin. En cas de danger l'Evêque devait envoyer des troupes.

Après la mort de Raymond Cornil, 1293, les officiers du Roi se réservèrent, avec le consentement du Chapitre, le droit de mettre garnison dans les forteresses de l'Evêque contre les ennemis du Royaume. Ces forteresses étaient : Bélaye, Luzech, Puy-l'Evêque, etc. *(G. Lacroix, Series episc. p. 148).*

* *

Comme toutes les villes et communes de quelque importance, Bélaye avait ses *armes* ou *armoiries*. Ces emblèmes ou représentations étaient ainsi nommés parce qu'on les portait principalement sur le bouclier, la cuirasse, la cotte d'armes et la bannière. A l'exemple des nobles, les communes prirent des armes particulières, soit comme marque de leur indépendance, soit comme signe de ralliement en temps de guerre.

Les armes de Bélaye sont mentionnées dès le commencement du xive siècle. Elles figuraient dans le sceau que les consuls opposèrent à un acte de procuration passé le jeudi après la fête de la Nativité de la Sainte Vierge, de l'an 1309. Une note conservée aux Archives de la Préfecture du Lot *(Série F, n° 198)* et dont nous parlerons plus loin, en donne la description suivante. « *Un* » *bâtiment, château ou porte de ville, sommé de trois tours* » *donjonnées et ajourées ; celle du milieu, de trois pièces ;* » *et celles d'à côté, de deux. Toutes trois sommées de trois* » *créneaux. Sur les flancs, une fleur de lys, du côté sénes-* » *tre ; et une crosse de l'autre. Et en chef, aux côtés de la* » *plus grande tour, une étoile à huit rayons de chaque côté.*

» *Légende : S. consulum castri de Belaïco.* » Le revers du contre-sceau portait : « Une crosse accostée de deux étoiles à huit rayons, une de chaque côté. Légende : *S. secretum consulum de Belayco.* » (1)

(1) Explication. — Bâtiment *sommé*, c. à d. surmonté de trois tours. — On appelle tour *donjonnée* celle qui est ornée de tourelles. — La tour du milieu avait trois *pièces* ou étager. — Les *créneaux* étaient de petits carrés de maçonnerie, souvent d'une seule pierre, séparés par des espaces vides ; ils couronnaient les ouvrages fortifiés et servaient d'abri aux défenseurs. — On appelle *flanc* de l'écu la partie moyenne de chaque côté. — Le côté *sénestre*, ou gauche du blason se trouve à la droite du spectateur ; et le côté *dextre* ou droit, à sa gauche. — La *fleur de lis* symbolise la fidélité au Roi de France. — La *crosse* indique la suzeraineté de l'Evêque. — On appelle *chef* la partie supérieure de l'écu. — La tour centrale, qui pique une tête dans le ciel, entre deux *étoiles*, marque l'altitude du lieu. — Enfin, la légende : *S. (sigillum) consulum castri de Belaïco*, signifie : Sceau des consuls de la châtellenie de Bélaïc. — Légende du contre-sceau : Sceau secret des consuls de Bélayc.

CHAPITRE III

Famille de Guiscard

———

Les premières années du xiiie siècle sont marquées par l'arrivée dans le pays d'une famille qui devait y jouer un grand rôle.

Les historiens du Quercy ne donnent que des renseignements vagues et incomplets sur l'origine des Guiscard et sur l'époque de leur établissement dans notre contrée. Aujourd'hui, il est possible de combler cette double lacune.

M. Charles *Déloncle*, qui avait vécu dans l'intimité du dernier des *Guiscard de Bar*, et surtout de son neveu M. *Gervais*, fils d'une demoiselle de Guiscard, et qui avait compulsé leurs archives, déclare qu'ils affirmaient descendre en ligne naturelle du fameux *Robert Guiscard*, duc de Pouille et de Sicile, en Italie, et fondateur du royaume de Naples. (Puy-l'Evêque et ses environs, p. 56).

On sait que *Tancrède de Hauteville*, seigneur normand, se voyant dépourvu de bien, et chargé d'une nombreuse famille, parmi laquelle douze fils, en envoya plusieurs en Italie pour y chercher fortune. L'un d'eux, Robert

Guiscard, s'empara de la Calabre, devint duc de Pouille, et conquit la Sicile. Plus tard, il maria sa fille à Constantin, fils de l'Empereur de Constantinople. Il porta ses armes jusque dans la Grèce ; puis, repassant en Italie, il combattit victorieusement Henri IV, Empereur d'Allemagne, qui était venu l'attaquer dans ses propres états. Au courage et à l'ambition héréditaires dans sa famille, Robert joignait une adresse remarquable, une politique prévoyante, une audace extraordinaire presque toujours couronnée de succès. Ses neveux, *Tancrède* et *Bohémond*, les héros de la 1re Croisade, ont été immortalisés par *Le Tasse* dans sa *Jérusalem délivrée.*

Robert Guiscard mourut en 1081.

Un de ses descendants nommé *Bernard* aurait pris les armes dans la Croisade contre les Albigeois (1208-1218) commandée par *Simon de Montfort.* Pour le récompenser de ses services, l'Evêque de Cahors, *Guillaume de Cardaillac,* qui avait pris lui-même une part très-active à cette guerre, lui donna le fief avec le château de la *Coste,* près *Grézels,* et un certain nombre d'autres terres. (1)

A quelle époque Bernard de Guiscard fut-il investi du fief de la Coste? Il est possible de le déterminer d'après un acte d'arbitrage passé, le vendredi après Saint-Michel de l'année 1267, entre *Guirbert de Jean,* bourgeois de Cahors, et *Bernard* de *Guiscard,* damoiseau de Bélaïc. On lit dans cette pièce : « Comme le dit Bernard de Guis- » card prétendait au contraire que LUI-MÊME avait eu et » tenu et possédé pacifiquement les dites terres pendant » QUARANTE ANS ou davantage.... » En remontant de

____

(1) Voir pour tout ce qui regarde les Guiscard : d'Hozier, *Armorial général de France ; —* le manuscrit de l'abbé Lavayssière, à la Bibliothèque de la ville de Cahors ; — les notes inédites de M. Bonamy ; — et les notes inédites de M. l'abbé Albe, d'après les archives de la Bibliothèque nationale, cabinet des titres, vol. 1336, n° 30,215.

quarante ans en arrière, cela nous ramène aux environs de l'année 1225.

Finelle, femme de Bernard Ier, testa le 10 juillet 1286. « Sciendum est (à savoir est) .... que ma dona (madame) » na Finela, molher que fo de mosenhe (monseigneur) » B. de Guiscart, enferma de mon cors e sana de ma pessa, » fetz son derier testamen... » Veut-être ensevelie dans l'église de *Saint-Benoit.* Laisse : au Recteur de la dite Eglise, 20 sols ; — à son Escolier de la dite Eglise, 20 deniers ; — au Recteur archiprêtre de *Bélaïc*, 30 sols cadurciens ; — à chacun de ses chapelains, 5 sols ; — à l'Escolier, 12 deniers ; — aux chapelains qui seront à sa sépulture 12 deniers à chacun ; — à chaque église de l'archiprêtré de Bélaïc, 12 deniers pour le luminaire ; — als paubres de la Coste, dos randiés ; — aux *Frères Précheurs* de Cahors, 1 maïnar ? — à l'hôpital de Bélaïc, 5 sols une fois payés ; — à la *Malandia* (léproserie) de *Bélaïc* et de *Grézels*, à chacun 2 sols.

Elle veut qu'on donne, l'année après sa mort, 2 sétiers de froment en charité aux pauvres de Bélaïc et de la Onor ; — à Pierre Guill. Gasbert 30 sols ; — à Pierre Guiscart, et à Guiscart lo Morgue, ou Guill. Bertran, et à Guill., ses fils, à chacun 100 sols une fois payés ; — à chacune de ses filles, so es assaber : à Valena e à Marmara, à chacune 10 livres, payables dans les trois ans qui suivront sa mort ; — à mos doas bodas (nièces), à na Felipa e à na Marqueza, chacune 100 sols, payables « quant penrant marit o quant se metrio en ordre : » — à l'Eglise où elle sera ensevelie, 2 sols de rente per totz temps pour faire son anniversaire ; — à Bertrand, son fils, 500 sols caorsens, per comprar libres, payables par cent sous chaque fois par an ; c'est l'héritier qui achètera les livres ou les fera acheter. L'héritier universel est Bernard de Guiscard son fils.

Fait à la Coste, dans l'hôtel de son mari. Présents :

le Seigneur Fabre de Rozet, le seigneur Pierre de Séguier, Hugues de Viel-Castel damoiseau ; Bernard de Guiscard, Mathio clerc de Grézels, Guill. More autrefois notaire public de Bélaïc, qui a recueilli le testament. Jean de Lunavalle notaire public dans toute la temporalité de l'Evêque de Cahors, a rédigé l'acte d'après les protocoles.

Bernard II de Guiscard succéda à son père. Voici le procès-verbal de l'hommage qu'il rendit à l'Evêque de Cahors en 1301.

« Au nom du Seigneur. Ainsi soit-il. Sachent tous
» qu'en l'an du Seigneur 1301, Indiction 15e, et 12e jour
» de novembre, constitué noble homme le Seigneur
» Bernard de Guiscard, chevalier, voulant, comme il l'a
» affirmé, dire vrai au Révérend Seigneur Raymond (de
» Pauchel) par la grâce de Dieu évêque de Cahors, ici
» présent, a proféré et dit les paroles qui cy suivent
» immédiatement en cette manière :

» Je, Bernard de Guiscard, chevalier, reconnais et
» confesse en vérité à Vous, Seigneur Raymond, par la
» grâce de Dieu évêque de Cahors, que, tant mes
» pères et prédécesseurs que moi, nous avons tenu de
» vos prédécesseurs autrefois évêques de Cahors, et moi-
» même je tiens encore en fief de Vous mon *Repaire* (châ-
» teau) de la Coste, et tout ce que j'ai dans les places ou
» châteaux forts de *Bélaïc*, du *Puy-l'Evêque* et de *Rouffiac*,
» et pour tous les biens susdits, de vous prêter le ser-
» ment de fidélité et de vous faire hommage : ce que je
» fais présentement. »

» Fait à Cahors, en la Chambre du dit Seigneur Evê-
» que. Présents : le sieur Pierre d'Angoulême, profes-
» seur de droit ; Maîtres Adhémar de Brandone ; Gaillard
» del Caussé ; B. de Grezels, recteur de l'Eglise de la
» Masse ; G. Ichier, Damoiseau , le sieur Gisbert de Jean

» ou de Joan ; le sieur Bernard, archiprêtre de Bélaïc ;
» Maître Arnaud de Salz, et Géraud Natas. Hugues, clerc,
» notaire public. »

Il ne sera pas sans intérêt de choisir dans les archives
de Guiscard quelques pièces se rapportant aux premières
années de leur établissement.

— 1246 « Conoguda causa sia que B. de Giscart a pres
» en penh (gage) d'en (1) B. *Renout* e de sa mayre, e de
» sos frayres, d'en *Seguy* e d'en *Matfre*, la terra *Fau-*
» *renca*, e una pessa de terra de tra (au dela de) *Segos*,
» e la terra cartal que fau (font) homes de la Motha, e
» un prat queste (qui se tient) ab lo feu (avec le fief) de
» prat marosc, per 300 sols de Caorsenc. En B. Renouts
» e sa mayre e lidigs frayres aunt mandada bona geren-
» tia (garantie) d'en Ramon lor fraire, e de totz homes a
» l'avandig B. de Giscart. »

« E d'aiso es temoins : B. de Rant, lo Capela (prêtre) ;
» en Fortanier d'al Pug ; en W. Siguier ; en B. de la
» Motha ; en Robert Audoi ; en Arveo de Montpila, en
» R. d'Orgulh. E aiso so fag l'an de la Encarnatio. M.
» CC. XL. VI. »

— 1250 Mars. Acte d'arbitrage au sujet de certains
serfs. « Conoguda causa sia à totz à quels que son ni
» que seran, qu'en *Verolh* (2) e sicis fraires ago contrast
» am B. de Guiscart d'homes et de femnas, e d'aquel
» contrast me fossen en mas d'en *B. Bofat*, e d'en *Gri-*
» *moart de Montpila*, e d'en *B. de Floiras ;* e dicho las

______

(1) Les mots en *ena*, que nous trouvons souvent dans ces actes,
signifient : un, une, un certain, un nommé.

(2) Vérolh, Vérol, ou Véroul du Pech (Puy-l'Evêque) d'après les
hommages à l'Evêque de Cahors.

» mas per patz e per acordier qu'en *W. de la Belha* e sa
» molher (femme) e sieis enfants ; en *Arnaud de la Belha*
» e sa molher e sieis enfants ; en *Arnaud de la Landa*
» e sicis enfants, fosso d'en R. Verolh e de sos fraires ; e
» la molher que fo d'en *P. Dou* e sieis enfants ; e *B.*
» *Massip*, sal de VI. d. (sauf six deniers) que reteng B.
» de Guiscart ; en B. Massip e sos enfants, sen avia. Per
» aquels meseis (mêmes) acordiers e per aquesta partz,
» dicho las mas avandichos que fos d'en B. de Guiscart :
» na *Guirauda de la Costa* e sieis enfants ; en *Careis de*
» *Haemars* e sa mayre ; ena *Ramonda de la Motha* e sos
» fils ; en *Careis de la Motha* ; en *G. Massip* e sa sor
» *Bernada Massipa* ab lors enfants... Témoins : B. de
» Floiras, en Grimoart de Monpila, en B. Bofat, en
» Segui de Valciora (notaire) ».
   — Avril 1255. « Conoguda causa sia qu'en B. de Gis-
» cart a donat à fios una pessa de terra que es en la
» peroquia de *Fargos*... so es à saber an *G. d'Ornabona*...
» e alh donat mai (de plus) e afeuzat (donné à fief) lo
» dig B. de Giscart un ort (jardin) à la *Peyronia*... E aiso
» so fag à Bélaïc el pla (place) apelat del *Mur del Castel*,
» el mes d'abril, al diumerc que era la festa de Saint-
» Marc Evangélista. »
   — 1255. Bail à titre de fief du mas de la *Bourlie*, situé
dans la paroisse de Rouffiac, fait au mois de juin, le
dimanche après la fête de Saint-Barnabé, Apôtre, de l'an
1255, par noble Bernard de Guiscard, chevalier, à *Arnaud*
del Cadour, Jean et Guillaume del Cadour frères, moyennant 3 sols d'acapte et 9 cartes de froment de rente,
mesure de Bélaïc. Cet acte est passé à Bélaye, en présence de B. de Grézels, Boursaul de la Bérolie, Arnaud de
Flouras, Bernard de Monpila, Bernard Rey et Séguin de
Balajort.
   — 3 septembre 1258. « Notum sit (soit connu) qu'en
» *W. del Costal* e sa molher, na *Caercina*... donero, ven-

» dero purament an B. de Guisquart e à son hordenh,
» totas las terras, e totas las tengudas, e totz los fieus
» que tenio e devio tener de lhui meih (de lui-même)
» B. de Guisquart... à saber... tots los dregs e totas
» las razos que l'avandig W. del Costal, e l'avandicha
» Çaercina, sa molher, avia e aver devio (avaient et
» devaient avoir) en totas los terras, e en totas las ten-
» gudas que so de la outra lo riu (au delà du ruisseau)
» de los *Combas* davant Bélaïc... lo dreg, e la raso, e la
» senhoria que les avandigs an e aver devo en la borda-
» ria *Peyronenca* ; e especialment les avandigs donero
» e vendero tot lo dreg e la razo que avio e aver devio el
» mas d'al *Brulh* (1), que es en la honor (juridiction) de
» Bélaïc. »

— 29 mai, 1266. « B. de Guiscart donet e afeuzet una
» pessa de terra e un prat, en la peroquia de *Rofiac*, e la
» *Borelia*. » Témoins : en R. de las Boigas, capela de
Rofiac ; en W. Nadal ; en W. More, notari de Rofiac.

— 24 Juin 1267. « En B. de Guiscart donet et afeuzet
» una cestairada de terra el *Pueg de la Borelia*. »

— 2 Juillet 1267. « B. de Guiscart, *cavalier de*
» *Bélaïc*, donet e afeuzet una pessa de terra que es à
» *Bovilar*, an G. del *Sorbier* d'a Moncuc e à son ordenh. »

— 1267 (vendredi après la St-Michel) Acte d'arbitrage
entre *Guirbert de Jean*, bourgeois de Cahors, et Bernard
de Guiscart, *damoiseau* (2) de *Bélaïc*, à propos de certains
biens situés sur les paroisses de *St-Jean* et de *Grézels*.

— 1267, 19 mars. « En B. de Guiscart, cavalier, donet
» e autreiet à fieus a *W. Ebrart de la Costa* e a son
» ordenh la comba apelada d'a la *fon de Ginolhac*, que
» es en la peroquia de la gleia d'a las *Boigas*. » Témoins :
R. de Saint-Geli, en B. del Sorbier d'a Bélaïc.

(1) En la peroquia de Bovilar (Acte du 26 juillet 1284,
(2) Gentilhomme aspirant à la chevalerie.

— 1274, 21 décembre. Bernard de Guiscart, donzel (1), fil del senhor Bernard, cavalié, acquit les acaptes du village de *Fontalbe*, paroisse de *Sauzet*, d'Arnaud du *Pojol*. Le mas de Fontalbe ou Fontalbi tient d'une part à la terre de la *Taillade*, d'autre part à celle de la *Ricarde*, d'autre au mas del Pojol, d'autre à la terre de *Farguettes*.

— 1283, 6 avril. « Sciendum est (que l'on sache)... qu'el
» senhor B. de Guiscart, cavalier,... donet e autrejet à
» feos. per le for e per la costuma de Bélaïc, an *S. Golfier*,
» coma a son home de cors legi e domeni doas pessas
» de terra e de prat en la peroquia de *Fargas*. »

— 1284, 24 avril. A Bélaïc, Guillaume *Calvet* reconnaît féodalement le seigneur Bernard de Guiscart, chevalier, fil que fo (fut) de Bernard, chevalier. Témoins, le seigneur Celebrum de St Géniez...

— 1284, 26 avril. « Sciendum est... qu'en *W. Tercier*...
» dich, e conoc, e confesset al senhor B. de Guiscart...
» que el era so home legi e domeni de cors e de casala-
» gie ; e aqui meih (au quel même) conoc e confesset
» que el tenia del dig B. de Guiscart... doas pessas de
» terra, e doas pessas de prat, en la peroquia de la *Tor*...
» Actum (fait) à Bélaïc, en la plassa communal. Témoin
» en S. Doela, etc. »

— 1284, 26 avril. « Sciendum est... qu'en Arnaud de la
» *Gardela*, en G. *Massipt*, en *Robit*, que estan en la pero-
» quia de la *Gardela* ; en C. de la *Font* ; en W. de la
» *Font*, en G. del *Sorbier*, en R. de *Cavanhac*, en Arnaud
» son frayre, en Arnaud del *Sorbier*, en Arnaud *Correg*,
» en Arnaud de la *Font* ; ena *Bernada* molher que fo d'en
» P. del *Sorbier*, per si e per sos efans ; en R. *Sicartz* ;
» que estan de la peroquia de *St Johan* totas aquestas
» personas avandichas... reconogo, e dico, e confessero
» al senhor Bernard de Guiscard, cavalier, fil que fo del

(1) Donzel ou dounzel, même chose que damoiseau.

» senhor B. de Guiscard... que ilhs ero sieis homes legis
» e domeni de cors e de casalagie, e ero estat del senhor
» B. de Guiscard payre que fo del dig senhor, el temps
» que vivia ; e conogo mai, e dicho que totas las terras,
» possessios que tenio de lhui, tenio come sieis homes.
» — Actum à la Costa, en la sala del dig senhor B. de
» Guiscart. Témoins : W. Faure, en B. de Pug-Rao, en
» P. Bergonho, en W. de la Comba, en Amalvi de Lezer-
» gas, e G^{me} Rodetis, notaire public de Montcuq. »

— 1284, 16 mai. En P. *Fornier*, que dih qu'estant en la
» peroquia da la *Tor*, dihs e reconoc al senhor B. de
» Guiscart, qu'el avia e tenia de lhui a fieus tota una
» pessa de terra, la qual es en la peroquia de la Tor.
» Fag a Bélaïc. »

— 1284, 4 des calendes de novembre. Le seigneur Bernard de *Pestillac*, chevalier, reconnaît au seigneur Bernard de Guiscard, chevalier, présent, le fief et ténement dit le mas de la *Grèze*, paroisse de *Prayssac*, qui confronte avec le chemin allant de Prayssac à Puy-l'Evêque, et avec le chemin allant de Prayssac au port del Saulou. Il déclare que pour ce fief il doit être son homme et lui rendre hommage à genoux, les mains jointes, baiser à la bouche, comme il l'avait rendu à Bernard son père.

— 1303. *Bernard II* obtient une sentence du Bailly royal de Cahors, portant main-levée d'une saisie, faite par les officiers de l'Evêque, sur le territoire de *la Laurie*, qu'il avait acquis, à titre d'échange, d'*Aymerie*, fille de Messire *Gilbert de Jean* (des Junies) et femme d'*Amalvin Bonafous* (baron de Pestillac).

Gilbert de Jean, beau-frère du pape Jean XXII, et père du cardinal *Gaucelin de Jean*, avait acquis lui-même ce tènement en vertu d'une cession à lui faite, vers l'an 1300, par *Raymond Pauchelli*, évêque de Cahors.

L'an 1305, et le samedi après l'octave de l'Annonciation

de la Ste Vierge, à la *Laurie*, commandement est fait
d'autorité de d'*Arreblay*, sénéchal du Quercy, aux hommes de la Laurie, d'être obédients au seigneur Bernard
de Guiscard, chevalier, et de lui payer le cens qu'ils
avaient coutume de payer au seigneur Gisbert de Jean,
chevalier, et à Aymerie de Jean sa fille, femme d'Amalvin de Bonafous. Devant Laparra notaire. Témoins :
Bernard de Cénac, damoiseau ; Amalvin de Viel-Castel,
damoiseau. Le 5 des ides de novembre 1306, les tenanciers de la Laurie font reconnaissance à noble Bernard
de Guiscard pour le mas de *la Laurie* et de *Salvinhac*,
qui confronte avec la Maison du Temple de Carnac,
ruisseau entre deux ; — ruisseau de Lissourgue ; —
terres du seigneur de Sénac ; — terres des héritiers du
seigneur B. de Grézels.

Bernard II se qualifie dans ses actes dé : chevalier,
seigneur de la Coste, la Bourlie et la Laurie. Un acte du
11 avril 1308 porte qu'à cette époque il avait une maison
à Bélaye.

*
* *

Nous reparlerons souvent de la famille de Guiscard, à
cause que son existence se trouve intimement mêlée à
celle de Bélaye.

Nous verrons que, sur la fin du xvie siècle, elle se
divisa en trois branches : la branche ainée, dite de la *Cos=
te* ; celle de *Pech-de-Sirech* et de *Bar*, et celle de la *Bourlie*.

Nous assisterons à l'ascension continue de cette maison, jusqu'au jour où elle arrivera au faite des honneurs
et de la fortune en la personne de *Georges, Comte de la
Bourlie*, et de son fils *Louis, Comte de Guiscard*.

Les armes de Guiscard sont : d'argent, à la bande de
gueules. Supports : deux lions d'or. Cimier : un lion
issant de même.

CHAPITRE IV

Bélaye donné en gage. — Travaux exécutés dans le Lot. — Ravages autour de Bélaye. — Consuls

Guillaume de Cardaillac avait terminé heureusement et, l'on peut dire, avec gloire la guerre contre les Albigeois. Mais presque toujours la gloire se paye cher : c'est ce qui arriva pour notre Prélat.

Il avait dû lever de nombreuses troupes, les équiper, les entretenir pendant une longue campagne, et tout cela en grande partie à ses frais. Il avait récompensé princièrement, avec les terres et les revenus de l'Evêché, ses meilleurs capitaines. Et maintenant, il lui restait sur les bras une dette énorme qu'il ne savait comment solder. Il dut aliéner une partie des droits de l'Evêché pour satisfaire un de ses créanciers les plus intraitables, un lombard nommé *Juvénal*, qui tenait la banque à Cahors.

Une bulle du pape Grégoire IX nous dépeint la crise financière que traversait notre Evêque.

« Grégoire, évêque, serviteur des serviteurs de Dieu, à
» notre vénérable frère l'Evêque de Cahors, salut et béné-
» diction apostolique. — L'Eglise a le devoir d'aider
» ceux qui, sans craindre ni les dépenses, ni les dangers

» personnels, s'emploient avec succès à faire prospérer
» la foi. Nous avons appris par votre rapport que, aidé
» des conseils de vos amis et de vos parents, vous vous
» êtes rendu maître des deux places très fortes du *Puy* et
» de *Luzech* ; opération qui a grandement augmenté la
» confiance des fidèles et affaibli considérablement celle
» des infidèles. Puisque, à cause des hérétiques et des
» routiers, vous ne pouvez percevoir les revenus de votre
» Evêché, ni par conséquent pourvoir commodément aux
» besoins des garnisons des dites places ; touché des
» prières de votre fraternité, nous vous accordons, par
» l'autorité des présentes, de retenir les deux Eglises des
» deux places, appartenant, comme vous l'assurez à
» votre juridiction, jusqu'à ce que, par le secours divin,
» on ait mis un terme aux entreprises des hérétiques et
» des routiers.

« Donné à Latran, le 8 des Calendes de février, la 1re
» année de notre Pontificat, et du Christ la 1227e » (1).

Guillaume de Cardaillac mourut en 1234. Mais ses
dettes subsistèrent, et, pendant de longues années, elles
furent pour ses successeurs comme un poids mort qu'ils
traînèrent péniblement.

En 1246, les finances épiscopales étaient dans l'état le
plus déplorable. « Arnaud *Béraldi*, dit G. Lacoste, (2)
» avait prêté à Guillaume de Cardaillac, 350 marcs
» d'argent, pour rembourser pareille somme que ce prélat
» avait empruntée à gros intérêts aux Lombards établis à
» Cahors. Arnaud demandant à être payé, l'Eglise de
» Cahors lui céda une vaste maison de celles que les
» Inquisiteurs confisquèrent au profit de l'Evêque,
» comme Seigneur de la ville. Les Lombards réclamè-
» rent une autre somme considérable qu'ils avaient

(1) Voir G. Lacroix, Traduction Ayma, T. 1, p. 309.
(2) Tome 2, page 266.

» comptée au même Prélat en espèces appelées caor-
» sines. *Géraud de Barasc,* voulant retirer de la banque
» l'engagement de son prédécesseur, emprunta au
» même Arnaud Béraldi 85 marcs de livres sterling,
» dont chacune valait 13 fois le marc ordinaire. Pour
» assurer au prêteur cette somme, il lui donna en gage les
» terres de BÉLAYE, *Puy-l'Evêque, Subejols* (Pradines),
» *Montpezat* et *Cajarc.* » — Année 1246.

« Arnaud Béraldi était sans doute de cette ancienne
» famille qui avait son patrimoine aux environs de
» Cahors, dans le lieu qui de son nom fut appelé *La*
» *Béraudie.* Il est le chef de la maison dite de La Bérau-
» die, connue dans la suite sous le nom de *Cessac* et de
» *Cazillac.* Il devait une grande partie de son immense
» fortune à la guerre des Albigeois. »

En 1252, la situation du Trésor épiscopal s'était quelque peu amélioré. Aussi l'Évêque, *Barthélemy de Roux,*
s'empressa-t-il d'en profiter pour améliorer la navigation
toujours si difficile de la rivière du Lot. Déjà en 1219,
Guillaume de Cardaillac avait fait publier un acte en
langue vulgaire, par lequel, voulant rendre le passage
des bâteaux possible, il accordait aux consuls et à la communauté de Cahors que le *chemin de l'eau,* de cette ville
à *Fumel,* serait toujours ouvert et libre, « de manière
» que la descente des navires puisse s'effectuer facile-
» ment aux *pas* de ce chemin, pas qui seront établis là
» où les consuls et autres prud'hommes de la ville juge-
» ront qu'il est utile et convenable. » (1).

Barthélemy de Roux, voulant donner suite au projet
de son prédécesseur, fit exécuter divers travaux aux

(1) E. Dufour. *Histoire de la Commune de Cahors.*

portes de *Luzech, de Bélaye* et de *Puy-l'Evêque*. Pour subvenir à la dépense, il établit dans chacune de ces trois localités un droit de péage de 3 sous tournois par bâteau descendant ou remontant la rivière (1).

*
* *

Si l'Evêque Barthélemy avait pu mettre quelque ordre dans ses finances, il n'était pas parvenu à purger nos campagnes des bandes de routiers qui les dévastaient et les rançonnaient depuis longtemps.

Une autre cause de trouble et de désordre provenait de la haine que certains nobles nourrissaient contre l'Evêque depuis la guerre des Albigeois. C'étaient, dans les environs, le seigneur de *Puy-l'Evêque*, les barons de *Pestillac* et de *Luzech*, le seigneur de *Crayssac*, et sans doute plusieurs autres, anciens partisans des comtes de Toulouse. Privés d'une partie de leurs terres, amoindris dans leur situation féodales, ils saisissaient avec empressement toutes les occasions de susciter des embarras à l'Evêque, et au besoin, ils ne se faisaient pas faute de se joindre aux pillards pour dévaster les biens de l'Evêché.

Les environs de Bélaye eurent à souffrir de cet état des choses.

« Le 13 juin 1264, le pape Urbain IV permettait à
» l'Evêque de Cahors de ne pas faire en personne, de
» quelque temps, la visite de son diocèse, à cause des
» dangers qu'il courait dans ses tournées pastorales...
» *Gaillard de la Roque*, chevalier du diocèse, aidé d'un
» certain nombre de complices, partisans de l'hérésie,
» dont on sentait encore la trace dans ces régions, avait
» osé commettre contre l'Evêque un attentat sacrilège,

(1) G. Lacroix.

» s'emparer de sa personne et la retenir plusieurs jours
» prisonnière, au milieu des bois et des forêts. »

« De son côté, *Alphonse*, comte de Poitiers et frère du
» Roi, était assez mal avec l'Evêque, pour certains points
» de juridiction et de suzeraineté... Toutes les occasions
» leur (à certains vassaux de l'Evêque) paraissaient
» bonnes, pour se livrer sur les terres épiscopales à
» toutes sortes d'exactions et de pillages. Ainsi, les
» hommes et le Bayle de la nouvelle *Bastide de Ville-*
» *franche* près Belvès, avaient envahi les terres de *Gou-*
» *jounac*, BÉLAYE, *Puy-l'Evêque*, et volé de nombreuses
» têtes de bétail. Le Bayle de *Montcuq* avait opéré la
» saisie du château ou repaire épiscopal de *Belmontet*.
» Le sergent du Comte avait même attaqué l'Evêque en
» personne dans les environs de Montcuq, où Barthéle-
» my de Roux venait faire sa visite, et avait pris un de
» ses chevaux. Les seigneurs d'*Orgueil* et de *Mauroux*,
» Bertrand de *Lézergnes* et ses frères avaient pillé et
» brûlé la *Bastide de Valgoudou* (paroisse des Arques),
» envahi la villa de *St-Jean* près Bélaye, et emporté
» tout ce qui était à leur convenance ; brûlé la villa de
» *Cazes*, et volé argent, meubles et animaux. Bien plus,
» ils avaient tué le Recteur (curé) de l'Eglise de la villa
» de *Moles*, ancien nom de *Ferrières* » (1).

*
* *

G. Lacoste mentionne des *Consuls* à Bélaye en 1270.
C'est un fait important qu'il suffit de noter pour le moment, sauf à y revenir quand nous parlerons des *Cou-*
tumes.

(1) Etudes historiques de M. *Albe*, parues dans la *Revue Religieuse*
de Cahors, 19 décembre 1903.

CHAPITRE V

Quelques familles importantes au XIIIe siècle

Avant de clore le xiiie siècle, il faut mentionner certaines familles importantes du pays, dont l'existence complète celle de Bélaye, et lui donne sa véritable physionomie au Moyen-Age.

Je me servirai principalement, pour ce travail, des actes de la Maison de Guiscard, et du tableau des *Hommages aux évêques de Cahors*, appartenant aux Archives de la Préfecture du Lot, série G. n° 1.

** * **

LES SÉGUIER. — Nous avons à faire à l'une des familles les plus considérables, tant par la grande situation dont elle jouissait à Bélaye, que par les destinées brillantes qui lui étaient réservées dans les derniers siècles de la Monarchie.

Une généalogie manuscrite des Séguier, composée par Jacques *de Viguier*, et appartenant à la Bibliothèque de la ville de Cahors, les fait venir de *Narbonne*. « *Pierre* de » Séguier, de Narbonne, écuyer, vivant en 1129, fut » conjoint par mariage avec Cécile *de Ganet*, fille de

» Bernard de Canet en Roussillon. Il décéda en 1160,
» laissant, entre autres enfants, *Bernard* Séguier, sei-
» gneur en partie du château de Bélaye. Celui-ci décéda
» en 1210, et laissa, entre autres enfants, *Guillaume*
» Séguier, chevalier, seigneur de Bélaye et de plusieurs
» terres nobles près Narbonne, lequel mourut en 1250. »

« De *Pierre* Séguier, chevalier, seigneur de Bélaye,
» décédé en 1280, sont descendus le chancelier Séguier
» et MM. de Séguier établis à Paris. »

« La famille Séguier, répandue en Auvergne, Quer-
» cy, Paris, Toulouse et autres lieux, est originaire de
» Narbonne en Languedoc. »

En l'absence de documents certains, l'origine de cette
famille demeure quelque peu nébuleuse. Quoiqu'il en
soit, il est incontestable que les Séguier sont établis à
Bélaye en 1225 ; c'est ce qui résulte d'un acte de vente de
quelques terres et cens fait par *Guillaume* Séguier, fils de
Pierre, chevalier, le 27 décembre de la dite année (1).

Le même Guillaume signe comme témoin dans un
acte de 1246, rapporté plus haut : *Siquier* ou *Siguier*.

Pierre Séguier paraît en 1274 et 1284, dans certaines
pièces mentionnées par l'abbé *Lavayssière*.

Dans un acte latin déjà c'té du 10 juillet 1286, on lit :
« Testibus, Domino Petro Sequerii. » (Témoins, le seigneur Pierre de Séquier ou Séguier).

L'abbé Lavayssière nous apprend dans ses précieuses
notes que les Séguier possédaient, outre le château de
Bélaye, les terres de *Lalande* et du *Boulvé* (2).

Ils avaient, de plus, un domaine à *Missicayren*. C'est
ce que nous révèle une simple note (3) sans date ni signa-

(1) G. Lacoste tome 3 page 10.

(2) Un acte de 1648 fait mention d'une chapellenie de Séguier fondée dans l'église de Notre-Dame du Boulvé, (Cf Inventaire du Tarn-
et-Garonne).

(3) Papiers Gouzou.

ture, mais dont l'écriture est certainement de la fin du
XVIᵉ siècle ou des premières années du XVIIᵉ. « Le 6 mars
» 1319, Géraud *Labrousse* reconnait au *Seigneur de Séguier*
» une terre en la paroisse de *Latour*, appelée à la *Gri-*
» *mesco* (ou Grimesque), sur le chemin de *Bélaye* à
» *Roquebaudrig* (Roquebaudy). »

« Il y a eu arrentement de la Grimesco du 1ᵉʳ janvier
» 1354, fait par d'*Orgueil* à Guillaume *Dacers* (?), con-
» fronte avec chemin de Bélaye à Rouffiac, pré de Pierre
» *Gauthier*, pré d'Armand *Séguy*, terre de Bernard *Gail-*
» *lard*. Rente froment, une éminade mesure de Bellayc. »

« Le dernier novembre 1453, Pierre *Bur*, *Buchou* Jean
» et Andrieu son frère, de Roquebaudriq, paroisse de
» Notre-Dame de la Tour, ont reconnu un ténement au
» mas appelé de *Terré*, dans la dite paroisse, confronte
» au chemin tendant de Bellayc à Roquebaudriq ; d'un
» côté avec chemin ; d'autre côté au chemin del *Playssou*,
» descendant à Combe-Lunac. La terre est baillée au
» seigneur de *Cousserans* par échange, non la Grimesco. »

Il résulte de cette note que les Séguier étaient seigneurs d'une terre de ce nom (1). Cette terre n'est autre
que le village ou *Mas Sicayren*, près *Lalande*, que les
anciens cadastres écrivaient : *Massigarien*, *Massicayrien*
et *Massicayrenc*, et qui a dégénéré aujourd'hui en celui de
Missicayren. En 1602, les seigneurs du *Boulvé*, héritiers des
Séguier, y possédaient encore une métairie de 22 quarterées, appelée le boriatge d'*Hugoye* et village de *Laures*.
Étrange coïncidence ! Un petit mas, perdu dans les
steppes qui s'étendent entre Bélaye, Rouffiac et Bovila,
rappelle par son nom l'une des familles illustres du
grand siècle ; tandis que le mas de la *Bourlie*, perdu
dans les mêmes steppes, est devenu non moins célèbre,
dans le même siècle, en la personne des Guiscard !

(1) Ou *La Sicayrie*. Voir plus loin, Jeanne de la Sicayrie.

Nous avons déjà signalé « noble seigneur *Guillaume* » Séguier, chevalier et co-seigneur de Bélaïc, » comme présent à la cour des Papes à Avignon en 1325.

Le 26 janvier 1329, le même Guillaume hommage à l'Evêque de Cahors pour ses terres de *Bélaye* et de *Prayssac*.

Sous le pontificat de Jean XXII (1316-1334), cette famille donna un prélat à l'Eglise : ce fut *Pierre* de Séguier, évêque d'*Elne*, ancien diocèse, aujourd'hui rattaché à celui de Perpignan. Comme il a été un bienfaiteur insigne de l'Eglise de Bélaye, nous aurons l'occasion d'en reparler plus loin.

Le manuscrit de l'abbé Lavayssière nous apprend que « la famille Séguier se fondit, il y a 450 ans, dans la mai- » son d'Orgueil. » Cette note ayant été écrite en 1788, c'est donc aux environs de 1335 à 1340 qu'eut lieu la dite fusion. Elle se fit par le mariage de *Jeanne de la Sicayrie* ou *Séguier* avec *Bertrand d'Orgueil.*

Le 25 juillet 1354, les deux époux donnent à fief certaines terres à un nommé Bernard *Rastel* (1).

Un acte du 13 mai 1363, passé à Bélaye, (contrat du second mariage de *Bernard IV de Guiscard* avec *Hélitz de Salviac*, mentionne Jeanne de la Siquayrie, fille et *héritière* du seigneur *Guillaume* de Séguier ou Siguier (Johonna de la Siquayria, filia quondam et heres domini Guilhelmi Siquerii).

Les d'Orgueil font hommage à l'Evêque de Cahors, en 1359, 1392, 1402 et 1461 ; — Pons *de Salagnac* (2), seigneur du Boulvé, en 1610 ; — François Ard *de Durfort*, seigneur de Boissières et du Boulvé, en 1768.

(1) Manuscrit Lavayssière.

(2) De la même famille que les Salagnac ou Salignac-Fénelon, de laquelle est issu l'illustre archevêque de Cambrai.

Les représentants de la maison du Boulvé avaient le droit d'assister aux Etats du Quercy (1).

Les seigneurs du Boulvé ont conservé jusqu'à la Révolution le *Château de Lalande*. C'était un vaste établissement, en forme de quadrilataire, dont on peut encore suivre les traces. Sur le grand chemin qui longe le village, était la cour d'entrée, dont la façade était flanquée d'une tour à chaque extrémité. Au milieu, se dressait le corps principal ou château proprement dit, dont il reste diverses parties, et notamment un mur transversal d'un assez grande hauteur avec la chapelle domestique ; le tout enchevêtré dans les constructions de la famille *Foissac*. A la base du quadrilataire se trouvait un bâtiment considérable flanqué de trois tours : il n'en reste aujourd'hui qu'un angle appelé la *Maison Massip*. On y voit encore, entaillée dans les murs de la seule tour subsistante, la petite ouverture par laquelle le veilleur faisait le guet. On y remarque aussi deux cheminées anciennes, dont l'une avec un écusson vide.

Le château de Lalande était évidemment fortifié, et capable de recevoir une nombreuse garnison. Le mur transversal du milieu est percé de trois petites ouvertures romanes qui indiquent une époque très reculée et certainement antérieure aux fortifications de Bélaye.

Les habitants du village ne savent pas du tout si ce bel établissement a été pris et détruit par quelque armée ennemie ni vers quelle époque il a péri ; ils affirment en tout cas qu'il n'a pas été démoli pendant la Révolution. Les cadastres de 1602 et de 1673 portent simplement : « Le seigneur de la Lande tient château au dit lieu. »

---

(1) Dans les environs, le baron de Luzech et le seigneur des Junies, avaient le même privilège. Les Etats du Quercy s'assemblaient tous les ans et par tour dans les villes qui avaient le droit d'envoyer des députés. (Cathala-Coture, *Histoire du Quercy*, Dissert. p. 21-23).

On a trouvé, soit dans la tour ruinée de Massip, soit dans le sol environnant, une grande quantité d'armes de guerre. La famille *Foissac* possède un crochet ou angon destiné à découvrir l'adversaire et à désarçonner les cavaliers.

Les seigneurs de Lalande possédaient une *sauve-garde* ou lieu de refuge pour les malfaiteurs poursuivis par la justice et pour les serfs fugitifs. On sait que ce droit était un privilège réservé ordinairement aux plus grandes familles, par exemple, aux vicomtes *de Turenne*, dans le Haut-Quercy. Un terroir nommé *Salve-garde*, sur le chemin de Bélaye à Bovila, en rappelle encore l'existence.

*
* *

Tandis que le nom de Séguier s'éteignait à Bélaye, il survivait et se multipliait en d'autres contrées.

François de Séguier, seigneur de *la Gravière, Villandric* et *Lamothe-Majouse*, dans le Bas-Quercy, fut nommé Sénéchal de notre Province en 1559.

« La maison de Séguier, dit Cathala-Coture (Tome 2,
» page 332), se divisa en trois branches principales éta-
» blies à Cahors, à Toulouse et à Paris. Celle de Cahors
» a eu des sénéchaux du Quercy et des chanceliers
» d'Armagnac. Celle de Toulouse, des juges-mages et
» des présidents à mortier. Celle de Paris, enfin, a été la
» plus illustre et la plus célèbre en grands hommes. »
Elle a produit :

Pierre de Séguier, né à Paris en 1504, mort en 1580. Il s'était déjà fait une grande réputation au barreau, quand François Ier le nomma avocat général à la Cour des Aides et chancelier de la reine Eléonore. Il devint avocat général sous Henri II. Employé dans diverses négociations, il fit briller dans toutes une éloquence et une intelligence peu communes.

Antoine de Séguier (1552-1626), 5ᵉ fils du précédent, occupa successivement les places de maître des requêtes, de conseiller d'état, d'avocat général au Parlement de Paris, et enfin de président à mortier. Il fut envoyé à Venise, l'an 1598, en qualité d'ambassadeur, emploi qu'il remplit avec succès. Il fonda par son testament l'hôpital des *Cent-Filles*, au faubourg Saint-Marcel, à Paris.

Pierre de Séguier (1588-1672) petit fils de Pierre et neveu du précédent ; remplit les charges de conseiller au parlement, de maître des requêtes, de président à mortier, et enfin de *garde-des-sceaux* en 1633, et de *chancelier de France*, 1635. Sauf une interruption de six ans (1650-1653) il garda les sceaux jusqu'à sa mort arrivée en 1672, à 84 ans. Il présida la commission chargée de juger Fouquet, ainsi que le conseil où furent rédigées les belles ordonnances de 1669 et 1670, connues sous le nom de *Code Louis*. Il fut un des fondateurs de l'Académie française, et en devient le protecteur après la mort de Richelieu : pendant 30 ans il en réunit les membres dans son hôtel. Son oraison funèbre fut prononcée par Mascaron.

Antoine-Louis de Séguier (1726-1792) montra de bonne heure les plus heureuses dispositions pour l'éloquence. Sa mémoire était prodigieuse : après avoir entendu un discours dont le manuscrit était perdu, il le rétablit tout entier dans l'espace d'une nuit. En 1755, il fut nommé avocat général au Parlement de Paris, où il resta jusqu'en 1790, époque de la dissolution de cette compagnie. Il avait succédé au célèbre d'Aguesseau ; et l'on a pu dire qu'il se montra digne d'un tel prédécesseur par son éloquence et par ses vertus. Il entra à l'Académie française en 1757, à la place de Fontenelle.

Antoine baron Séguier (1768-1848), fils aîné du précédent, premier président de la Cour de Paris, conseiller d'état et pair de France.

Pierre Armand, son fils, conseiller à la Cour de Paris et membre de l'Académie des sciences (1).

M. le baron *Antoine* Séguier, fils du précédent, au château d'Hautefeuille (Yonne) est aujourd'hui le représentant principal de la branche de Paris.

Les armes de la maison de Séguier sont : d'azur, à un lion d'or, couronné du même, armé et lampassé de sable ; au chef cousu de gueules, chargé de trois coquilles d'argent. (L. Esquieu, *Armorial quercynois.*)

* *

SEIGNEURS DE FLOYRAS. — Les premiers que nous connaissons portent simplement le nom de leur terre.

Bertrand de Floyras figure parmi les arbitres chargés de prononcer entre R. de Vérol et B. de Guiscard, en 1250.

Arnaud de Flouras signe comme témoin dans un bail à fief du mas de la Bourlie, en 1255.

Le 5 novembre 1280, noble *Bernard* de Floyras rend hommage à l'Evêque de Cahors pour ses terres de Bélaye et de Luzech.

Le 22 novembre de la même année *Arnaud* de Floyras hommage pour ses terres de Bélaye et de Floyras.

Le 20 novembre 1301, c'est la demoiselle *Gaillarde* de Floyras, veuve de Bertrand de Comarque, qui hommage pour Floyras.

La famille à *Comarque* avait donc succédé à celle de Floyras.

Un acte de 1303 porte comme témoin *Arnaud* de Comarque, damoiseau. Le même Arnaud figure parmi les

(1) Voir le *Dictionnaire de biographie* de Dézobry et Bachelet; et la *Biographie universelle* de Feller, article Séguier.

écuyers du pape Jean XXII, à Avignon, pendant tout le temps de son règne (1316-1334). On le trouve sur toutes les listes, et quelque fois même il est nommé le premier. Il fut également un des familiers de Clément VI.

Un *Guiscard* de Comarque fut nommé, le 24 juin 1319, recteur des Eglises de *Farguettes*, de la *Masse* et d'*Anglars*, toutes trois réunies et situées dans son propre pays (1). Le même signe comme témoin, le 22 janvier 1329, sous le titre de recteur de la Masse.

Arnaud de Comarque était présent à l'hommage que Raymond-Bernard *de Durfort*, baron de Boissières, prêta à l'Evêque de Cahors dans le repaire du *Cluzel* en Quercy, le 3 juillet 1336 (J. Lacoste, tome 3, page 86).

Le 19 mai 1368, noble *Amalvin* de Comarque hommage pour ses terres de Bélaye, Albas, Castelfranc, Lerm et Lamasse, en sa qualité d'héritier d'*Arnaud* de Comarque.

Cette famille était originaire du Périgord, où elle compte encore des représentants à *la Bourlie*, près *le Buisson*.

Elle avait donné un prélat à l'Eglise, *Bertrand* de Comarque, qui fut évêque de *Fréjus*, immédiatement avant *Jacques Duèze*, depuis pape sous le nom de Jean XXII.

On trouve dans les Minutes Boulzaguet un testament de noble *Françoise* de Comarque, demoiselle de *Bellegarde*, et veuve à Jean *de Coture*, portant la date du 20 mars 1697. Les armes de Comarque sont : *D'azur à une Arche-d'alliance d'argent, surmontée de deux étoiles d'or.*

La famille *de Gironde* succéda aux de Comarque à Floyras.

(1) Voir M. l'abbé Albe, *Autour de Jean XXII*, 1re partie.

Le 13 octobre 1391, Noble *Amalvin* de Gironde, hommage, en qualité d'héritier d'*Arnaud de Comarque*, pour ses terres de Bélaye, Albas, Luzech, la Masse et Castelfranc.

Les de Gironde paraissent dans les actes de la Maison de Guiscard, dès 1435 et 1453, sous le nom de *St-Julien*, seigneurs de *Montcléra*.

Le 6 mars 1461, *Jean* de Gironde prête l'hommage pour Bélaye et Floyras.

Le 14 décembre 1472, noble *Joseph* de Gironde traite avec Hugues *Séguéla*.

« La famille de Cironde (1) prétend venir du Borde-
» lais. Ils étaient à *Thedirac* au XIIe et XIIIe siècle ; de là
» ils passèrent à *Montcléra*, où ils succédèrent aux de
» *Floiras* ; ce qui leur valut de devenir seigneur de
» Floiras » (2).

* *
*

Famille de monpila. — La terre de Monpila se trouve dans la commune d'*Anglars-Juillac,*, sur la route qui va de Floiras à Anglars, du côté droit et vis-à-vis le village de *Garroussel*. Le terroir de ce nom comprenait environ 10 carterées dans le taillable de Bélaye, et s'étendait encore assez loin dans le taillable d'Anglars.

Les Monpila paraissent dans les actes les plus anciens :

(1) C'est un membre de cette famille qui donna, dit-on, son nom à la Gironde, sous le règne de Louis XIV. Une vive contestation s'était élevée parmi les riverains au sujet de la dénomination à donner à ce fleuve à partir du Bec-d'Ambez, les uns voulant l'appeler la Garonne ; les autres, la Dordogne, selon qu'ils habitaient la rive gauche ou la rive droite. Le Roi désigna pour expert un M. de Gironde, avec mission d'examiner et de trancher la question. Celui-ci, ne voyant aucune raison déterminante pour l'un ni pour l'autre parti, décida que le fleuve porterait son propre nom.

(2) Communication de M. l'abbé A. Foissac.

Arveo en 1246 ; *Grimoard* en 1250 ; *Bernard* en 1255 ;
Guillaume en 1256, etc.

Le 6 février 1330, Noble *Hugues* de Monpila fait hommage à l'Evêque de Cahors pour ses terres de Bélaye et de Castelfranc.

Le 6 juillet 1368, Noble Guilhalme *de Trébous*, femme de Monpila, hommage pour Anglars et ses dépendances.

Le 11 février 1390, Noble Jeanne d'*Izarn* d'Anglars, veuve de Monpila, hommage pour ses terres de Bélaye, Castelfranc et Pech (Puy-l'Evêque).

Le dernier *Dablanc*, seigneur d'Anglars, qui vivait sous la Révolution, signait : *Dablanc-Monpila*.

*
* *

Famille de bofat. — Au mois de mars 1250, un *Bernard* de Bofat prononce, de concert avec Grimoard de Monpila et Bernard de Floiras, une sentence arbitrale au sujet d'un différend entre B. de Guiscard et B. de Vérol.

Dans un acte du 11 avril 1308, passé à Bélaye, dans la maison de B. de Guiscard, chevalier du dit Bélaye, nous trouvons parmi les témoins : le seigneur Bernard de Bofat, chevalier.

C'est tout ce que nous savons de cette famille.

Le cadastre de 1673 mentionne « un chemin allant du
» Bas au Moulin d'Anglars (en aval de Latour) appelé
» de *Bouffat*,. » Et un peu plus loin, « un pré près le
» *Moulin de Bouffat*. » (Folio 98). Enfin, au même folio,
il porte : « Terre près le *Repaire des Ondes*, dans laquelle
» il y a grange, four, étable, au terroir appelé de *Trégan*,
» confronte d'une part avec chemin allant de Castelfranc
» à Floiras ; d'autre, avec le susdit chemin ; d'autre,
» chemin de Floiras à Anglars ; d'autre, chemin de

» service allant de la Sus à Lolt, passant au dit Repaire
» des Ondes, contenant 3 quarterées, 1 cartonat. »

Ce Repaire des Ondes ne serait-il pas le château dès chevaliers de Bofat ?

* * *

CASTANIÉ DES CASTELS. — Le fief des *Castels* était situé dans la paroisse de *Latour*, et près du village de *Lagrèze*, au sommet d'un mamelon qui porte encore le même nom (1). Quant aux châteaux, c'est à peine s'il en subsiste quelques restes éparpillés et cachés sous les broussailles.

« En 1135, *Bernard de Castanié*, d'une maison considé-
» rable du Bas-Quercy, signe un acte de *Séguier de la*
» *Voulvène...* Dès le XIe et XIIe siècle, cette famille était
» déjà comptée parmi les plus importantes du Quercy.
» Après les deux grands vassaux de la Couronne, le
» Comte de Toulouse et le Vicomte de Turenne,
» venaient... les barons de Pestillac et de Luzech...
» puis les St-Geniez, les Ferrières, les *Castanié*, les la
» Coste (Grézels) » (2).

« La ville de *Lauzerte* était anciennement un château
» et une Eglise appartenant au Chapitre de Cahors, qui
» les avait inféodés, ainsi que leur territoire, à la maison
» de Castanié. »

« Sicard de Montaigut, nommé Evêque de Cahors en
» 1294, reçut à foi et hommage, peu de jours après sa pro-
» motion, plusieurs vassaux de son Eglise, entre autres :
» *Girbert*, fils de Bernard de Castanié, seigneur d'*Haut-*
» *mont*, près Lauzerte pour les dimes inféodées de
» Montesquieu et Ste-Thècle, de St-Amans de Pélagal,

___

(1) On l'appelait aussi *Lous Castrès*, du mot latin *Castra*, qui signifie Châteaux.

(2) G. Lacoste, tome 2, pages 42 et 90,

» St-Nazaire de Valentane, Almayrac, Valromanc et
Marmon » (1).

Le 9 septembre 1389, *Raymond Arnaud* de Castagné,
fils de *Gaillard*, hommage à l'Evêque de Cahors pour ses
terres de Bélaye et de *Cousserans*.

Dans un acte latin de la Maison de Guiscard (5 octobre
1413), nous trouvons parmi les signataires : *Bernardus de
Castris*, autrement, Bernard des Castels.

Dans un autre acte latin du 28 janvier 1435, figure
parmi les témoins : *Bertrandus de Castanherio loci daus
Castels* (Bertrand de Castanié du lieu des Castels).

Le même signe dans un acte du 7 mars de la même
année : Bertrand de Castanié, damoiseau de Lauzerte.

Le 7 décembre 1448, il arrente le fach de *Cousserans*.
« Sachent tous et chacun que l'an de l'Incarnation du
» Seigneur, mil quatre cent quarante huit, et le 7e jour
» de décembre, régnant notre sérénissime Prince et Sei-
» gneur Charles, par la grâce de Dieu, roi des Francs, lo
» noble Bertran del Castanié, Donzel, de so bon grat,
» fasen per se e per tots sos héritiers, e per tots sos
» ordens, donet, arrendet, bailhet, livret e octroyet à
» fios e de nobel an Estèbe *Audhuy* (Etienne Aldhuy), e
» an Johan Audhuy, filh del dich Estèbe, que solin
» (soulaient, avaient coutume) estar en la peroquia de
» Chamargues, del dioceza de St-Flour, e aras estan
» en la peroquia Nostra Dona de la Tour, de l'Ounour
» de Bélayc, del diocèse de Caors, aqui presens, stipu-
» lens e recevens per se e per los héritiers, e per tots
» lours ordens, las causas que s'ensegoun ; es à saber :
» Tot lo fach appelat de Cousserans, am (avec) tots sos
» appartenences, coma, d'ayrals, de boutges, de terras,
» de bosès, de bartas, de prats, de molinals, de fons, de

____

(1) (†, Lacoste, tome 2, pages 258 et 393. — Il y avait une seigneurie de Marmon près Floressas.

» rivals, e de toutas autras causas al fach appartenens, e
» appartener debens, tan que nia, en las confrontatios
» déjots scrichas ; reservat per lou dit dounzel, la Tour,
» am la cramba que cété am la dicha tour ; l'estable
» deus roussis per fa stacha (pour y attacher) que hies
» en lo dich fach ; lo qual fach es en la dicha paroquia
» de Nostra Dona de la Tour ; que esté confronta, segon
» que fouch dich, d'una part en lo rio appelat de
» *Ychiorca*, en la terra e bosc de Jamme de *Richard*, e
» de Arnaud de *Monbila*, que tenons en fief del dich
» dounzel ;... e d'autra part, en lo fios del dich dounzel,
» tiran (allant vers) al boutgé de la *Romegneyra*, e del
» dich boutgé davalen per la dicha comba de la Rome-
» gueyra al pas appelat dels prats, en lou prat de Jouan
» de la *Bouyssicra*... De Vinialibus, notaire de Lauzerte. »
(Archives de Folmont).

En 1455, Bertrand de Castanié arrente à Guillaume *Gilis* un moulinal dit de Cousserans sur l'aygue de la Issourgue. (Ibid).

Le 5 mars 1461, il fait hommage à l'Evêque pour ses terres de Bélayc, Cousserans et St-Michel d'Oursaut.

En 1470, il reçoit de Jean et de Guillaume *Gily* une reconnaissance pour certaines terres du fief de la *Calprenade* (Arch. de Folm.).

Il remplit les fonctions d'arbitre dans un acte du 8 décembre de la même année. « Nos, Bertran del Castanhier,
» senhor d'autz Castels, e Johan de Gironda, senhor de
» Monclara, arbitres e amigables compositors de aucun
» dabat (de quelque débat) que avian : senhor Guilh.
» Bertran de Guiscart, dounzel (damoiseau), senhor de
» la Costa, d'una part ; e d'en Bertrand de Sanct Gery,
» senhor de Sanct Géri, d'autre part, dounzel... La
» perroquia de Pescadoyros, de la Gardela, de Bélayc,
» de Sanct Johan e de Grésel,... aysso so los perroquias

» en las quals son totas las causas que lo dit de Sanct
» Gery bayla al dit senhor Guilhem Bertrand de
» Guiscart. »

— La famille *de Bosc* succèda aux Castanié, à Cousserans. Elle était originaire d'un lieu de ce nom, près de Montcuq, dans la vallée de St-Privat.

Dès 1401, noble homme *Antoine* de Bosc, habitant du Château de Cousserans, contracte avec prudhomme (providus vis) Beranger *Romieu*, agriculteur de la paroisse de Carnac. (Arch. de Folm.).

Le 14 mars 1467, *Pierre* de Bosc, seigneur du Château du Repaire de Cousserans, lause (1) à Guill. *Manhiaville*, de Castelfranc, un pré sur le chemin de Latour à Cousserans (ibid).

Nous reparlerons plus tard de cette famille.

*
* *

RAYMOND DE CÉNAC. — Le 31 octobre 1295, noble Raymond de Sénac rend hommage à l'Evêque de Cahors pour ses terres de Carnac.

Dans un acte de 1301, on trouve : Le senhor Ramon de Sénac, cavalier.

Dans un acte du 15 octobre 1308, figure parmi les témoins : Le Seigneur *Guilhaume* de Raymond de Sénac.

Le 22 janvier 1330, noble *Bernard* de Cénac hommage pour ses terres de Carnac.

Gabriel de Ramon, sieur de Sénac, signe souvent dans les actes de Cousserans, de 1635 à 1648 (Minutes Boulzaguet). Le 27 mars 1768, le baron *de Vivans*, seigneur de Bagat, hommage à l'Evêque pour ses terres de Cénac.

— Les Ramon de Cénac étaient une branche de la

____

(1) Approuve l'acte.

famille des *Ramon de Folmont* ou Falmont, qui prétendait descendre des Comtes de Toulouse.

Cette maison a donné à l'Ordre de St-Jean de Jérusalem *Pierre* de Ramon, commandeur de la Salle-Durbans
et des autres maisons ds son ordre en Quercy, en 1297,
— et a fourni à notre Province un Sénéchal du même
nom, qui exerça ses fonctions en 1461 et 1479 (1).

Le seigneur de Folmont, vassal de celui de Bagat,
rendait à ce dernier un hommage fort singulier, à chaque
mutation de suzerain. Il lui payait une redevance consistant en un *œuf*, qu'il devait lui apporter, monté sur un
cheval ayant des balzanes (taches blanches) aux quatre
pieds (2).

Les de Testas ont succédé aux de Ramon à Folmont.

⁎

BARASC DE ROUFFIAC. — Le 5 novembre 1280, *Pierre*
de Barasc rend hommage à l'Evêque pour ses terres de
Bélaye, Pech et Luzech.

18 novembre, 1301, noble *Hugues Lafage*, pour Bélaye
et Rouffiac.

13 février, 1330, noble *Bertrand Barasc*, de Rouffiac,
pour Bélaye et Rouffiac.

19 mai, 1368, Dame *Ricurde* de Barasc, ou son mari
de Ramon, pour Bélaye et Rouffiac.

25 septembre, 1391, noble Ricarde, fille de Barasc,
veuve de Lézergues, pour Bélaye et Rouffiac.

21 janvier, 1768, M. *Pélissié*, notaire de Rouffiac, pour
Bélaye et Rouffiac.

⁎

SEIGNEURS DE ROQUEBAUDY. — Le 14 janvier, 1330,

(1) G. Lacoste, tome 2, page 400, et tome 3, pages 421, 426 et 440.
(2) Limayrac, Histoire d'une Commune, page 138.

Jean, Géraud et *Bernard Cabajac*, hommagent à l'Evêque pour leurs terres de Bélaye, Subrejol (Pradines) et *Roquebaudy* près Rouffiac.

En 1602, le fief de Roquebaudy appartenait aux seigneur de Cousserans. Le vieux château était en ruine. Cet édifice était construit avec des blocs de pierre d'une grandeur énorme, tels qu'on en voit très-rarement ; le côté du midi était taillé dans le roc. En 1724, il fut démoli complètement, et ses gros quartiers servirent à construire la maison *Aldhuy* de *Pechdeau*, avec toutes ses dépendances, telles qu'on les voit aujourd'hui.

Une tradition constante affirme qu'un *veau d'or* a été enseveli dans la fontaine de Roquebaudy, aujourd'hui comblée. C'est sans doute un souvenir de l'introduction de l'Evangile dans ces parages. Il y aurait eu là un temple d'idoles, et le peuple les aurait détruites le jour où il fut passé tout entier au christianisme.

Ce n'est pas le seul souvenir de ce genre qui existe dans le Quercy. A Cahors, notamment, c'est une *chèvre d'or* que l'on aurait ensevelie dans le quartier des *Hortes*.

Les habitants de la contrée sont unanimes à dire qu'autrefois Roquebaudy était une ville : *Recabaoudy ero uno bilo ;* ville bien petite, dans tous les cas, puisqu'il manque d'assiette pour une agglomération tant soit peu importante ; mais ce pouvait être, avec le château, une minuscule place forte.

On croit généralement qu'elle fut détruite par les Anglais vers 1345, après la prise de Bélaye.

On a trouvé à Roquebaudy et dans les environs quelques armes de guerre, notamment une belle épée de commandement, qui est aujourd'hui en la possession de la famille *Albet* de Charrou.

Sur le penchant de la colline de *Pechdeau*, côté du levant, se dressent les restes d'un mur très antique, qu'on appelle l'*Ayral* (1), et que l'on dit avoir fait partie d'une Eglise. On trouve tout au tour de nombreuses fondations et une grande quantité de pierre ponce, dite calan, qui était employée principalement pour la constructions des voûtes, à cause de sa légèreté.

Dans la garenne de Cousserans, et à droite du vieux chemin qui monte à Rouffiac, se trouve la *Grotte du Loup*.

* * *

SEIGNEURS DE PONS. — Ce lieu s'appelait anciennement *Caslar*.

Le 27 janvier 1329, *Arnaud Pons* hommage à l'Evêque pour ses terres de Caslar, près de Rouffiac.

Le 22 février 1402, *Antoine de Cazèles*, de Cahors, héritier de *Corverieu*, hommage pour ses terres de Bélaye et de Caslar.

Le 22 février 1407, Antoine de Cazelles pour Caslar.

Le 10 octobre 1768, M. *Giscard de la Bourlie* pour Caslar (2).

* * *

FAMILLE DE BRUGAL. — Le fief de ce nom est sur la route de Bélaye au Boulvé, à 300 mètres environ de ce dernier.

Un *Arnaud* de Brugal signe comme témoin, en tête de plusieurs nobles de la contrée, un acte du 13 mars 1256, passé à Montcuq.

Le 12 novembre 1301, noble *Arnaud* de Brugal hom-

(1) On nomme Ayral, du mot *Ayré*, air, une bâtisse ouverte à tous les vents, est ordinairement sans toiture. On dit : un ayral de maison, de grange, de tour, etc.

(2) A partir de 1614 les Guiscard prennent le titre de seigneurs de Pons. Marguerite de Guiscard, fille de Jean Ier avait épousé en 1598 François de la Boissière, seigneur d'Alard ou de Lard et de Pons.

mage à l'Evêque pour ses terres de Brugal, de Bélaye, du Pech, de Luzech, de Sauzet et de Rouffiac.

Le 26 janvier 1329, noble *Brugal*, du Brugal de Bélaye, hommage pour Albas, Bélaye, Castelfranc, Lerm et la Masse.

Le 14 février 1395, noble *Godefroy* de Brugal, fils de *Guillaume*, hommage pour les mêmes terres.

Par testament du 16 juillet, 1472, *Jean d'Orgueil*, seigneur de Lauture, donne à Arnaud d'Orgueil, son fils cadet, ses terres du Boulvé, de Lalande, du *Brugal* et de Bélaye, avec les droits qui en dépendent (1).

* * *

SEIGNEURS DE PECH-RAOU. — Dans un acte du 26 avril 1284 passé au château de la Coste (Grézels) par Guill. Rodetis, notaire de Montcuq, nous trouvons parmi les témoins : *Bernard de Pug-Rao.*

Acte (latin) du 22 juin 1350. « Sachent tous que, cons-
» titué en personne *Bernard de Pug-Rao* (Podium Radul-
» phi) (2) habitant du Castel de Bélaïc, a reconnu à
» noble Bernard de Guiscard, damoiseau de la Coste,
» tenir de ce même damoiseau, en perpétuelle emphi-
» teose, toute une pièce de terre, de vigne et de bois, sise
» dans la paroisse de l'Eglise de Notre-Dame de la
» Tour, au terroir appelé *al Caslar* (3), que Raymond de
» *Viel-Castel* tenait du dit damoiseau. Fait et passé à
» Bélaye. Témoins : Bernard de Grézels ; Bertrand de la
» Faurie, clerc ; et Raymond de Johan ou Jouan, clerc,
» notaire public. »

---

(1) Pièce tirée des archives du château de Lauture et communiquée par M. Taillefer.

(2) Podium se traduit en langue vulgaire par *Pech, Puech. Pug.* Radulphus est un nom d'homme : Radulphe, Radoul, Raoul, Raou.

(3) Aujourd'hui *Carlas*, lieu proche de Latour.

Pech-Raou se trouvait à Pechméja, au lieu appelé *Castel-Raoué*, dans le cadastre de 1602 ; et aujourd'hui *Castel-Raou*.

*
* *

SEIGNEURS DE LA GIBERTIE, près Lagardelle. — Ce lieu s'appelait anciennement *La Pile* (1).

Dans une reconnaissance féodale du 26 décembre 1730, faite par Michel Rigal, laboureur de Lagardelle à François Gaston de Giscard, marquis de la Bourlie, il est fait rappel d'un acte du 23 mars 1488 de noble *Guilhem de Salis*, seigneur de la Pile. (Minutes Boulzaguet).

Dans la même pièce, rappel d'un bail du 1er avril 1522 fait par noble *Arnaud de Rafin*, seigneur de la Pile.

Au contrat de mariage d'Antoine de Guiscard avec Isabeau de Lomagne, passé au château de Ferrières, le 16 octobre 1492, nous trouvons parmi les nombreux témoins, *Guilhem* de Salas ou de Salis, ou de Sales, *senhor de la Pila*.

Gaspard de la Bondie, seigneur de la Gibertie, signe divers actes de 1683 à 1710. (Minutes Boulzaguet).

Le 25 mars 1768, M. de la Bondie hommage à l'Evêque pour ses terres de Bélaye et de Puy-l'Evêque.

De l'ancien château de la Pile il reste quelques pans de mur et partie d'une tour, qui ont été enchassés dans la maison actuelle de M. André.

*
* *

FAMILLE DE GRÉZELS. — A côté des Guiscard, qui

---

(1) Il y a près de Duravel une autre lieu nommé la Pile « La Pile, » dit M. Ch. Deloncle est une tour ou grosse colonne près de Duravel, » aux abords du Lot » page 11,

étaient seigneurs de la Coste, il y avait les seigneurs de Grézels, qui portaient simplement le nom de leur fief.

Dès 1255, *Bernard* de Grézels figure comme témoin dans un acte de la maison de Guiscard.

G. Lacoste cite (tome 3 page 10) deux actes de la famille de Grézels passés à Montcuq, l'un le 10, l'autre le 20 mars, 1263. Par le premier, *Bertrand* de Grézels, donne a son fils *Bernard*, — qu'il a eu de dona Helena son épouse, fille de Bernard Ier de Guiscard, — des biens qu'il a dans la paroisse de Cénac. Par le second, le même seigneur afferme pour huit ans, au prix de 1500 sous caorcens, tout ce qu'il possède à la *Laurie*, paroisse de Bélaye, « sia » homes, sia fennas, o ces (1), o acapte, o autras senho- » rias. »

La veille des Calendes de décembre de l'an 1292, « Dame *Hélène*, femme du seigneur Bernard de Grézels, » chevalier, du consentement de son dit mari, reconnait » avoir reçu du seigneur Bernard de Guiscard, chevalier, » son frère, en sa qualité d'héritier de Bernard de Guis- » card, jadis chevalier, et leur commun père, trois mille » sous caorcens, et cent sous de rente caorcens, qui lui » sont assignés sur la moitié du Mas de *la Bourlie* (de la » Borrelia) situé dans la paroisse de Rouffiac, et sur une » pièce de terre sise dans la paroisse de Fargues. »

Dans certains actes de 1301, on trouve comme témoin, *Arnaud* de Grézels, donzel.

Le 12 novembre 1301, *Bernard* de Grézels, recteur de la Masse, est présent à l'hommage rendu par Bernard II de Guiscard à l'Evêque de Cahors.

Un *Bernard* de Grézels assiste au testament de ce même Bernard de Guiscard, le 15 des calendes de juin 1323

---

(1) Ou cens, ou acapte. L'acapte était une redevance que les tenanciers devaient payer à la mort de leur seigneur. (Boutaric ; Traité des droits seigneuriaux, page 250).

Nous trouvons encore le même nom dans un acte du 22 juin 1350.

Le 13 juillet 1368, *Bernard* de Grézels hommage à l'Evêque de Cahors, par *Géniès* sa femme, pour ses terres de Bélaye, Saint-Michel de Saux, Saint-Matré et Castelsagrat.

Bernat de Grezels, dounzel, est présent au testament de Bernard IV de Guiscard, le 9 août, 1384.

Le 2 mars 1669, M. *de Grézels* est choisi pour arbitre, avec M. *Pierre de Mostolac*, avocat, pour terminer un différend entre Pierre Salacroux, meunier du Seigneur de la Coste au moulin de la Laurie, et Jean Bourbon de Castelfranc (Minutes Boulzaguet).

Cette vieille famille subsiste encore ; et le nom de Grézels est porté aujourd'hui par un vaillant officier de l'armée française.

*
* *

LES VIELCASTEL. — C'était une branche de l'illustre maison de Gourdon, comme les Castelnau-des-Vaux ou de Montratier, les Pestillac, les Vaillac, les Genouilhac, les seigneurs de Laroque-des-Arcs et de Cénevières (1).

En 1261, *Mafre* de Vielcastel, seigneur en partie du château de Cazals ; *Bertrand* et *Raynier* de Vielcastel, chevaliers et seigneurs de Marminiac, signent, avec plusieurs gentilshommes, parmi lesquels, Gaillard del Pech, seigneur de ce lieu (2), au bas des coutumes données cette année à Villefranche-du-Périgord par le Comte Alphonse de Poitiers (3).

Le 4 des calendes de novembre, 1284, *Guillaume* de

---

(1) R. Périé, *Histoire du Quercy*, tome I, page 376.

(2) Puy-l'Evêque.

(3) G. Lacoste, tome II, page 301.

Vielcastel, donzel, assiste à l'hommage rendu par Bernard de Pestillac à Bernard de Guiscard, d'après un acte déjà cité.

Hugues de Vielcastel, damoiseau, figure dans le testament de Finelle, femme de Bernard Ier de Guiscard, 10 juillet 1286.

En 1305, *Amalvin* de Vielcastel signe, à la Laurie, en qualité de témoin, le commandement fait par d'Arreblay aux habitants de ce village, d'être obédients à Bernard de Guiscard.

Vers cette époque, les Vielcastel sont apparentés aux Guiscard, qui font en leur faveur plusieurs dispositions testamentaires. Ainsi, le 15 des calendes de juin, 1323, Bernard II de Guiscard lègue à *Etienne* de Vielcastel vingt sous cadurciens. — Hélitz de Montaigu, femme de Bernard II de Guiscard, donne dix livres à *Amalvin* de Vielcastel, donzel (8 mars 1330). — Enfin, Bernard III de Guiscard, dans son testament du 17 avril 1353, « laysso per l'arma d'en *Aymar* de Vielcastel 50 » messas. »

Dans un acte du 4 mai 1318, nous lisons que « *Etienne* » de Vielcastel (de Veteri Castro) *parroissien de l'Eglise* » *Notre-Dame de la Tour*, avait vendu à Pierre de *Four-* » *nier* (1) de la dite paroisse, une pièce de terre sise » dans cette même paroisse, au terroir appelé de *Salvi-* » *gnac*, dans le ténement de la *Laurie* (2), lequel téne- » ment appartient au seigneur Bernard de Guiscard, » comme seigneur suzerain féodal. »

Jean de Vielcastel fait un certain accord à Marminiac, le 9 avril 1558 (3).

Le 11 février 1667, au château de Rochecave, près Mar-

---

(1) Village près Séguela ou Manisserre.

(2) Lalaurie a fait partie de la paroisse de Latour jusqu'à la Révolution.

(3) Manuscrit Lavayssière.

miniac, mariage de noble François de Durfort, seigneur de Léobard, avec D^{lle} Clémence de Vielcastel, fille de noble *François*, seigneur de Rochecave et de D^{lle} Cather. de Bonafous (1).

Dans un exploit du 24 janvier 1752, notifié au sieur Laygue de Gabelle et aux époux de Vassal d'Argenton et Jeanne de Sauniac, il est question d'un legs de 1.500 livres fait aux demoiselles de Sauniac par leur tante *Marie-Louise de Vielcastel*, habitant au château de Cazals (2).

Quel est précisément le lieu d'origine des Vielcastel? Il n'est pas facile de le déterminer. Tout ce que nous pouvons dire c'est qu'en 1318 ils étaient paroissiens de Notre-Dame de Latour. Or, sur le territoire de cette paroisse, on ne trouve aucun lieu qui rappelle leur nom, autre que celui des Castels, près Lagrèze. L'existence de plusieurs châteaux sur cette colline en suppose, en effet, un plus ancien, *lou Viel Castel*. Cette famille pourrait bien tirer de là son origine.

Les armes de Vielcastel sont : de gueules, au château donjonné de trois tours d'or ; ou : de gueules, à la tour donjonnée de trois tourelles d'or. Supports : deux lions. Devise : *Quam vetus est castrum, cujus nescitur origo* (3).

---

(1) Manuscrit Lavayssière.

(2) Ch. Deloncle, *Puy-l'Evêque et ses environs*, page 68.

(3) L. Esquieu, *Armorial du Quercy*, Bulletin de la Société des Etudes du Lot, tome 30, page 487. — Le vers hexomètre qui sert de devise peut se traduire ainsi en français :

Si vieux est ce Castel qu'on n'en sait l'origine.

CHAPITRE VI

Bélaye est dégagé. — Il est occupé par Savignac.
— Pierre de Ferrières. — Bélaye envoie des députés aux Etats généraux. — Il est imposé pour
le mariage de la fille du Roi. — Il réclame ses
droits de justice. — Testament de Bernard II de
Guiscard.

———

Nous avons vu qu'en 1246, *Arnaud Béraldi* avait pris
en gage les terres de Bélaye, Puy-l'Evêque, Luzech,
Cessac, Douelle et Pradines, pour sûreté de certaines
sommes qu'il avait prêtées aux Evêques de Cahors.
Raymond, son petit-fils, se désista des trois premières,
et jugea à propos de garder définitivement les trois
autres, quoiqu'elles ne fussent qu'engagées.

Ce désistement eut lieu sous *Raymond Pauchelli* (1300-
1312). C'est ce qui résulte d'un manuscrit de *Gausbert
Pelfi*, secrétaire de l'Evêque, qui blame énergiquement
ce prélat de n'avoir pas recouvré les terres de Pradines,
Douelle et Cessac.

* *
*

Sous l'administration de Raymond Pauchelli et de ses

prédécesseurs, presque tous les bénéfices et terres de l'Evêché étaient tombés entre des mains étrargères. Le sieur *Savignac*, beau-frère du Pape Clément V (Bertrand de Goth), possédait les châteaux de Fontanes, Pradines, *Bélaye* et Sauzet. D'autres laïques percevaient les revenus des bénéfices de Caillac, Prayssac, Le Touron, Niaudon, le moulin de Lagardelle, etc. En 1313, il ne restait plus de l'ancienne temporalité de l'Evêché que les terres de Mercuès, Luzech, Albas et Puy-l'Evêque (1). Le 2 des calendes de juin de cette même année, *Hugues Géraldi*, le nouvel Evêque de Cahors, demanda et obtint de Clément V la révocation formelle de tous les actes par lesquels on avait vendu ou aliéné les anciennes terres de l'Evêché, comme entachés d'irrégularité (2).

* *
*

Parmi les vassaux de l'Evêque de Cahors qui lui prêtèrent l'hommage en l'année 1308, figure noble *Pierre de Ferrières*, pour ses terres de Bagat. Il était d'une ancienne famille, et tenait de ses ancêtres le château de Ferrières et celui de Bagat où il faisait sa demeure. C'est le même que ce Pierre de Ferrières qui en 1317 fut procureur fondé du Roi pour le pariage de l'abbaye de Vabres, en Rouergue, et que l'on trouve sénéchal de ce pays en 1319.

Pierre de Ferrières, son oncle, né au château de Bagat, embrassa l'état ecclésiastique et devint doyen de l'Eglise de Puy-en-Velay. Il se fit une si grande réputation par ses profondes connaissances, en droit civil et canonique, que Charles II, roi de Naples et de Sicile, l'appela auprès de lui, et l'éleva ensuite à la dignité de *Chancelier*. Pierre

(1) G. Lacoste, tome 2, pages 431, 455.
(2) G. Lacroix, Ayma, tome 2, page 23,

de Ferrières était déjà pouvu de ce haut emploi en 1297. Charles II, satisfait des services de son chancelier, lui procura l'Evêché de Lectoure. Pierre, ne pouvant, à cause de son emploi, résider dans son diocèse, y envoya pour grand vicaire Pierre Mechini. Il passa la même année du siège de Lectoure à celui de Noyon ; et ce fut en qualité d'évêque de cette ville que le roi Charles l'envoya vers le Pape Boniface VIII, pour le prier de confirmer le traité de paix qu'il venait de conclure avec Frédéric d'Aragon. L'Evêque de Noyon assista ensuite au concile qui se tint à Rome en 1302 ; le 23 août, de la même année, il fut nommé archevêque d'Arles, et mourut le 8 novembre 1308. Ce prélat fit pour les peuples du Roi, son maître, de beaux réglements qui contribuèrent beaucoup au bonheur dont ils jouirent sous Charles II. Jacques Duèze, depuis Jean XXII, pourvu de l'évêché de Fréjus depuis l'an 1300, et secrétaire du roi de Naples, lui succéda dans la dignité de chancelier. (G. Lacoste, tome 2, pages 445, 446).

*
* *

Le 11 juillet 1309 les consuls de Bélaye nommèrent des députés aux Etats généraux du Royaume (Arch. nat. J. 356).

En cette même année, le Roi de France, Philippe-le-Bel, maria sa fille Isabelle avec Edouard II, roi d'Angleterre. (1) Pour lui faire sa dot, il imposa une contribution extraordinaire qui frappa, en particulier, la province du Quercy. Les communes de Cahors, Luzech, Caillac, *Bélaye*, Puy-l'Evêque, Castelfranc, Albas, Montpezat et Tauriac, estimant que cet impôt n'était fondé ni

(1) Edouard III, issu de ce mariage, revendiqua, comme fils d'Isabelle, la succession de Charles VI, et déchaîna la guerre de Cent ans,

sur la coutume, ni sur le droit écrit, refusèrent de le
payer. Il fallut les y contraindre par voie de justice. Le
jeudi après la fête de la Nativité de la Sainte-Vierge, les
consuls de Cahors, Luzech, *Bélaye*, Castelfranc et Puy-
l'Evêque, passèrent à certains bourgeois de leur communauté un acte de procuration pour se trouver à l'assignation donnée par le Roi. Une note, conservée aux
Archives de la Préfecture du Lot (Série F. n° 198) (1),
nous apprend que cette pièce fut retrouvée bien longtemps
après, avec les quatre sceaux dont elle était munie. « Trois
» sceaux, y est-il dit, sont brisés. Le quatrième est celui
» de Bélaye ; il est très bien conservé. Il porte... (Suit la
» description que nous avons donnée plus haut.) »

Les communes réfractaires perdirent leur procès. Ne
se croyant pas capables de payer leur contribution au
terme fixé, elles demandèrent un délai au Prince, qui le
leur accorda par lettres patentes, le mercredi avant la
Saint Luc, 1309 (2).

*
* *

L'année suivante, Bélaye eut a soutenir une autre
affaire dont l'issue lui fut plus favorable : il prit part à
une protestation que quarante-huit communes du Quercy
adressèrent au Souverain Pontife Clément V contre les
prétentions de l'Evêque de Cahors, Raymond Pauchelli.
Ce prélat, voyant que depuis l'arrivée des Lombards,
l'usure avait pullulé dans son diocèse et y causait des
maux infinis, voulut connaitre des contrats usuraires
qui étaient jugés par les officiers du Roi ou par certaines
juridictions communales ; et dans ce but, il fit consacrer
ses prétentions par l'autorité ecclésiastique. Le Sénéchal

(1) Voir même série, n°ˢ 113 et 142.
(2) G. Lacoste, tome 2, page 449.

appela de cette décision au Pape ; et quarante-huit communes de la Sénéchaussée qui avaient le droit de justice, se joignirent à lui et nommèrent des procureurs à l'effet de poursuivre cet appel. Voici les noms de ces communes : Cahors, Figeac, Montauban, Moissac, Lauzerte, Puylaroque, Caussade, Lafrançaise, Réalville, Mirabel, Molières, Castelnau-de-Montratier, Montpezat, Septfons, Bruniquel, Négrepelisse, Le Bias, Saint-Etienne, Flaugnac, Montclar, La Salvetat, Ville-Made, Bioule, Gourdon, Rocamadour, Castelsagrat, Martel, Cajarc, Montcuq, Saint-Cirq-Lapopie, Caylus, Belfort, Lalbenque, Sauveterre, Luzech, Salviac, Labastide, Bélaic, Souillac, Puybrun, Labretonnie, Montalzac, Montricoux, et Puylagarde.

Cette contestation, qui touchait à l'exercice de la justice, prérogative de premier ordre, se termina par le retrait des prétentions de l'Evêque. (1)

*
* *

Le 15 des calendes de juin 1323, *Bernard II de Guiscard* fit son testament au château de la Coste, où il avait sa résidence. Il s'y qualifie de *Chevalier de Bélaïc*, comme il faisait, d'ailleurs, dans plusieurs de ses actes. Il choisit pour sa sépulture l'église *Saint-Benoit* de Grézels. Il veut et ordonne que l'on construise pour lui et son âme le chevet (caput voltum) de la dite église *bo e bel*, jusqu'à concurrence d'une somme de cent livres caorcines, prise sur ses biens. Il lègue une torche de deux livres de cire pour l'Elévation du corps du Christ, payable tant que cela sera nécessaire par ses héritiers ; et l'huile nécessaire pour une lampe à perpétuité. Il laisse : à l'Œuvre (Fabrique) de l'Eglise de *Bélaïc*, 100 sols caorcens ; — à l'Eglise *Notre-Dame de Latour*, un bon vête-

______

(1) Archives de a Commune de Cahors, Original n° 33 ter.

ment sacerdotal garni. Il veut que l'on couvre aux frais de ses héritiers l'Eglise de *Grézels*, dont on vient de construire la charpente. Il lègue : à chaque Eglise de l'honor de Bélaye deux sols caorcens une fois payés, pour le luminaire ; — à chaque chapelain qui assistera à sa sépulture et célébrera la messe pour lui, deux sols caorcens ; — à chaque clerc, 12 deniers. Il fait des dons aux Eglises d'*Anglars, Prayssac, Albas, Cénac, Cambayrac* et *Sauzet*, où il avait des terres ; et à celles de *Cassagnes, Saint-Jean* près Lascabanes (1), et *Saint-Géniez*. Il reconnait à sa femme, *Hélène de Montaigu*, qu'il avait reçu 11.000 sols c. de dot et 11 livres c. de revenu annuel, plus 4.000 sols c. qu'il lui lègue ; plus veut qu'elle ait le vivre et le vêtement, soit dans la maison de son fils Bernard, soit dans celle de Guiscard, avec la facilité de passer de l'une à l'autre. Il lègue : à son fils Guill. Bernard, de l'Ordre des Frères Prêcheurs, 10 livres tournois de revenu ; — à son fils Guill. Bertrand, 10 l. t. une fois payées ; — à sa fille Finelle, femme de Raymond Bernard de Saint-Géniez, 1.000 sols c. en plus de la dot ; — à sa fille Hélène, femme de Bertrand de Sermet, 100 sols c. Après avoir émancipé son fils aîné Bernard, et lui avoir donné le repaire de la Coste avec toutes ses dépendances, par acte antérieur, il renouvelle cet acte ; et charge le dit Bernard d'assigner une rente de 10 livres tournois pour une *chapellenie*, pour son âme et celles des personnes de sa famille, desservable tous les jours, dans l'Eglise de *Saint-Benoit ;* le chapelain sera à la nomination du dit Bernard et de ses héritiers.

Il institue pour héritiers universels ses fils *Bernard* et *Guiscard* de Guiscard, et leur fait division de ses biens.

(1) Il ne reste pas de trace de l'ancienne Eglise ; mais sur son emplacement est la fontaine dite de *Saint-Jean*, but d'un pèlerinage très fréquenté.

Guiscard aura pour sa part tout ce qu'il a à Montcuq, à Saint-Jean près Lascabanes, à Lasbouygues et à Bruel, et la ligne de séparation est et sera à perpétuité le chemin qui va de Cahors à Fargues, Bovila et Tournon. Les terres en deçà de ces limites, du côté de Bélaye, seront à Bernard. Cependant Guiscard pourra avoir à Bélaye les ayrals ou maisons ayant appartenu à Bernard de *Sénac* et à sa mère ; et l'ayral qui est devant confrontant avec la maison des héritiers de Séguin *de Rozet*, et d'autre part avec la maison du dit chevalier, dans laquelle demeure Jean du *Barbier* ; et Guiscard sera tenu de faire une *vanelle* (ruelle) de deux pieds, d'un bout à l'autre de la maison du dit Barbier, qui soit ouverte aux deux extrémités, et s'avance et les divise jusqu'au Lot par une ligne ; excepté la maison de la *Obra* qu'il lègue et veut être rendue à Guillaume, fils de Raymond *de Saint-Amans*. Il substitue ses deux fils l'un à l'autre.

Les temoins sont : Bertrand de Rozet, Guill. de Séguier, Bertrand de Rozet chevalier, Raymond Bernard moine camérier de Clayrac, Bernard de Grézels, Bernard de *Bofat* (Bonofato) damoiseau, Bernard Trapas, Guillaume Bertrand sacriste de Clayrac, et Gausbert de Bomonde (Bonomundo) notaire. Robin de Paychi, appositeur du sceau.

Bernard II prenait dans tous ses actes le titre de « seigneur de la Coste, de la Bourlie et de la Laurie. »

CHAPITRE VII

L'Evêque donne des coutumes à Bélaye. — Testament d'Hélitz de Montaigu. — G. de Guiscard fait un chevalier. — Famille de Saint-Géniez. — Fondation d'un couvent à Saint-Jean de Grézels. — Différend à propos de taille. — Délimitation de la juridiction de Bélaye.

« En 1326, *Bertrand de Cardaillac*, évêque de Cahors, donna des coutumes et des libertés aux lieux de *Bélaye* et de Goujounac, qui faisaient partie des domaines de son Evêché » (1).

La communauté de Bélaye, avait déjà, depuis un temps immémorial, ses coutumes propres.

Un acte du 6 avril 1283, passé à Lasbouygues, porte formellement « qu'el Senhor B. de Guiscart, cavalier, » donet e autrejet à feos, *per lo for e per la costuma de* » *Bélaïc*, an Séguy Golfier, coma à son home de cors legi » e domeni doas pessas de terra e de prat, en la pero- » quia de Fargas. »

Un autre acte du 26 juillet de l'année suivante, porte que le même « Senhor de Guiscart donet e autrejet à feos » a Guill. de la Negaria, receben per simeih e per totz

(1) G. Lacoste Cf. Foulhiac.

» sos fraires, una pessa de terra en la perroquia de Bovi-
» lar, el loc appelat del Brul, queste et confronta... ab
» las terras d'en Arnaud de la Negaria, ab lo cami de la
» comba de Genolhac, ab las terras d'en B. de Pug-Inan,
» e ab las terras d'en Séguy d'Amelh, per XII deniers
» d'acapte, *per lo for e per las costumas del Castel de Bé-*
» *laïc.* »

Le mot *for* vient du latin *forum*, qui veut dire : place
publlique, lieu où l'on rend la justice, et par extension,
la justice même, le droit, la jurisprudence. On dit encore
dans ce sens : le for intérieur, le for de la conscience.

La communauté avait donc alors son for et ses coutumes, d'après lesquels elle s'administrait et se gouvernait
elle-même.

Nous avions déjà vu des consuls à Bélaye en 1270.

Plus tard, nous avons trouvé Bélaye parmi les 48
villes du Quercy qui protestèrent contre les prétentions
de l'Evêque de Cahors, de vouloir restreindre leurs droits
de justice.

Mais alors, pourquoi les coutumes et libertés que
Bertrand de Cardaillac lui donna en 1326 ? Et pourquoi,
en général, tant de communautés, qui avaient des coutumes particulières depuis un temps immémorial, en
demandèrent-elles de nouvelles, principalement dans le
cours du XIIIe et du XIVe siècle ?

Les usages traditionnels qui tenaient lieu de législation à nos ancêtres, remontaient à des temps très reculés, souvent même aux *municipes romains*, et ne se
trouvaient pas consignés par écrit. « Par cela seul, dit
» M. Guizot, que cette organisation était essentiellement
» romaine, nous ne la trouvons pas écrite sous telle ou telle
» date, au moyen-âge. C'était un fait ancien qui avait
» survécu à l'invasion, à la formation des états moder-
» nes, que personne ne songea à rédiger et à procla-

» mer. » Cette organisation était nécessairement très simple ; chacun la connaissait ; la pratique et l'application journalière venaient en rappeler sans cesse les articles principaux. Mais il y avait des points obscurs ou d'une application rare qui pouvaient donner lieu à des interprétations diverses.

D'autre part, la féodalité, alors dans toute sa force, tendait à implanter dans tout le corps social ses principes et ses prérogatives au détriment des anciennes coutumes : de là des contestations, des querelles, des luttes sans fin.

Pour le maintien de la paix, il devenait nécessaire de définir ces anciens usages, de bien délimiter les droits de chacun, de combler des lacunes, d'introduire des innovations rendues indispensables. Et alors, une sorte de transaction amiable a lieu entre les deux parties. L'une confirme certains privilèges ; et l'autre reconnaît quelques prérogatives. Le seigneur fait une concession ; et la communauté cède, à son tour, sur un autre point. C'est ainsi que Bélaye, en retour de certains avantages, céda à l'Evêque son droit de justice. D'autres, pour garder ou acquérir un privilège, préféraient l'acheter à beaux deniers comptants.

Telle est l'origine des nouvelles coutumes dans le midi de la France, et en particulier dans notre Province.

Il fallait mettre ce point en lumière, à cause que l'opinion contraire est aujourd'hui dominante.

On croit généralement que l'initiateur du grand mouvement communaliste fut le roi Louis-le-Gros, surnommé bien à tort *le Père des Communes*. Ce monarque n'en voulut souffrir aucune dans ses domaines ; il se contenta d'en favoriser l'établissement chez ses vassaux, et confirma huit chartes communales.

On croit que, soit pa1 bonté d'âme, soit par besoin d'argent, les seigneurs octroyaient des coutumes *toutes faites,* sorties tout d'un coup du cerveau de quelque légiste, n'ayant aucun rapport avec le passé, et que le peuple devait accepter telles quelles.

Il n'en est rien. Le mouvement des communes est né de la nécessité des temps et des circonstances. Il ne faut pas se lasser de le dire, les principales villes avaient leur for et leurs coutumes, depuis un temps immémorial, *ab antiquo.* Elles s'administraient et se gouvernaient elles-mêmes ; elles avaient leur police, leur législation et leur justice. Chacune constituait une vraie petite république dans le royaume. Mais voici venir des temps nouveaux. Partout le droit féodal bat en brêche le droit traditionnel, et cherche à le supplanter. Une entente est devenue nécessaire entre la communauté et le seigneur ; de part et d'autre, des propositions sont faites et librement débattues, et un accord intervient : c'est la charte des nouvelles coutumes.

A vrai dire, ces chartes n'étaient autre chose qu'un *contrat bilatéral* qui liait étroitement les deux parties. C'est bien improprement qu'on leur donne en général le nom de liberté, affranchissement ou émancipation ; comme si les communes eussent été auparavant dans une espèce d'esclavage ; comme si elles eussent à peine existé et que la charte constituât pour elles une sorte d'acte de naissance ! Non, la charte ne leur a pas donné la vie communale ; non, elles ne furent ni libérées, ni affranchies, ni émancipées, parce qu'elles n'étaient les esclaves de personne. La vérité est qu'elles avaient depuis longtemps leurs libertés et leurs coutumes, qui ne furent modifiées que sous l'influence du droit féodal et dans l'intérêt de la tranquillité publique.

Déjà, de nombreuses monographies ont mis ce point en lumière ; il ne peut manquer de devenir plus sensible, à mesure que paraîtront de nouveaux documents.

Voici la date de quelques chartes, pour le Quercy : Saint Antonin, 1136 ; Montauban, 1194 ; Moissac, 1196 ; Loubressac, 1211 ; Martel, 1219 ; Gourdon, 1240 ; Lauzerte, 1241 ; Cahors, vers 1260 ; Cajarc, 1256 ; Puy-l'Evêque, 1271 ; Castelnau-Montratier, 1291, etc.

En général, les chartes contiennent les libertés et les franchises, tant pour les individus que pour la communauté. Elles fixent le nombre, l'élection et les attributions des consuls ; les points principaux de l'administration communale et le mode des successions. Elles réglementent la police, particulièrement pour ce qui concerne les foires et les marchés. Elles édictent les pénalités encourues pour les divers crimes, vol, homicide, incendie, adultère, viol, etc. ; et pour les délits et simples contraventions. Elles déterminent les mesures à prendre en cas de guerre, etc.

Il serait intéressant de donner ici les principaux articles des coutumes de Bélaye. Malheureusement le texte en a été perdu ; et, malgré toutes nos diligences, il nous a été impossible de le retrouver. A défaut d'Hôtel-de-Ville, le livre des coutumes était confié au premier consul, qui le détenait chez lui et le transmettait à son successeur à l'expiration de sa charge.

Un acte consulaire de 1667, signé *Cluzel* notaire, 1er consul de cette année, accuse la remise faite par son prédécesseur, Arnaud *Lagar*, de « deux confirmations » des coutumes, l'une consentie par Habert, évêque de » Cahors, écrite en parchemin ; et un extrait d'autre con- » firmation écrit en papier, signé *Bertail* et *Brugel* » notaire, de l'Evêque *Alain de Solminiac* ; et ce, sans » préjudice des *coutumes* du dit Bélaye. » (Arch. de Folmont).

La perte de ce document est irréparable pour notre

histoire locale ; néanmoins il sera possible d'en reconstituer certains points importants.

***

Hélitz de Montaigu, fille de Bertrand de Montaigu, seigneur de Montcuq, que fo, e molher que es d'en Bernat (III) de Guiscard, testa le 8 mars 1330. Elle choisit pour sa sépulture « la gleya de mosenher (monseigneur) Sant » Beneg prope de Grezel, ou mosenher Bernat de Guis- » card cavalier, payre del dig mon marit, es estat » cébélit. » Elle laisse diverses sommes : au luminaire de cette Eglise ; — à l'Escolier de la dite Eglise ; — à chaque chapelain assistant aux funérailles ; — de même à chacun des autres clercs présents ; — aux dits chapelains et clercs pour une réfection suffisante ; — 20 setiers de froment à distribuer aux pauvres en plusieurs fois, 2 setiers par an. Elle lègue à l'Eglise de mosenher Saint Alari de Montcuq une somme pour que le Recteur chante une messe solennelle, et divers legs aux chapelains desservant la dite Eglise ; au clerc servant ; aux autres chapelles de Montcuq. « Laichi al melhioramen » de la capela de monsenhor Saint Francès del loc dels » Fraires Menors de Moncuc. (Frères Mineurs Capu- » cins), » où est enseveli monseigneur son père, une certaine somme ; — au couvent des dits Frères, certaine quantité de blé ; — à Bertrand de la Genebrède, et à Raymond Guilhem de Ramon, du même ordre, à chacun un habit. Elle laisse 100 sous caorcens pour le luminaire à l'Eglise Saint Hilaire de Montcuq, et des sommes diverses pour le même objet aux Eglises de Grézels, Cassagnes, Cabanac, Lagardelle, Latour près Bélaye, Thézels et Cazes. Elle fait des legs au Couvent des Frères Prêcheurs de Cahors ; aux Frères Mineurs, aux Augustins, aux Carmes, à chacun des hospices, malaudies et maisons de Recluses ; à las Moynas de la Daurada, aux Pères de la Charteuse, aux Minorettes, au luminaire de Sant Dieri, de la même ville. Elle laisse : 50 livres c. à paouras pioucelas (filles) per maridar, au choix de ma dona mayre ; — à Finelle, femme de Raymond Bernard de *Saint-Géniez*, 10 l. ; — à Amalvin *de Vielcastel*, 10 l. ; — à mosenher Jean *de Grézels* capela, que esta à la Costa, 50 s. ; — à na Raymonda, noyrissa de Guiscard mon fil, 30 s. ; — à Bernat Bos clerc que ensenha los effons meos, 30 s. ; — à *Galhard de Guiscard*, fils naturel de Bertrand, 50 s. ; — à différents serviteurs et servantes, certaines sommes. Elle laisse un « calessi d'argen à la gleya de San Beneg, » dont la garde sera confiée au chapelain qui régira la chapellenie de l'Osdal, à la Coste ; et y fonde un obit de sept messes pour elle et ceux de son lignage, avec 12 den. pour chaque chapelain, et l'aumône pour 13 pauvres ce jour-là. Enfin, elle fonde à Saint Hilaire de Montcuq un obit de sept messes, et au couvent des Frères Mineurs du même lieu, un obit d'une messe à perpétuité.

* *

Gaillard de Guiscard, l'un des légataires d'Hélitz de Montaigu, était fils naturel de Bertrand de Guiscard et petit-fils de Bernard Ier. Ayant mérité, comme ses pères, d'être fait chevalier, pendant la guerre de Gascogne (il servait encore en 1339) il fut prié en 1334, par un particulier, Pierre *de la Tour de Ségur* (1) (de Turre de Securo) de lui conférer la noblesse en le faisant chevalier à l'article de la mort. Cet ennoblissement fut confirmé par le roi Philippe VI de Valois, en août 1337. (Bibliot. nat. JJ. 70, n° 365).

(1) *La Tour de Ségua*, à Meymes, commune de Prayssac.

* * *

Les archives du Vatican. récemment ouvertes au public par le pape Léon XIII, renferment une pièce intéressante relative à l'époque où nous sommes arrivés : c'est une Bulle pontificale, adressée à *Pierre de Saint-Géniez*, autorisant la fondation d'un couvent de filles à *Saint-Jean de Grézels*. Mais, avant de donner ce document, disons quelques mots de la famille du fondateur.

Les Saint-Géniez sont originaires de la paroisse de ce nom, dans les environs de Montcuq et paraissent descendre de la famille de Gourdon de Castelnau-Montratier. Ils sont mentionnés dans nos annales dès l'an 1111.

Un *Bernard* de Saint Géniez signe, comme témoin, dans un acte de vente du 27 décembre 1225 faite par *Guillaume Séguier*, et dans deux actes de la maison *de Grézels*, passés à Montcuq, l'un le 10, l'autre le 20 mars, 1263.

G. Lacoste (1) croit que Bernard eut pour fils :

Pierre, qui parvint à un des premiers grades dans les armées du roi de Naples et de Sicile.

Autre *Pierre*, qui fut curé de Saint-Daunès.

Raymond Bernard, lequel épousa *Finelle* ou Finette, fille de Bernard II de Guiscard, chevalier, seigneur de la Coste. Nous avons vu que celui-ci la constitua son héritière par son testament du 15 des Calendes de Juin 1323.

Célébrum de Bélaye. « En l'année 1235, celui-ci fait un » accord avec *Pons d'Antèjac*, évêque de Cahors, au » sujet d'une maison du bourg de Bélaye et des eaux du » Lot, qui la baignent. » (2)

(1) Tome 3, pages 9, 10, 11.
(2) Lacroix, tome 1, page 98.

Le même est cité comme témoin dans un acte passé à Bélaye le 25 avril 1284, par lequel un nommé *Calvet* reconnait féodalement le seigneur Bern. de Guiscard chevalier, fils de feu Bern. de Guiscard, chevalier.

Amalvin, témoin dans un acte du 3 septembre 1238.

Enfin *Bertrand*, qui embrassa l'état ecclésiastique, et qui devait immortaliser le nom de Saint-Géniez. On trouve plusieurs fois sa signature dans les actes de la Maison de Guiscard, en 1316 et 1322, avec mention de sa qualité de clerc, « *lo clergué.* »

Bertrand de Saint Géniez vint au monde vers 1260. Il professa le droit avec distinction dans l'Université de Toulouse, en 1314, à la place de Guillaume *de Montlauzun*, autre savant juriste du Quercy et son voisin. Etant entré dans les ordres, il fut nommé doyen du chapitre d'Angoulême, dignité qu'il possédait encore en 1326. Le pape Jean XXII, dont il était parent, à ce que l'on croit, le prit pour son chapelain et auditeur de rote. Après dix-sept ans de séjour à la cour d'Avignon, Bertrand fut nommé *patriarche d'Aquilée* dans la Haute-Italie. Ce prélat passait pour un des prêtres les plus savants de son temps, et sa piété égalait son savoir. Aussi les écrivains, même italiens, qui furent ses contemporains, ont-ils fait unanimement son éloge. Ils ont vanté à l'envi la pureté de ses mœurs, la sainteté de sa vie et sa charité envers les pauvres. Il s'était fait une loi d'en nourrir douze par jour, en l'honneur des douze apôtres, et de les servir de ses propres mains. Non content d'édifier son troupeau par ses vertus, il sut le gouverner avec le zèle, la modération et la sagesse des évêques qui ont fleuri dans les plus beaux siècles de l'Eglise. Il fut chargé par le Souverain Pontife de plusieurs missions importantes dont il s'acquitta avec le plus grand succès. Forcé de se montrer, dans une cir-

constance difficile, le défenseur de son Eglise, il eut le
même sort que Saint Thomas de Cantorbery, qu'il avait
pris pour modèle. Comme il revenait du concile de
Padoue, il fut assailli par une troupe de factieux qui lui
portèrent cinq coups d'épée, le 5 juin 1350. Il mourut
peu après, en priant pour ses meurtriers, à l'âge de 90
ans ; et son corps fut enseveli avec honneur dans la
cathédrale d'Udine. L'Eglise a placé Bertrand de Saint
Géniez au rang des *Bienheureux*, et fixé sa fête au 6
juin (1).

* *
*

Nous avons vu qu'un frère de Bertrand, *Raymond de
Bernard* de Saint Géniez, avait épousé Finelle de Guiscard. De ce mariage naquit *Pierre* de Saint-Géniez. C'est
à lui qu'est adressée la Bulle dont nous allons donner la
traduction (2).

« A notre bien aimé fils, Pierre de Saint Géniez, prê-
« tre du diocèse de Cahors, salut... Depuis longtemps,
« Jean XXII, notre prédécesseur d'heureuse mémoire,
« étant Pape, vous lui aviez exposé ce qui suit. Pour
« l'honneur et la gloire du nom divin, pour le salut de
« votre âme et des âmes de vos parents et autres fidèles,
« tant vivants que trépassés, vous vous proposiez de
« fonder proche de Bélaye, au lieu appelé de *Saint Jean*,
« diocèse de Cahors, vous appartenant, disiez-vous, par
« droit héréditaire, un monastère avec une Eglise et les
« dépendances nécessaires, appelé Monastère de Saint
« Géniez. Il devait y avoir treize religieuses de l'Ordre
« de Citeaux, dont une dite prieure, pour gouverner les

____

(1) Voir G. Lacoste, tome 3, page 70 ; — Acta Sanct. Godescard et
Raynald.

(2) Reg. Aven. 48, f. 187, 188. Pièce communiquée par M. l'abbé
Albe.

« autres, sous l'habit régulier et selon les statuts
« du même Ordre ; épouses de Jésus-Christ, destinées
« à le servir à perpétuité comme leur époux, de
« préférence aux enfants des hommes, et à lui adresser
« des louanges sans interruption ; plus deux prêtres
« idoines et honnêtes. pour y célébrer les offices divins
« et administrer les sacrements de l'Eglise à la Prieure
« et aux Religieuses. Les unes et les autres devaient
« pouvoir y loger commodément. Vous vous chargiez de
« construire et d'édifier le dit monastère avec vos reve-
« nus et vos biens paternels et de le doter suffisamment.
« Vous déclariez à Notre Prédécesseur avoir déjà fait
« dans ce but certaines constructions très dispendieuses,
« et vous le suppliiez humblement de vouloir bien, par
« son autorité apostolique, vous permettre de faire la
« dite fondation. Notre même Prédécesseur, accueillant
« favorablement votre demande, vous avait permis, en
« vertu de son autorité apostolique, de fonder, de cons-
« truire et d'édifier, sans préjudice néanmoins du droit
« de l'Eglise paroissiale et de tout autre quelconque, ce
« monastère avec son Eglise et ses dépendances, à
« l'usage de la Prieure, des Religieuses et des dits Prê-
« tres. Une dot suffisante pour leur subsistance et leur
« entretien, leur serait assignée d'abord au gré de l'évê-
« que du diocèse. Le droit de patronat, après la fonda-
« tion, la construction et la dotation du monastère,
« était réservé à perpétuité à vous et à vos héritiers. La
« première fois, vous ou vos héritiers, vous pouviez
« nommer à l'Evêque de Cahors qui pour lors serait, cinq
« filles ou femmes idoines, comme sœurs du dit monas-
« tère. Le dit Evêque devait les recevoir au nombre des
« dites religieuses et sœurs de ce même monastère ; pour-
« voir au besoin de chacune d'elles, avec les revenus de
« la communauté, comme il serait fait pour chacune des
« autres religieuses ; et veiller à ce qu'elles fussent traitées

« en toute charité dans le Seigneur. Dans la suite, toutes
« les fois que l'une des cinq viendrait à manquer, vous,
« et, après votre mort, vos successeurs, vous deviez en
« nommer une autre à la communauté. Celle-ci devait
« la recevoir pour religieuse, à la place de la sœur man-
« quante, pourvu cependant qu'elle fut idoine à sa voca-
« tion. La communauté aurait à choisir parmi ces cinq
« la Prieure du monastère, et son élection serait confir-
« mé par l'Evêque, d'après les lois canoniques. Quant
« aux autres sept religieuses, elles seraient choisies et
« reçues dans le monastère, par la Prieure et la commu-
« nauté, comme on a coutume de faire dans les autres
« monastères du dit Ordre. De plus, notre Prédécesseur,
« en vertu de son autorité apostolique, a décreté que le
« monastère, une fois existant et doté comme il est dit,
« jouirait en tout des mêmes privilèges, libertés et
« immunités, accordés par l'autorité apostolique ou
« toute autre, dont on sait que jouissent les autres mo-
« nastère du dit Ordre, comme si mention spéciale et
« expresse eut été faite de ces privilèges, libertés et im-
« munités à propos du dit monastère. Mais, comme il
« ne peut apparoir de ces permissions, concessions et
« décret par lettres de Notre Prédécesseur, puisque effec-
« tivement il n'en a point été rendues ; Nous, voulant
« remédier à cet état de choses, nous décrétons, par
« notre autorité apostolique, que les permissions, con-
« cessions et décret susdits vaudront comme si des
« lettres de Notre Prédécesseur eussent été rendues et
« bullées de sa propre bulle, et que nos présentes lettres
« suffisent pour l'établir, sans qu'il soit besoin d'autre
« preuve. »

« Donné à Avignon, le deux des Calendes d'avril, et la
« première année de notre Pontificat (1335). »

« Benoit XII pape. »

Il est probable que cette fondation demeura inachevée.
Les traditions locales n'en disent rien ; et de tous les
documents que nous connaissons, aucun n'en fait
mention.

** **

Vers cette époque, il s'éleva un différend entre la communauté de Bélaye et un particulier au sujet de la taille.
C'est ce que nous apprend une ordonnance du Sénéchal
de l'Evêque rendue à ce sujet, et que nous allons reproduire à cause de quelques particularités intéressantes
qu'elle renferme.

« Nous, Bertrand de *Béduer*, chevalier, sénéchal des
« Comté, temporalité et ressort de Révérend Père en
« Dieu, le seigneur Bertrand, par la grâce de Dieu évê-
« que de Cahors, sçavoir faisons... Les consuls de la
« chatellenie épiscopale de Bélaye poursuivent et ont
« poursuivi longtemps maître Jean de *Caslar*, autrement
« appelé du *Barbier*, habitant de la dite chatellenie, lui
« ont fait plusieurs saisies, en raison de tailles ou col-
« lectes. Le dit Jean dit et affirme qu'il est et a été tout
« le temps de sa vie franc et libre, dans la dite chatelle-
« nie, de toute prestation de taille, imposition ou collecte
« à donner ou payer aux consuls du dit lieu. Enfin, les
« jour, lieu et assise que dessous, présents et comparants
« en personne devant nous, Arnaud *Boni* et Guillaume de
« *Bonacies*, consuls de la dite chatellenie, faisant pour
« eux et pour les autres consuls et pour la crmmunauté
« de la dite chatellenie, d'une part ; — et le dit Jean fai-
« sant pour lui d'autre part ; — après de longues con-
« testations qui ont eu lieu devant nous entre les par-
« ties ; — Nous, susdit Sénéchal, avons ordonné et
« ordonnons, de la volonté et consentement exprès des
« dits consuls et Jean, consentant à ce que dessous,....

« que le dit Jean du Barbier rendra et payera une fois
« seulement à la Fabrique de l'Eglise de la dite chatelle-
« nie ou membres de l'Œuvre de cette Eglise, 50 livres
« tournois, et qu'à leur égard, le dit Jean et ses héri-
« tiers et successeurs à perpétuité seront francs et libres
« et exempts dorénavant, dans la dite chatehenie, de
« toute prestation de taille ou imposition à lever par les
« dits consuls... sous réserve du droit du seigneur évê-
« que. Fait et donné à Bélaye, durant l'assise (1) du dit
« lieu, qui fut et commença à se tenir le 10 du mois de
« juin 1333. »

La confirmation de l'ordonnance est datée d'Avignon,
Mars 1335 (2).

*
* *

Quelque temps après, éclata un gros conflit entre le
roi de France, *Philippe VI de Valois*, et l'évêque de
Cahors, Bertrand de Cardaillac, touchant les limites de
certaines juridictions épiscopales, parmi lesquelles se
trouvait Bélaye. L'acte d'accord qui mit fin au différend
se trouve à Paris, aux archives de la Bibliothèque nationale (JJ-75-f.-41 n° 42). Nous pensons qu'on en verra
avec plaisir les principaux passages. Quelques noms de
lieu y sont malheureusement défigurés à tel point qu'il
est impossible de les reconstituer ; mais, pour la plupart, on peut encore, après tant de siècles, les reconnaître sous leur défroque latine

« Philippe, par la grâce de Dieu,.... sçavoir faisons.
« .., Nous avons vu les lettres de notre amé et féal (1)

______

(1) Le Sénéchal de l'Evêque tenait sa cour *ordinaire* à Cahors, et ses
assises, ou séances *extraordinaires*, au chef-lieu de chaque juridiction.

(2) Bibliothèque nationale, JJ-69-f. 106-n° 247. Pièce transcrite et
communiquée obligeamment par M. l'abbé Albe, ainsi que la pièce
suivante tirée des mêmes archives.

« conseiller, l'Evêque de Viennois, contenant la forme
« qui s'en suit. Jean, évêque de Beauvais, lieutenant du
« Roy en Languedoc... Un doute s'est élevé et subsiste
« au sujet des limites des appartenances, chatellenies ou
« lieux du Révérend Père en Dieu, l'Evêque de Cahors,
« savoir : de *Bélayc*, de *Puy-l'Evêque*, de *Rouffiac*, de
« *Bovila*, de *Frayssinet* et de *Goujounac*, d'une part ; —
« et des appartenances et chatellenies royales de *Mont-*
« *cuq*, de *Montcabrier* et de *Cazals*, d'autre part. »

« Le dit évêque assure que les vraies limites, en deça
« du fleuve du Lot et du côté de Montcuq, sont et doi-
« vent être comme il suit... L'honneur, juridiction haute
« et basse, mère et mixte empire et appartenances de
« *Bélayc*, de *Rouffiac* et de *Bovila*, du côté de Montcuq,
« commencent à l'entrée de la combe del *Meure*, sur
« la rive du fleuve du Lot inclusivement ; — et de là,
« montent dans la combe du Meure, en suivant le ruis-
« seau de la dite combe, jusqu'au chemin qui va de
« St-Jean à Floressas ; — traversent le dit chemin et
s'avancent jusqu'au canon ? de Beulaygue ; — de là,
s'avancent à travers le Pech de l'*Albugue* ; — descendent
delhiossera ? et tombent à l'ancien ruisseau qui divise,
en ces lieux, les paroisses de Floressas et de Ségos ; —
montent par l'ancien ruisseau jusqu'au Gué ou *Ga del*
Saut ; de là, font un petit circuit autour d'un pré, par
en bas et en suivant un certain sentier ; — s'avancent
« par la combe d'*Espiamosque* ? jusqu'au bout, dans le
« taillis qui est sur le Pech de *Caslar*, et sur la fontaine
« de *Cerni* ; ensuite descendent par le même chemin au
« bas de la *Combe-Profonde* jusqu'au chemin qui va de
« *Ségos* à *Sérignac* ; — par le dit chemin, s'avancent jus-
« qu'à l'*Arénier* (sablière) qui est dans la terre de Guil-
« laume *Laborie* appelé *Blars* ; — du dit Arénier mon-

(1) Aimé et fidèle.

« tent au campmas (1) de Guill. de Sérignac, aussi
« directement que possible, le dit campmas demeurant
« dans l'honneur de Montcuq ; — de là, montent par le
« Pech de *Barriat* jusqu'au bout des anciennes murailles.
« de Barriat, qui longent le chemin allant de Sérignac
« vers le campmas de Bertrand *Derupé* et à St-Matré ; —
« de là, descendent en suivant le dit chemin jusqu'au
« lieu appelé le *Pontet de Plerier* ? en allant droit par la
« combe de *Las Cabrelles* et par le ruisseau de la dite
« combe, en montant au bout et venant à la combe
« *Mère-la-Veille* ? — et par la dite combe de Mère-la-
« Veille, en venant et montant jusqu'au plateau del *Pech*,
« ou entre le chemin de Ségos, allant de *Cournou* à Ca-
« hors ; s'avancent par le dit chemin jusqu'au chemin
« ou sentier qui va du lieu de *Creyssens* à Montcuq, en
« descendant par le dit chemin dans la combe d'*Escotal ;*
« — s'avancent en suivant la dite combe jusqu'au ruisseau
« de la *Séoune* ; de là, montent en suivant le dit ruisseau
« de la Séoune jusqu'au chemin qui va de Belaye et de
« Bovila à Montcuq ; — de là, descendent par le dit
« ruisseau de la Séoune jusqu'au chemin qui va de Rouf-
« fiac à Montcuq ; de là, montent par le milieu de la
« combe de la *Conque,* en s'avançant directement jus-
« qu'au chemin dit de *Nacadorte* ? — ensuite, s'avance
« en suivant le dit chemin de Nacadorte droit à la Garde
« de *Montagudel,* en suivant le dit chemin jusqu'au che-
« min qui va de *Folmon* en descendant par la combe de
« *Lalbenque* et s'avançant par le dit chemin de la combe
« de Lalbenque jusqu'au dit ruisseau de la Séoune ; —
« suivent le dit ruisseau de la Séoune jusqu'à la combe
« del *Rogairen* ; de là suivent la dite combe jusqu'au
« carrefour d'*Aufori,* entre les fiefs des *Hospitaliers* et des

---

(1) Campmas est synonyme de village dans plusieurs départements
du Midi ; du latin *campus mansus,* habitation champêtre.

« héritiers de Bernard de Guiscard, chevalier ; — et du
« dit carrefour allant par le dit chemin jusqu'aux *Clots*
« *de Limère* et vers Rouffiac. »

. . . .

« Du côté du Roi, au contraire, on dit que les limites
« dessus décrites et les terres où se trouvent ces limites
« sont dans la juridiction des dites chatellenies royales,
« et spécialement la terre de Bertrand d'*Orgueil*, cheva-
« lier, que celui-ci possède dans les paroisses de *Segos*,
« de *Creyssens* et du *Boulvé* ; — que le dit lieu du Boulvé
« appelé de la *Catrine*, et du dit pas en suivant le lit du
« dit ruisseau jusqu'au Boulvé ; — que le campmas du
« dit Bertrand *Dérupé* et la terre de Bertrand des *Casals*,
« et beaucoup d'autres feux au nombre de cinquante ; —
« furent de tout temps dans la juridiction de la chatelle-
« nie royale de Montcuq ; — que le Roi notre sire est en
« saisine et possession des dits lieux sans contestation
« aucune et que les vraies limites de la juridiction royale
« des dites chatellenies s'avancent beaucoup plus du
« côté des dites chatellenies épiscopales.

« Du côté de l'Evêque, on réplique : que les limites
« dessus décrites sont les vraies ; que les officiers du
« Roi ont, en deça de ces limites, du côté des chatelle-
« nies épiscopales, exercé et exercent chaque jour et
« possèdent en fait ou virtuellment la juridiction haute et
« basse dans quelques-uns de ces lieux dont les feux ne
« montent pas à cinquante ; que les revenus annuels des
« biens constatés n'atteignent pas cent livres tournois ;
« et que leur valeur n'excède pas 3.000 livres de la même
« monnaie. »

« Vu que l'Evêque affirme que lui et son Eglise ont
« souffert de grands dommages de cet état de choses ; —
« vu que, pour distinguer sa juridiction de celle des
« lieux royaux, il se charge, à ses frais et dépens, de

« rendre les limites apparentes par ruisseaux, chemins
« publics, combes, plantation de croix ou de bornes ; —
« — vu que, pour éviter le dédale des procès et les dis-
« cordes qui pourraient s'en suivre, et pour sauvegarder
« les droits de l'Eglise de Cahors son épouse, il nous a
« offert, comme représentant du Roi, une somme de
« 2.000 livres tournois, monnaie courante, dans le but
« de nous faire accepter les limites dessus décrites.

« Nous, lieutenant du Roi, après consultation des gens
« et officiers du Roi, les sénéchaux de Rodez et de
« Cahors ; — attendu que le dit Evèque est un fidèle
« vassal du Roi notre sire ; qu'il tient de lui toute sa
« temporalité ; qu'il a rendu maints services gratuits au
« dit Roi et à ses gens dans la présente guerre de Gasco-
« gne ; et que son Eglise a fait et fait plusieurs dépenses
« pour fortifier et garder ses places, qui se trouvent sur
« frontière des rebelles ennemis du Roi, et proche les
« places rebelles de *Cuzorn* et de *Pestillac* ; — pour
« l'honneur du Roi, et pour sa défense et conservation,
« nous avons pour agréable la dite offre faite par
« l'Evêque, que nous croyons utile au Roi ; nous la rece-
« vons en son nom pour les raisons susdites ; et nous
« déclarons et décrétons que les limites dessus décrites
« sont et doivent être, dès ce jour et à perpétuité, les
« vraies limites entre les chatellenies du Roi et celles de
« l'Evêque de Cahors. — Marmande, octobre 1343.
« Confirmé par le Roi, janvier 1343. Par le Roi,
« P. Daunay. »

*
* *

La petite ville de Bélaye avait atteint l'apogée du développement et de la prospérité aux quels elle pouvait raisonnablement prétendre. Protégés par de solides remparts,
ses habitants y vivoient en sécurité. Une nombreuse et

brillante noblesse contribuait à lui donner du lustre, et répandait dans tout le pays une vie intense. Enfin les nouvelles coutumes assuraient la paix, soit entre l'Evêque et ses vassaux, soit entre les vassaux eux-mêmes. Heureux temps pour nos ancêtres ! Mais voici l'heure des revers et des humiliations. Déjà les noms de *Cuzorn* et de *Pestillac* ont retenti à nos oreilles comme un sinistre coup de tonnerre, signe précurseur du grand orage : nous sommes arrivés à la GUERRE DE CENT ANS.

CHAPITRE VIII

Guerre de cent ans. — Tentative sur Bélaye. — Durfort, Pestillac et les Junies alliés des Anglais. — Siège et prise de Bélaye. — Durfort en fait un repaire. — L'Evêque excommunie Durfort et ses complices. — L'Evêque donne 3,000 écus d'or pour la rançon de Bélaye. — Le roi d'Angleterre permet d'évacuer la place. — Exécution du traître. — Châtiment de Pestillac. — Repentir des Junies. — Lettre de rémission en faveur de B. de Grézels. — Le capitaine de Guiscard. — La garde du château de Grézels. — Le traité de Brétigny livre Bélaye aux Anglais. — Orgueil est saccagé. — Soulèvement général contre les anglais. — Coup de main de Guiscard. — Bélaye retombe sous le joug anglais. — Etats du Quercy. — Libération du territoire. — Le combat des Alimons.

Edouard III, roi d'Angleterre et petit-fils, par sa mère Isabelle, de Philippe-le-Bél, revendiqua, en cette qualité, la succession de Charles VI. C'est pour faire valoir ces prétendus droits qu'il déclara la guerre à Philippe VI de Valois en 1337, et se proclama lui-même Roi de France.

Le prince anglais ne tarda pas à se faire, jusque dans nos contrées, de zélés partisans prêts à tout oser pour servir sa cause. C'est ainsi que quelques uns d'entre eux tentèrent un coup de main sur notre petite place. Heu_ reusement leur projet fut déjoué par un certain Pierre *de Dayrac* (1), damoiseau. C'est ce que nous apprend un mandat de payement ou ordre de *Jean,* évêque de Beauvais, lieutenant-général du roi en Languedoc au Receveur du roi en Quercy. « Le Roi notre maitre, est-il dit « dans cette pièce, avait par lettre patente fait don à « Pierre de Dayrac, damoiseau, de cent livres de rente à « prendre sur les biens de ceux qui avaient tenté de s'em- « parer par trahison du lieu de Bélaye, en raison des « services rendus au Roi par le dit damoiseau. Comme « on n'a pu trouver nuls biens appartenant aux dits trai- « tres, ainsi qu'il appert de nos informations auprés de « personnes dignes de foi, Nous, ayant égard à la demande « du dit damoiseau, à ses besoins pressants, et aux ser- « vices par lui rendus au Roi, ordonnons qu'il soit payé « au dit Pierre, fils de Raymond de Dayrac, quarante « florins d'or, dont est tenu envers le Roi l'Intendant de « la maison d'Espédaillac, de l'Ordre de St-Jean de Jéru- « salem, en déduction de plus grande somme, en vertu « d'arrangement passé avec nous au nom du Roi, pour « raison de certaines fourches et pilori (2) à lui accordés « sur la terre et la juridiction de la dite Maison de St- « Jean... Donné à Brantome, diocèse de Périgueux, le « 10e jour du mois d'octobre, l'an du Seigneur 1344. »

---

(1) La collection Lacabane mentionne une famille d'Ayrac, éteinte au xvᵉ siècle. Elle a laissé son nom, ses biens et ses armes à des *Culmette* du Bas-Quercy. (Abbé A. Foissac).

(2) Les fourches servaient à pendre les criminels ; et le pilori, (en langue du pays, *espillori*), à les exposer à la vue du public.

Pierre de Dayrac donne quittance à Cahors, le 16 du même mois (1). Nous ignorons absolument le nom des conjurés et les autres détails de l'affaire.

*
* *

Cet échec ne découragea pas les partisans d'Edouard. En effet, peu de temps après, trois seigneurs de nos contrées, Raymond *de Durfort*, Bertrand *Bonafous* baron de Pestillac et Philippe *de Jean* seigneur des Junies, tentèrent une nouvelle entreprise contre notre petite place.

Le premier appartenait à l'une des maisons les plus anciennes et les plus considérables de l'Agenais. Avant de porter le nom de Durfort, cette famille possédait Clairmont et Sobeyran, sur les confins du Quercy. Dès le xe siècle et xie siècle, elle habitait le château de Clairmont et ses propriétés s'étendaient dans le district de Puymirol, de Pène, et dans le vicomté de Brullois. Ces seigneurs figurent parmi les premiers chevaliers avoués ou protecteurs de l'abbaye de Moissac. On croit qu'en échange de leurs services, les moines leur donnèrent, à charge de l'hommage, le château de Durfort, non loin de leur monastère, d'où ils ont tiré leur nom. Cette famille a longtemps subsisté par les branches de Duras et de Civrac en Agenais et en Bazadais; par celles de Boissiéres et de Léobard en Quercy; et par celle de Baziège en Lauragais, près Toulouse (2). Raymond, fils de Bernard de Durfort, dont il va être question, est qualifié de Seigneur de la Capelle dans un acte de partage du 24 août 1344 (3).

Les Pestillac avaient pris part, avec le baron de Luzech, à la première croisade; et, quoique leur situa-

----

(1) Archives de la Préfecture du Lot, série F, n° 18.
(2) Voir Cathala-Coture, T. 3 p. 291, 292.
(3) Archives de la Préfecture du Lot, série F, n° 24.

7

tion eut été considérablement amoindrie à la suite de la guerre des Albigeois, pendant laquelle ils avaient embrassé la cause des comtes de Toulouse, néammoins, elle demeurait encore fort importante.

Philippe de Jean, neveu du cardinal de Jean, était seigneur des Junies, Salviac, Galessie et Biars. Cette famille se glorifiait d'une parenté illustre (1) et avait le droit d'assister aux Etats du Quercy.

Amalvin, fils de Bertrand Bonafous, avait épousé Bertrande, sœur de Philippe de Jean. Etroitement unis ensemble, les seigneurs de Pestillac et des Junies écoutèrent la voix de l'intérêt, plutôt que celle du devoir et de l'honneur, et passèrent ouvertement au parti des Anglais (2).

Ils se concertèrent avec Raymond de Durfort, autre partisan non moins déterminé d'Edouard III, et résolurent de faire ensemble le siège de Bélaye. Leurs troupes se mirent donc en marche, munies de quelques canons qui, selon toute apparence, leur avaient été fournis par l'Angleterre. Car il est peu vrasemblable que ces seigneurs eussent, à leur compte, de ces nouveaux engins de guerre qui étaient en ce temps-là très rares et fort chers (3). Quoiqu'il en soit, les coalisés, sous les ordres de Durfort, passèrent par *Floyras*, montèrent le long du chemin appelé *Côte vieille*, et s'établirent en face de Bélaye, sur le plateau qui domine le troisième mamelon. C'est de ce lieu qu'ils canonnèrent la ville. Que l'on se figure l'épouvante causée à Bélaye et

(1) Avec le pape Jean XXII, originaire de Cahors.

(2) Je suivrai en général G. Lacoste dans le récit de la guerre de cent ans. Pour les emprunts que je pourrai faire à d'autres sources, j'aurai soin de les indiquer. J'ai puisé aussi, pour ce qui concerne le siège et la prise de Bélaye, quelques faits dans la tradition locale : ils m'ont paru si constants et si précis que je les ai jugés dignes de foi.

(3) Les consuls de Cahors firent faire en 1345, 24 canons de fer. (G. Lacoste, T. 3. p. 113.

dáns les environs par les détonations de ces nouveaux engins de guerre, qui faisaient pour la première fois leur apparition dans ce pays. L'impression en fut si vive que les habitants de Rouffiac racontent encore qu'au bruit du bombardement, leurs aïeux s'enfuyaient tremblants, éperdus, en criant : « *Bélay s'apilo !* »

Les Anglais se servaient de boulets en fonte de fer. Parfois ces projectiles dépassaient le but et allaient se perdre dans les plaines de Prayssac. M. Delpon (1) parle de deux boulets de canon qui furent trouvés dans des fouilles faites à Bélaye. Le château de *Floyras* possède un projectile de ce genre, qui a longtemps servi (o ironie du sort !) à faire mouvoir un vulgaire tourne-broche. Il en existe un autre à *Gamot,* village de Prayssac, chez la famille *Boutarel,* qui le trouva dans une de ses terres, non loin du Lot : c'est une sphère bosselée qui mesure $0^m,50$ de circonférence.

Sans doute, ces engins primitifs faisaient plus de bruit que de besogne ; mais ils ne laissaient pas que de causer de grands dégâts à l'intérieur de la place, et d'ouvrir maintes brèches dans les remparts. Quand les ennemis jugèrent les travaux du siège suffisamment avancés, ils songèrent à donner l'assaut. Ils gravirent donc les pentes abruptes de la montagne et tentèrent d'escalader les murs ; mais ils furent repoussés avec de grandes pertes.

Sans se laisser décourager, ils tournèrent la place et allèrent s'établir sur le plateau du *Mayné* et de *Belle-garde.* Là aussi Bélaye était bien défendu, comme nous l'avons vu ; et l'on peut même présumer qu'il eût opposé à l'ennemi une résistance victorieuse, lorsque un faux frère, un traître, leur indiqua le moyen d'entrer dans la ville sans coup férir. C'était, dit-on, un marchand ambu-

(1) *Statistique du Lot,* article Bélaye.

lant, nommé *Catinas*, qui habitait le quartier de la Grande-Eglise. Il indiqua aux ennemis un point faible ou mal gardé et la place tomba en leur pouvoir. Pour la punir de sa longue résistance, les vainqueurs y commirent les plus grands excès.

De là, les coalisés tendirent la main à un groupe de leurs partisans qui s'était retranché dans l'Eglise de *Bovila*.

Durfort s'établit à Bélaye, releva les ruines qu'il y avait accumulées, répara les brèches qu'il avait faites, et mit la place en très bon état de défense. Il fit de ce lieu un véritable *repaire* d'où il sortait de temps en temps pour piller et rançonner les contrées environnantes.

De leur côté, les seigneurs de *Pestillac* et des *Junies* continuèrent la série de leurs méfaits. La nouvelle du désastre de *Crécy* (1346), les combla de joie ; et, à partir de ce jour, leur audace ne connut plus de bornes. A la tête d'une troupe qu'ils avaient levée à leurs dépens, ils prirent les *Arques*, *L'Herm*, *Castelfranc*, *Duravel* et *Pont-cirq*. Partout ils avaient soin de laisser de petites garnisons dans les Eglises. Retranchés dans les châteaux de *Pestillac* et de *Cuzorn*, ils promenaient la désolation et la ruine dans toutes les terres de l'Evêché.

*
* *

Que faisait pendant ces événements l'Evêque de Cahors, *Bertrand de Cardaillac* ? Trahi par quelques-uns de ses vassaux, presque entièrement délaissé par le roi de France, il ne s'abandonna pas lui-même. Le prélat s'établit au milieu de ses terres, dans le château de sa ville *d'Albas*, avec une troupe de soldats qu'il avait levés et qu'il entretenait à ses frais. De ce point très fortifié, il veillait sur les lieux d'alentour ; donnait à chacun les avertissements et les ordres convenables, et, au besoin, envoyait du renfort aux postes les plus menacés.

Pour se procurer les ressources nécessaires, il demanda
au Souverain Pontife la permission de lever certains
subsides sur le clergé de son diocèse. Voici la traduction
littérale de la supplique qu'il lui adressa à cet effet :
« Votre dévoué Bertrand, évêque de Cahors, fait savoir
« à Votre Sainteté, avec douleur et non sans un grand
« trouble, que récemment, quelques enfants d'iniquité,
« séditieusement, mettant de côté la crainte de Dieu, et
« oublieux de la vie éternelle, n'ayant plus le Seigneur
« devant les yeux, sont allés avec des armes et en com-
« pagnie de plusieurs complices, porter les hostilités,
« tantôt de jour, tantôt de nuit, non comme des enfants
« de lumière, mais comme des démons marchant dans
« les ténèbres, dans les lieux et châteaux de la tempo-
« ralité et du patrimoine de la dite Eglise de Cahors, ne
« craignant pas de les envahir et de s'en emparer trai-
« treusement. Bien plus, tantôt ils les ont livrés aux
« flammes et brûlés entièrement ; tantôt ils les ont
« pillés ; et tantôt, par exemple pour le lieu et le château
« de Bélaïc, ils s'y sont introduits avec violence, et de
« fait les ont occupés et les retiennent, ayant tué dans
« un martyre horrible certains hommes et sujets de la
« dite Eglise, tant clercs que laïques, et en ont conduit
« pitoyablement quelques uns en captivité. Imbus de
« l'esprit du mal, ils ont perpétré avec fourberie d'in-
« nombrables méfaits, et des infamies dont l'énormité est
« d'un exemple contagieux, dans les dits temporalité et
« diocèse ; et, avec une audace incessante, téméraire et
« condamnable, ils n'ont pas craint de commettre des
« excès qui tournent à l'offense du nom divin et à l'op-
« probre de la foi chrétienne. C'est pourquoi le dit
« évêque ne pourrait résister à de si criminelles fureurs
« sans le secours de votre paternelle piété. Afin qu'il
« puisse défendre la dite Eglise et ses lieux, châteaux et
« juridiction temporelle et spirituelle, selon qu'il sera

« possible, contre de tels attentats et sacrilèges, il supplie
« humblement et dévotement Votre Sainteté de vouloir,
« selon sa bienveillance accoutumée, lui accorder pour
« deux ans et en son absence les procurations (1) des
« églises du dit diocèse où l'on pourra avoir accès, en
« monnaie comptée, sans faire aucune retenue pour
« votre chambre (apostolique)... » La réponse porte :
« ... Accordé pour un an... Donné à Avignon, le 14 des
« Calendes de Janvier, l'an cinquième (19 Décembre
« 1346) » (2).

*
* *

Grâce aux ressources que l'Evêque se procura par ce
moyen ; grâce aux secours de sa famille, des nobles du
Quercy et d'un grand nombre de villes, il put enfin
arrêter les progrès de l'ennemi et lui reprendre une
bonne partie de ses conquêtes.

Mais, quand il s'agit de la petite place de Bélaye, le
Prélat désespéra de pouvoir jamais la recouvrer de vive
force. C'est pourquoi, recourant aux armes spirituelles,
il frappa d'excommunication Durfort et ses complices,
comme injustes ravisseurs de biens d'Eglise. C'était une
peine redoutable dans ces siècles de foi, et qui faisait
trembler sur leur trône les plus puissants monarques.
L'usurpateur y parut insensible. Fort de l'appui du roi
d'Angleterre, il continuait de plus belle à piller et à rançonner les vassaux de l'Evêque. Parfois même il entre-
prenait de véritables expéditions : c'est ainsi qu'en 1347, il

---

(1) Droit, qu'avaient les évêques en tournée, de loger, eux et leur
suite, chez les curés dont ils visitaient les paroisses. Il fut réglementé
par le concile de Latran en 1179. On finit par le convertir en une
taxe pécuniaire.

(2) Archives du Vatican, vol. XX, fol. VIII. Pièce communiquée par
M. l'abbé Albe, ainsi que celles qui vont suivre, tirées des mêmes
archives.

faisait avec ses alliés de *Roquecor*, de *Bovila*, de *Cuzorn* et de *Pestillac*, des courses jusqu'aux portes de *Cahors*, dans le faubourg *Saint-Georges*. L'année suivante, de concert avec ceux de *Pestillac* et de *Cuzorn*, il formait le dessein de s'emparer de *Cajarc*, de *Larnagol* et surtout de *Calvignac*, dont le château, admirablement situé sur le haut d'un rocher escarpé, se trouvait abondamment approvisionné de munitions de guerre par son seigneur Raymond *de Caussade*. Mais celui-ci, averti à temps, fit échouer le projet.

De guerre lasse, l'Evêque finit par entrer dans la voie des accommodements. Il fallait à tout prix arrêter le cours de tant de ruines, et chasser bien loin ce hardi capitaine dont la présence à Bélaye constituait un danger permanent pour les autres places de l'Evêché, et notamment pour Puy-l'Evêque, Luzech et Albas. Le prélat entra donc en négociation avec l'usurpateur et un traité de paix fut conclu. Durfort consentait à vider les lieux, mais à des conditions fort onéreuses. D'abord l'Evêque s'engageait à ne lui réclamer aucune indemnité pour les dommages qu'il avait causés. En second lieu, il devait payer au vainqueur, à titre de rançon, la somme de 3.000 écus d'or. Enfin il ferait lever l'excommunication qui avait été portée contre lui et ses compagnons d'armes.

Pour donner plus de force à ce traité, Bertrand de Cardaillac pria le Souverain Pontife de vouloir bien le ratifier et le revêtir de son autorité apostolique. Sa supplique est de l'année 1346. Le Saint-Siège répondit par une Bulle du 21 août 1348.

« Pour future mémoire. »

« Naguère, notre vénérable frère Bertrand, évêque de « Cahors, nous fit savoir ce qui suit. »

« Noble homme Raymond, fils de Bernard de Durfort, « chevalier du diocèse d'Agen, et ses complices avaient,

« *détenu et tyrannisé longtemps* la place de Bélaye, en
« son diocèse, appartenant de plein droit à sa mense
« épiscopale. Pour en obtenir la restitution, laquelle a
« déja eu lieu, l'évêque acquitta le dit chevalier et ses
« complices de tous les dommages par eux causés dans
« cette place et dans sa juridiction temporelle, et leur
« remit tous les actes se rapportant à ces dégâts. C'est
« pourquoi l'évêque nous a humblement supplié de
« vouloir bien corroborer de notre autorité apostolique
« les engagements pris par lui en vue du bien de son
« Eglise de Cahors. »

« Nous donc, accueillant favorablement la supplique
« du dit évêque ; tenant pour faits, ratifiés et agréables
« les engagements pris par lui et dessus exposés ; nous les
« confirmons de notre autorité apostolique et de science
« certaine, et nous les prenons sous notre défense par
« le présent écrit. »

« Donné à Avignon, le 12 des calendes de septembre,
« et de notre Pontificat l'an septième. »

« Clément VI Pape. » (1)

De son côté, Durfort demanda au roi d'Angleterra la
permission de rendre à l'évêque la terre et le château de
Bélaye. Edouard III lui répondit :

« Le Roi à son amé et féal Raymond, fils de Bernard
« de Durfort, chevalier, notre capitaine dans le château
« et lieu de Bélaye, salut. »

« En vue de pourvoir avantageusement au salut de
« votre âme et de celle de vos complices, nous vous
« concédons et accordons, par la teneur des présentes,
« la permission de rendre le dit château et lieu de
« Bélaye, pour la prise du quel des sentences d'excom-
« munication ont été portées contre vous et vos dits
« complices, à l'Eglise et à l'Evêque de Cahors, à qui

-----

(1) Reg. Aven. Tome 45, fol. 193.

« appartient le dit château. Cependant, vous veillerez
« par vous-même et avant toutes choses à ce que le dit
« Evêque vous donne garantie suffisante qu'à partir de
« ce jour, des dits lieu et château il ne soit fait absolu-
« ment aucune guerre contre nous et contre les lieux et
« personnes de notre obédience ; comme aussi, nous
« défendons par la teneur des présentes, qu'il soit fait,
« en notre nom, aucune guerre aux dits lieu et châ-
« teau. »

« Fait en présence du Roi, à Westminster, le 6ᵉ jour
« de juillet, et l'an du Seigneur 1348 ; à la demande du
« Parlement. » (1)

Le plus difficile était de trouver les 3.000 écus d'or
promis à Durfort. L'Evêque ne les avait point dans sa
cassette. La Bulle suivante va nous apprendre comment
il se le procura.

« A notre vénérable frère Bertrand, évêque de Cahors,
« salut. Votre supplique, à Nous récemment adressée,
« portait ce qui suit. Noble homme Raymond, fils de
« Bernard de Durfort, chevalier agenais, et ses compli-
« ces, avaient détenu et tyrannisé la place de Bélaïc, en
« votre diocèse, appartenant de plein droit à votre mense
« épiscopale. Pour en obtenir la restitution, vous aviez
« cru, en vue du bien de votre Eglise de Cahors, devoir
« solder au dit Raymond, fils de Bernard, la somme de
« 3.000 écus d'or. Nous, ayant toutes choses bien consi-
« déré, nous trouvons juste et convenable que les person-
« nes ecclésiastiques de vos cités et diocèse partagent et
« supportent avec vous le payement de la dite somme.
« C'est pourquoi, accueillant favorablement votre sup-
« plique, de notre autorité nous vous permettons de
« demander, imposer, exiger, recevoir et lever jusqu'à
« la dite somme, de toutes et chacune de vos églises,

(1) Collection Bréquigny, Histoire générale de France, T. 3, fol. 160.

« séculières et régulières, et de leurs personnes, exemp-
« tes et non exemptes, ayant bénéfices ecclésiastiques
« dans ces mêmes cités et diocèse, selon leurs bénéfices
« et l'étendue de leurs facultés ; et vous autorisons, pour
« une fois seulement, à lever ce subside pour vous faci-
« liter le support des dites charges, nonobstant conciles
« généraux, coutumes contraires, etc.

« Donné à Avignon, le 8 des ides de Janvier, et de
« notre Pontificat l'an septième. » (Le 17 janvier
« 1349).

« CLÉMENT VI PAPE » (1).

Il ne restait plus qu'à lever la sentence d'excommunication portée contre Durfort et ses compagnons. C'est
à quoi le Saint Siège pourvut peu après.

« A notre vénérable frère l'Evêque d'Agen, salut. »
(Le préambule comme ci-dessus).

...... « Le même Bertrand, évêque de Cahors, avait
« pris soin de nous informer qu'il avait acquitté le dit
« chevalier et ses complices ; et qu'il avait promis, pour
« le bien de son Eglise, de s'employer à faire lever la
« sentence d'excommunication qu'ils avaient encourue
« pour la détention et occupation de la place de Bélaïc,
« et à l'occasion des dommages causés. Nous donc,
« accueillant favorablement la supplique du dit Evêque,
« mandons à Votre Fraternité d'absoudre, en vertu de
« notre autorité, le dit chevalier et ses complices, s'ils le
« demandent humblement, de la sentence d'excommuni-
« cation, selon la forme usitée dans l'Eglise. »

« Donné à Avignon, le 16 des calendes de février, et
« de notre pontificat l'an septième. »

« CLÉMENT VI, PAPE. » (2).

(1) Reg. Aven. Tome 45, fol, 218, 219.
(2) Reg. Aven. Tome 45, fol. 258.

Nos ancêtres étaient donc délivrés du joug anglais. Dès qu'ils eurent recouvré leur indépendance, ils en profitèrent pour exécuter un acte de justice qui leur tenait fort à cœur. Le faux frère qui les avait vendus continuait à vivre parmi eux, jouissant en paix du prix de sa perfidie. Ils résolurent de lui infliger une punition exemplaire, propre à frapper les esprits et à inspirer à jamais une horreur profonde pour le crime de trahison envers la patrie. Ils arrêtèrent donc le coupable, ils l'enfermèrent dans un tonneau, qu'ils piquèrent à l'intérieur de pointes aiguës ; puis ils le précipitèrent du haut de la Cévenne, et le firent rouler dans le Lot.

Catinas avait expié son forfait. La famille de *Pestillac*, qui avait fait beaucoup de mal à Bélaye et dans les environs, ne tarda pas à payer à son tour la peine de ses crimes. *Amalvin*, fils de Bertrand, était allé porter ses armes, en compagnie des Anglais, devant la ville de *Domme* en Périgord. Mais la place résista si vigoureusement, qu'après quinze jours, les alliés furent contraints de lever le siège (1). Amalvin regagnait tranquillement son repaire, quand le fameux *Pierre Sanglet*, seigneur de Marminiac, fondit sur lui à l'improviste, le poursuivit longtemps, l'épée dans les reins, et l'atteignit enfin sur le plateau de *Pomarède* (2). La lutte fut terrible : la compagnie d'Amalvin fut mise en déroute ; lui-même eut la tête tranchée dans la mêlée ; et la bande victorieuse courut de là, comme une trombe, raser cet odieux château de Pestillac, dont il ne resta pas pierre sur pierre (3).

(1) Dominicy, p. 197, d'après Froissard.
(2) Au lieu appelé *Le Boutge-de-Guerre*.
(3) Charles Deloncle, p. 32.

Quant au seigneur des *Junies*, complice des Pestillac, *Philippe* de Jean se repentit amèrement des maux qu'il avait causés. Dans son testament du 6 novembre 1347, il déclare qu'il veut être enterré dans l'Église du Couvent des religieuses des Junies, dont le cardinal *Gaucelin* son oncle, avait déjà commencé la construction. Il se déclare débiteur de *Pierre de Séguier*, évêque d'Elne. Son fils *Benoit*, partagea les crimes de son père, et plus tard son repentir. Il ordonna par son testament qu'il fût distribué 2.000 florins d'or aux lieux des *Arques*, *L'Herm*, *Pontcirq*, *Puy-l'Evêque*, *Castelfranc*, *Frayssinet-le-Gélat*, *Vaysse*, *Péchaurié*, *la Masse*, *Gouiounac*, *Niaudou*, *Saint-Caprais*, etc., pour réparer les dommages qu'il y avait causés pendant le cours de la guerre. Il indemnisa aussi les Religieuses des Junies de tous les torts qu'il leur avait faits, ainsi que les pêcheurs et les bouchers de Cahors, auxquels il avait souvent enlevé des barques et des bœufs. Il fit un legs singulier : il donna 7 florins à 7 religieuses des Junies chargées de dire pour le repos de son âme 15.000 *Pater* et *Ave* ; et de réciter 7.000 psaumes, 100 psautiers et 100 offices des morts. Il mourut en janvier 1369.

A une époque où l'idée de patrie avait quelque chose de flottant et d'imprécis qu'elle n'a pas de nos jours, il se trouva, dans nos contrées, un certain nombre de gentilshommes qui, suivant l'exemple des seigneurs des Junies, de Pestillac et de Durfort, se jetèrent dans le parti anglais. Mais plusieurs vinrent à résipiscence et demandèrent à rentrer en grâce avec leur légitime souverain. De ce nombre fut Bernard de *Grézels*, de cette ancienne famille dont nous avons déjà parlé et qu'il ne faut pas confondre avec les Guiscard de la Coste. Voici la lettre de rémission qui fut donnée en sa faveur.

« Comme noble Bernard de Grézels, damoiseau, origi_ « naire de Bélaye, a été rebelle tout le temps de sa vie à

« l'obédience du seigneur notre Roi, excepté depuis l'é-
« poque où noble Raymond, fils de Bernard de Durfort,
« entra par trahison dans le lieu de Bélaye, comme
« rebelle, et même le retint en sa possession ; et comme
« le dit Bernard de Grézels veut être, demeurer et persé_
« vérer dans l'obédience du dit seigneur notre Roi, ainsi
« que Bertrand de Grézels, son fils mineur, en qualité de
« bons et fidèles sujets, Nous, Jean, Comte d'Armagnac et
« lieutenant du Roi, faisons savoir qu'à la prière du
« seigneur Aymeric de Noalhac, chanoine de l'Eglise
« d'Agen, pour lui suppliant, nous lui remettons toute
« la peine tant civile que criminelle. A Agen, le 7 mars
« 1347. » Cette lettre fut confirmée par le Roi au mois de
juin de la même année (1).

* *
*

Il n'était que temps que le Roi de France songeât à
faire quelque chose pour ses malheureux sujets, pillés,
rançonnés et décimés par les Anglais et leurs partisans.
Tout auprès de Bélaye, il mit une garde au château de
la Coste. et en nomma capitaine, *Bernard III de Guiscard,*
seigneur de la Coste, la Laurie et Montcuq. Le brevet
qui lui confère ce titre est en latin et subsiste encore,
avec le sceau de cire qui l'accompagnait (1). « Le Gallois
« de la Baume, chevalier, seigneur des Valussins, con-
« seiller de notre maître le Roi de France, délégué par
« lui pour certaines affaires dans le Languédóc, savoir
« faisons que nous, pour l'avantage et l'honneur du Roi,
« pour la défense de la patrie et pour la résistance aux
« opressions ennemies, pleinement confiants en la

_____

(1) Arch. nat. JJ, 76 f. 182 n° 303. (Communication de M. l'abbé
Albe.
(1) Il est aujourd'hui la propriété de M. Maurice Pergot, de Castelfranc.

« fidélité, probité et diligence de Bernard de Giscard
« damoiseau, seigneur de la Coste, nous le nommons
« capitaine du dit lieu, avec six cavaliers armés et douze
« sergents à pied, pour la garde du dit lieu de la Coste...
« pour le temps qu'il plaira au Roi ou à Nous. —
« Donné à Cahors, le 10 mai 1348. »

Le 5 juin suivant, le capitaine faisait la montre de sa compagnie, dont voici le rôle :

Bernard de Guiscard, montait cheval liart (gris), pommelé . . . . 100 livres.

Bernard de Guiscard, son fils, cheval liart clair.. . . . . 40 l.

Guiscard, son fils, cheval bai on bayard clair.. . . . . 50 l.

Amalvin de Viel-Castel, cheval bai obscur. 25 l.

Guiraud de la Roque, cheval fauve (tirant sur le jaune).. . . . . 30 l.

Bernard d'Ebrard, cheval morel. . . . 35 l.

Sergents : Gausbert de *Labra*, Monet de la *Garde*, Raymond *Bataille*, Pierre de *Rochefort*, Guillaume du *Four* ou du *Faur*, Arnaud de *Sassenac*, Raymond de *Belmas*, Armand du *Pins* ou du *Puis*, Poncet de la *Fargue*, Hug *Tissandier*, Guiraud du *Four* ou du *Faur*, Jean *Tissandier*.

Bernard *Mirc*, écuyer-prévôt, lieutenant des maréchaux de France dans tout le Languedoc, envoya cette montre au Trésorier du Quercy, avec ordre de payer, tant les susdits hommes d'armes que les sergents de pied.

En cette même année 1348, les Anglais s'emparèrent de *Montcuq*, où ils entrèrent par surprise. Ce coup de main fut fait par ceux de leurs alliés qui s'étaient retranchés dans *Roquecor* et dans l'Eglise de *Bovila*. Toutefois, nos ennemis ne restèrent pas longtemps maîtrés de Montcuq ; ils durent l'abandonner au commencement de

l'année 1349, à Guill. de Montfaucon, sénéchal du Périgord et du Quercy, qui était venu les assiéger à la tête
des troupes de l'Evêque, de la noblesse de la contrée, et
des milices envoyées par les principales communes du
Haut-Quercy.

Après la mort de Philippe de Valois (1350), les Anglais
ne tardèrent pas à reprendre le cours de leurs conquêtes.
En l'année 1355, ils ruinèrent *Montcuq ;* ils s'emparèrent
de *Castelfranc,* de *Puy-l'Evêque,* de *Marminiac,* de *Crayssac,* des *Arques,* etc. Partout régnait le plus grand désordre. Il se forma des bandes de pillards, connues sous le
nom de *compagnies anglaises,* composées d'Anglais et de
Français sans aveu, qui dévastaient les campagnes, et
avaient pour retraites des châteaux inhabités, dont les
principaux étaient *Lesparre,* près de Montpezat, et
Sérignac.

En attendant, *Bertugat d'Albret* et le sénéchal de Bor-
deaux portèrent leurs forces dans les différents cantons
qui tenaient encore pour le roi de France, et soumirent
à la domination anglaise la plupart des communes du
Quercy, à l'exception de : Montauban, Moissac, Lauzerte,
Caussade, Caylus, Montpezat, Belfort, Puy-Laroque,
Castelnau-de-Montratier, Trébaïx, Catus, Gourdon, Roc-
Amadour, Camboulit, Figeac, Capdenac, Cajarc, Cahors,
Albas, Luzech et Bèlaye, auxquels il convient de joindre
certains châteaux de la côte du Lot et quelques lieux du
Haut-Quercy (1356). *Puy-l'Evêque* secoua le joug étran-
ger en 1358.

Si le sort des armes nous était défavorable dans le
Midi, il nous était encore plus funeste dans le Nord.
Tout le monde connaît la sanglante journée de *Poitiers*
(1356). L'armée française est détruite ; le roi Jean-le-Bon
est pris avec son fils et une grande partie de sa noblesse,
et mené prisonnier en Angleterre. Pour recouvrer sa

liberté, ce prince doit signer avec Edouard III le traité de *Brétigny*, par lequel il cède à l'Angleterre la Guienne, le Périgord, le Limousin, l'Agenais, le *Quercy*, le Rouergue, etc. (1360).

Ici commence une nouvelle phase de la guerre de cent ans.

* *

Les habitants du Quercy protestèrent hautement contre le traité de Brétigny. Beaucoup de villes invoquèrent leurs privilèges d'après lesquels elles ne devaient jamais être ni vendues, ni changées, ni aliénées ; mais le malheur des temps rendait ces droits illusoires, et le Roi, en leur témoignant ses regrets, leur ordonna d'obéir. En conséquence, *Jean Chandos*, lieutenant du roi d'Angleterre, se rendit dans le Quercy. Il prit possession de *Cahors* le 8 janvier 1361, puis de *Montauban*, de *Moissac*, de *Figeac*. Les autres villes prêtèrent serment entre les mains du sénéchal ou d'autres officiers du roi d'Angleterre. Le 19 février 1361, l'Evêque écrivit aux consuls de *Cajarc* que, ayant lui-même prêté serment de fidélité au roi d'Angleterre, conformément aux ordres qu'il avait reçus de la cour de France, il leur ordonnait de faire de même. Il manda pareillement aux consuls de *Luzech*, de *Puy-l'Evêque*, de Bélaye et des autres villes de sa dépendance de faire leur soumission. D'autre part, l'Evêque, ne pouvant s'accoutumer à regarder Edouard comme son Souverain, s'éloigna de Cahors, pour éviter d'avoir des rapports avec le nouveau monarque, et se retira au sein de sa famille, dans le Château de *Brengues*, d'où il gouverna son diocèse. C'est là qu'il mourut en 1367. La mémoire de ce Prélat mérite d'être particulièrement chère aux habitants de Bélaye. Au cours d'une longue carrière, il

donna à nos ancêtres les nouvelles coutumes ; il main
tint l'intégrité de leur juridiction ; il racheta leur ville
des mains de Durfort ; enfin il s'intéressa à la construction de la Grande-Eglise. C'est pourquoi nous devons à
la tombe de *Bertrand de Cardaillac* un souvenir ému et
reconnaissant.

Les actes de la Maison de Guiscard qui datent de cette
triste période portent en tête : « L'an du Seigneur...
« régnant le seigneur Edouard, roi d'Angleterre, seigneur
« d'Hibernie (Irlande) et d'Aquitaine. » Et pendant dix
ans, de 1362 à 1372, cette formule ne cesse de retentir,
comme un glas funèbre, à travers ces pages. — Le testament de *Nassaut de Narcès,* première femme de Bernard
IV de Guiscard, passé le 7 juin 1362, mentionne un fait
intéressant. « Les protocoles et livres de Guillaume
« *Aymard,* notaire, ont été perdus, dit-on, pour la plu-
« part, dans le sac du lieu d'*Orgueil* (1). *Incursione loci*
« *de Orgolio.* » Les seigneurs d'Orguell avaient pris
ouvertement le parti des Anglais ; et dès 1348, unis au
baron de Pestillac, ils avaient saccagé *La Bastide de
Montcabrier* qui appartenait au Roi (2). Ce fut donc entre
1348 et 1362 que les Français détruisirent ce nid de
rebelles et de pillards.

Le Quercy avait dû céder à la force et subir momenta-
nément le joug anglais ; mais il le supportait avec impa-
tience et n'attendait qu'une occasion favorable pour le
secouer. Cette occasion se produisit enfin. Le Prince de
Galles, fils du roi d'Angleterre, et Gouverneur de l'Aquitaine, venait de faire une guerre dispendieuse en Espagne.
Pour restaurer ses finances, il mit sur ses sujets un
impôt onéreux connu sous le nom de *fouage.* De là une
très vive irritation. La plupart des villes et des seigneurs

(1) Sur le Lot, aujourd'hui commune de Mauroux.
(1) Charles Deloncle, Puy-l'Evêque et ses environs.

portèrent leurs plaintes au roi Charles V, pour les abus commis par son vassal (1368). Nous avons le plaisir de relever parmi les plaignants, les noms de deux voisins, Gaillard de *Baynac*, seigneur de *Floressas ;* et Pierre *d'Escudier*, seigneur de *Sérignac*. Charles V ordonna de signifier l'appel des peuples de la Guienne au Prince de Galles, et de le citer à comparaître devant le Tribunal des Pairs, à Paris, pour y rendre raison de sa conduite. Le Prince ne s'étant pas rendu au jour dit, la Cour confisqua au profit de la Couronne, toutes les terres qu'Edouard possédait en France. La rupture du traité de Brétigny était consommée (1369).

*
* *

Un vent de patriotisme passe alors à travers le Quercy et le soulève contre l'étranger. Clercs, nobles, gens du peuple, habitants des villes et des campagnes, font assaut de vaillance. Gaudefroid *de Vayrols*, archevêque de Toulouse et originaire du Quercy, parcourt à cheval toute la Province, et gagne à la cause de Charles plus de 60 villes ou châteaux. Le nouvel évêque de Cahors, *Bec de Castelnau*, avait différé son entrée dans sa ville épiscopale pour n'avoir pas affaire aux Anglais ; mais, dès qu'il voit le moment favorable, il se déclare ouvertement contre eux, et persuade aux Cadurciens de recevoir une garnison française (1). Bientôt tout le pays est soulevé ; les Français se rendent maîtres des rives du Célé et du Lot, depuis Duravel jusqu'à Figeac, et peu à peu les étrangers sont chassés de partout. Seule, la ville de *Montcuq* ne suivit pas le torrent ; elle se piqua de fidélité envers le Prince anglais, et en fut punie dans la suite par la perte d'une grande partie de sa juridic=

(1) Cf. hala-Coture, t. I, p. 294 et 301.

tion, qui fut donnée aux consuls de Cahors (1370) (1).
Elle dut se rendre d'ailleurs peu après au Sénéchal du
Quercy. C'était l'époque où *Bertrand du Guesclin* multipliait ses exploits ; partout la fortune semblait sourire
à la France ; et, lorsque Edouard III mourut (1377), il ne
lui restait plus sur le continent que quelques villes
maritimes.

Mais la mort de Charles V (1380), ouvre pour nous
une nouvelle période de calamités dues à la faiblesse,
puis à la folie de Charles VI.

Maille, un des capitaines anglais, s'empare de *Niaudon*,
de *Cazals* et de *Gindou* (1381).

L'Evêque se rend au château d'*Albas*, pour être plus à
portée de défendre ses terres de la Côte du Lot (1382).

Les Anglais s'emparent du château de *Montagut ;*
mais *Guiscard*, seigneur de ce lieu, qui s'était retiré à
Lastours, ne tarde pas à le reprendre à l'aide des troupes
que lui envoient les consuls de Cahors (1390).

Vers ce même temps, un autre Guiscard, *Guillaume
Bertrand I*[er], seigneur de la Coste, la Laurie, Montcuq et
Lolmie, fit un heureux coup de main. Pour avoir la paix,
les habitants de Cahors s'étaient engagés à payer une
contribution aux Anglais qui composaient la garnison
de *Moissaguet*. C'était un *modus vivendi* assez souvent
adopté à cette époque. Les Cadurciens envoyèrent un
chartreux porter la somme convenue à *Fan*, capitaine
de la garnison, et le religieux la remit aux valets de ce
dernier qui étaient venus à sa rencontre. Guiscard,
ayant eu vent de l'affaire, leur donna la chasse et leur
enleva l'argent (1393).

En 1402, l'Evêque, voulant mettre ses terres à couvert
des entreprises des Anglais, envoya un de ses officiers,

(1) Ibid., t. I, p. 302.

qu'il appelait son sénéchal, à Puy-l'Evêque, Albas, Luzech et Cajarc, afin de visiter ces places et de pourvoir à leur sûreté. *Bélaye* ne figure pas parmi les villes de l'Evêché. Hélas! Cette omission n'est que trop significative : évidemment *nos malheureux ancêtres étaient retombés sous la domination anglaise.* — Un acte d'hommage de *Bertrand d'Orgueil* à l'Evêque de Cahors, daté de cette même année, porte que ses terres du *Boulvé*, de *Ségos* et de *Fargues* étaient au pouvoir des insulaires.

Survient le désastre d'*Azincourt* (1415).

Après de nouveaux succès, les Anglais entrent dans Paris (1420).

Henri VI d'Angleterre est proclamé *roi de France* (1422) et reconnu de presque toutes les provinces situées au Nord de la Loire.

Charles VII n'est plus que le *roi de Bourges.*

Cependant le Quercy résiste toujours avec vaillance. A l'avènement de Charles VII, les Anglais n'y possédaient que les lieux de *Puy-l'Evêque*, Bélaye, Cessac, Mercuès, Nuzéjouls, Concorès, Clarmou, Soubira et Castelnau-Montratier (1). Cette fois le texte est précis : en 1422, Bélaye était bien au pouvoir des Anglais.

Les armes françaises sont moins heureuses sur les autres points du Royaume. Les revers succèdent aux revers ; la guerre est partout ; il n'y a pas de troupes régulières ; chaque capitaine conduit sa bande à sa guise ; les soldats mal payés vivent d'exactions et de pillage : c'est *la grand'pitié au royaume de France* (2). Humainement tout est perdu..... Mais voici *Jeanne d'Arc*! L'espérance renaît dans tous les cœurs ; les Anglais lèvent le siège d'*Orléans* ; Charles VII est sacré à Reims, et les Français reprennent partout l'offensive (1429).

(1) Cathala-Coture, t. I, p. 324.
(2) Paroles de Jeanne d'Arc.

Dans le Quercy, le succès fut long à venir. « Les « archives épiscopales, dit G. Lacroix, portent que tous « les châteaux et villes dépendant de nos évêques étoient « au pouvoir des insulaires, en l'année 1431. » (1). Bélaye était donc encore, à cette date, sous la domination anglaise.

Il fallait faire un grand effort pour achever de chasser l'étranger. Dans ce but, l'Evêque réunit à ses dépens les Etats du Quercy à *Bretenoux* (1432). L'esprit patriotique présida à cette assemblée. Tous les ordres, à l'exemple du Prélat, malgré l'extrême épuisement des peuples, contribuèrent avec zèle et avec joie pour le salut commun. (2). A partir de ce moment, les anglais évacuèrent peu à peu les places qu'ils détenaient encore dans le Quercy. Il y eut cependant quelques retours offensifs : c'est ainsi qu'en 1437, *Puy-l'Evêque* tomba entre leurs mains, grâce à la trahison de *Lenoir de Mauroux*, seigneur du *Touron*. Indigné contre ce traître, l'Evêque de Cahors, *Jean du Puy*, fit confisquer tous ses biens, comme coupable de félonie, et mit une garnison dans le château du Touron, avec quelques pièces d'artillerie. Il y avait notamment un canon que l'Evêque afferma 8 livres tournois. Puy-l'Evêque fut repris par les Français vers 1441.

La libération complète du Quercy, d'après G. Lacoste, eut lieu en 1443.

En quelle année Bélaye recouvra-t-il son indépendance ? On ne saurait le dire. Ce qu'on peut affirmer, c'est que les environs n'étaient pas encore entièrement purgés des bandes de pillards, connues sous le nom de compagnies anglaises, en 1460. Nous apprenons le fait

(1) Traduct. Ayma, t. 2, p. 275.
(2) Cathala-Couture, t. 1, p. 329.

d'un document trouvé au château de *Lauture* et communiqué à la *Société des Etudes du Lot* (1), par M. l'abbé *Taillefer*. D'après cette pièce, *Jean d'Orgueil*, seigneur du Boulvé et de plusieurs autres places, fut blessé d'un coup de flèche dans une escarmouche, aux environs des fêtes de la Toussaint, près du village de *la Lymon* (2). Il fut transporté dans la maison d'un sieur *Del Moly*, où il fit son testament en présence de Jean *de Baylet*, seigneur de la Valette ; Gaillard *de Baynac*, seigneur de Floressas ; *Olivier de Guiscard*, seigneur de la Coste, et Mᵉ Gisbert *Tonnelier*, recteur de Ségos. Se sentant un peu mieux, il se fit porter en son château du Boulvé, et y décéda six ou sept jours après, à l'âge de 40 ans, vers 1460. Il laissait une veuve, Jeanne de Sales, dame de las Trelhes, sans enfânts. Ainsi, pour nos malheureux ancêtres, la guerre dite de Cent ans avait plus que comblé la mesure, elle avait duré de 1345 à 1460, c'est-à-dire l'espace de 115 ans.

Cette guerre avait causé dans le pays des maux à peine croyables. Sur mille églises, il n'en restait que trois ou quatre cents où l'on put célébrer l'office divin ; toutes les autres avaient été ruinées. La plupart des petites villes, des communes et des villages du Haut-Quercy avaient été dépeuplés, en sorte que les héritages et les biens des particuliers n'étaient plus distingués, et que l'on faisait paître indifféremment le bétail dans toutes les terres qui restaient incultes et dont personne ne réclamait la propriété. Il fallut faire venir des colons du *Limousin*, du *Rouergue*, de l'*Auvergne* et du *Gévaudan*, afin de repeupler peu à peu le pays. Le Bas-Quercy fut moins maltraité et conserva assez d'habitants pour cultiver ses terres ; mais il n'en offrait pas moins l'image affreuse de la désolation.

(1) Séance du 16 décembre 1901.
(2) Aujourd'hui les Alimons, commune du Boulvé.

Malgré une très longue occupation, il ne paraît pas que Bélaye ait eu particulièrement à souffrir de la présence des Anglais. Peut-être même l'épargnèrent-ils à cause qu'ils avaient fait de ce lieu un centre de ravitaillement, et l'un des points principaux de leur système d'opérations. Ce qui permet de le supposer, c'est que pendant cette période nos ancêtres purent édifier deux monuments importants : *l'Eglise-Grande* et *l'Eglise Saint-Aignan*.

CHAPITRE IX

L'Eglise-Grande. — L'Eglise Saint-Aignan. — Quelques archiprêtres.

Pour ne pas interrompre le récit de la Guerre de cent ans, nous avons dù laisser de côté tous les faits qui se trouvaient en dehors de l'ordre militaire. Il est temps de reprendre le fil des événements au point où nous l'avons laissé.

Dès 1353, les habitants de Bélaye avaient décidé de construire une vaste et belle Eglise. C'est ce que nous apprend le testament de *Bernard III de Guiscard*, daté du 17 avril de cette même année. Nous allons le donner presque en entier, à cause de certains détalls intéressants qu'il renferme.

« Notum sit (soit connu) qu'el noble senhor lo senhor
« en Bernat de Guiscart, filh que fo de monsenhor en
« Bernat de Guiscart, perroquia de la Gleïa de Mon-
« senhor S. Beneg, près Bélayc, fet e aordonet son
« derrier testamen... Item laysset a la capela que devio
« esser edificada a honor de Dio e de Nostra Dona davas
« la part del Mercadier de la Gleya de Bélayc, cant la

« Gleya vendra a perfection, o se fara, vingt liuras
« tornes... Item laysset a la dicha capela un cali de hut
« marcs d'argen, et un vestimen convenable. Item
« laysset e aordonet que davas l'autar de la dicha Gleya
« sia facha una tomba en que sia cebelhida la ossa de
« monsenhor en Bernat de Guiscart, son papo que fo, e
« dels autres davant lhuy passats de son linatge, que
« jaso en la tomba sua, el cémeteri de *Rams* de Bélayc...
« Item laysset a n'*Hélit de Sent Geniers*, sa boda (nièce),
« detz liuras tornes... Item laysset que sia redut (rendu)
« lo blat que el avia pres als homes et a las fennas d'a
« la Costa e d'a Grezel, cant Bélayc fo Anglès, a la cono-
« guda (connaissance) d'en *Guillem Bernat* so filh, appe-
« lat ab lhuy monsenhor en *Ramon de Belmas*. Item
« laysset per l'arma (âme) d'en *Aymar de Vielcastel*,
« 50 messas ; d'en Guill. *la Roqua*, 30 messas ; d'en
« Ramon d'*Orgulh*, 30 messas ; de Peyre *Catala*, e d'en
« B. da *Ebrart*, e d'en Arnaud de la *Vaychera*, et d'en
« Guill. de la *Pesa*, per cascuna de cadun, 20 messas.
« Item, per amor de Dio e de s'arma, a Monsenhor en
« Ramon *de Belmas*, cent sols tornes... Item a son amat
« filh, en *Guilhem Bertran* de Guiscart, detz sestiés de
« fromen, e detz sestiés de sivada, tot a mesura de
« Bélaic. Item a totas las pioucelas (filles) de la Costa da
« Grézels, fillas de tots homes, ses vassaux, à chacun
« 20 livres... Item fet sos executors : Monsenhor en
« *Guill. B.* de Guiscart, en *Guiscart* de Guiscart, sos
« fraires ; en *Guill. B.* de Guiscart, son filh ; en *Faure de
« Rozet ;* e monsenhor en *Fransés de Rozet*, archiprestré
« de Nebetgeas (1) ; en G. de *Layla*, en Armand *de Zoret*.
« Présents : le seigneur Armand Descazarelh, recteur
« de l'Eglise de Grézels ; Jean de la Mote ; Jean Gilabert ;
« Arnaud Faure ; Benoit de Saint-Benoit ; Arnaud da

(1) Autrement, de Castelnau-Montratier.

« Joan (1) ; Arnaud de Laures ; Guill. Plassa, et moi
« Guill. d'Aymeric, clerc, notaire public. »

Mais ce n'est pas tout de tracer de beaux plans ; il faut
encore des ressources pour les exécuter ; et le pays n'en
possédait pas de suffisantes. Alors on eut recours à un
moyen fort usité à cette époque : on pria le Souverain
Pontife d'ouvrir le trésor des indulgences en faveur de
tous ceux qui contribueraient à l'édification de la nouvelle Eglise. Le Saint Siège répondit par la Bulle suivante, document du plus haut prix pour notre histoire
locale.

« A tous ceux qui ces présentes verront, salut et béné-
« diction apostolique. »

« Dans le lieu de Bélaye, on a commencé de bâtir,
« avec la permission de l'Evêque du diocèse, une Eglise
« qui exige des dépenses considérables (*non modicum
« sumptuosa*), et pour l'achèvement de laquelle il est
« opportun de recourir à l'aumône des fidèles..... C'est
« pourquoi nous prions votre université (2) et nous
« l'exhortons, — attentifs, d'autre part, à procurer la
« rémission de vos péchés, — à contribuer, des dons
« que Dieu vous a accordés, à l'achèvement du dit
« œuvre, par vos pieuses aumônes et les subsides gra-
« tuits de votre charité, afin que, par votre aide, la
« dite entreprise puisse s'achever, et que vous-mêmes,
« par cette bonne œuvre et d'autres encore, puissiez
« parvenir au bonheur éternel. »

« C'est pourquoi, confiant en la miséricorde de Dieu
« et en l'autorité des Bienheureux Pierre et Paul ses
« apôtres, à tous ceux vraiment pénitents et confessés
« qui auront prêté la main pour donner la dite assis-

(1) Village de Bélaye ; de même Laures ou Hugoye.
(2) La Bulle étant adressée à l'univers catholique (*Universis*), le
Pape désigne ici l'université ou universalité des fidèles.

« tancé, nous accordons une indulgence d'un an et qua-
« rante jours. »

« Les présentes à non valoir après un espace de dix
« ans, avec stricte défense de les faire porter par des
« quêteurs. »

« Le 11 des calendes d'Août, de uotre Pontificat l'an
« troisième (22 Juillet 1365). »

« URBAIN V, PAPE. » (1).

Cet appel général à la charité des fidèles dut produire
d'importantes ressources.

Les grandes familles du pays ne manquèrent pas d'y
joindre leurs largesses. Nous avons déja vu les dispositions testamentaires de *Bernard III de Guiscard* en faveur
de la nouvelle Eglise. Certains documents trouvés au
château de Lauture, par M. l'abbé Taillefer, nous apprennent que les *Séguier* et les *d'Orgueil* ne furent pas moins
généreux.

Un acte du 18 Juin 1467, mentionne que Révérend Père
en Dieu, Maître *Pierre Séguier* (2), évêque d'Elne, avait
fondé dans l'*Eglise neuve* de Bélaye, une chapellenie (3),
dont Jean *d'Orgueil* et du *Boulvé* avait le patronat (4), et
cite plusieurs titulaires de ce bénéfice.

Bertrand d'Orgueil, seigneur du Boulvé, teste le 24 avril
1458. « Il veut 250 messes de *requiem*, célébrées par
« l'Archiprêtre de Bélayc ou ses vicaires dans l'*Eglise*
« *Neuve* de Bélayc, au moins quand il fera beau temps ;

---

(1) Reg. Av. 159, f. 515. Pièce communiquée par M. l'Abbé Albe,
ainsi que le nom de quelques archiprêtres que l'on trouvera plus loin.

(2) Cette fondation était faite avant que la construction de l'Eglise
fut commencée, puisque le testament de Philippe de Jean, du 6 nov.
1347, déjà cité, parle de la succession de ce prélat.

(3) On appelait *chapellenie*, un bénéfice simple, dont le titulaire
était obligé de dire ou de faire dire la messe à certains jours, dans telle
chapelle ou telle Eglise.

(4) Le Patron d'une chapellenie avait le droit d'en nommer le
titulaire.

« autrement, dans l'Eglise qui est à Bélayc, par la raison
« que l'autre est en ce moment découverte et qu'il y
« pleut ; et à chaque prêtre qui aura dit une messe et
« fait l'absoute sur le tombeau qu'il a dans l'Eglise
« neuve de Bélayc, il sera donné 18 deniers tournois.
« Donne à l'Œuvre (Fabrique) de la nouvelle Eglise de
« Bélayc, pour faire le caput (chevet), dix francs tour-
« nois, monnaie courante. Donne dix sous tournois au
« luminaire de Bélayc. Dans son codicille du 6 avril
« 1460, il veut qu'on vende son meilleur cheval, et que
« le prix en soit affecté pour un tiers à l'Eglise de Bélaye,
« pour couvrir le chevet de la dite Eglise. »

Un acte du 4 décembre 1469, mentionne que noble
Bertrand d'Orgueil, seigneur du Boulvé, et noble *Fauré
de Cornac*, sa femme, avaient fondé à Bélaïc une chapellenie de 10 livres tournois.

Le 16 juillet, 1472, noble *Jean d'Orgueil*, seigneur de
Lauture, lègue par testament 10 sous tournois au lumi-
noir de Bélayc. (1).

Il résulte d'une de ces pièces que le chevet du nouvel
édifice n'était pas encore couvert le 6 avril 1460. La
construction de l'église avait donc duré environ cent ans.

Les archives de Lot-et-Garonne (B. B. 59) mentionnent une chapellenie de Roquebaudy, que les seigneurs
de ce lieu avaient fondée et dont ils s'étaient réservé le
patronage (Abbé Albe).

Enfin, Bélaye se trouve enrichi d'une vaste et belle
Eglise. Son aire ne comprend pas moins de 787 mètres
carrés. Par ses voûtes et ses fenètres trilobées, elle appar-

______

(1) Par le même acte, il divise ses biens, et donne à Arnaud, son
fils cadet, ses terres du Boulvé, la Lande, Brugal et Bélayc. — On
s'explique l'intérêt des Seigneurs du Boulvé pour l'Eglise Neuve de
Bélayc, et l'existence, dans cet édifice, de leur tombeau de famille
quand on se souvient qu'ils étaient les successeurs des Séguier, et les
propriétaires du Château fort de Bélayc.

tient au genre gothique. Ce qui lui donne un cachet
très particulier, ce sont quatre grandes colonnes rondes,
très simples, mais d'un bel effet, qui supportent tout
l'édifice. Cette disposition est extrêmement rare, et n'a
même pas de similaire dans les environs. Les colonnes
marquent la division intérieure en une vaste nef et deux
bas-côtés qui l'accompagnent dans toute sa longueur.
Dans son ensemble, le vaisseau a un air de grandeur
religieuse qui élève l'âme et la porte instinctivement à la
prière. Malheureusement, un exhaussement du pavé qui
fut pratiqué en 1721, a gâté considérablement ce bel
effet. Dans le mur de gauche, on voit une cavité ceintrée
qui désigne l'emplacement d'un tombeau. Le clocher
était remarquable par sa hardiesse et sa solidité. A la
base, deux édicules carrés, que l'on croit être deux
chambres funéraires ; plus haut, une tribune ; enfin, une
tour carrée, de belles dimensions, et couronnée de créneaux, s'élançait dans les airs, dominant tous les lieux
d'alentour. Le bas de l'Eglise se confondait avec la ligne
de remparts qui fermait la place vers le couchant. C'était
évidemment un lieu fortifié, comme la plupart des
églises de cette époque. On voit à l'extrémifé du chœur
deux piliers carrés où se trouve un gîte pour le veilleur,
avec un petit jour sur la campagne. Enfin, es combles
étaient capables de loger une bonne garnison.

* *
*

Pendant que se poursuivaient les travaux de l'Eglise
Grande, les habitants de Bélaye en construisaient une
autre, de dimensions beaucoup plus modestes : c'était
l'église *Saint-Aignan* (1). La première était destinée

---

(1) Saint-Aignan, évêque d'Orléans, mort en 453 ; sa fête se célèbre
le 17 novembre.

principalement aux besoins de l'Archiprétré, dout Bélaye était le chef-lieu ; la seconde était spécialement pour l'usage des fidèles de la paroisse.

Ce qui reste de l'église Saint-Aignan est aujourd'hui transformé en une cave appartenant à la famille Almus. La clef de voûte porte un écu surmonté d'une croix, attribut propre de l'épiscopat. La croix, en se prolongeant, partit l'écu et porte un petit cercle dans lequel est gravée la lettre S, qui signifie *sigillum*, en français, *sceau*, place du sceau. Dans le champ de l'écu, on lit :

G V I L H A S M

pour *Guilhasmus*, autrement *Guilhesmus*, *Guilhermus*, *Guilhelmus*, en français, *Guillaume ;* et plus bas, les deux lettres conjointes AR. Si l'on parcourt la série de nos Evêques, on voit que cette inscription ne saurait convenir qu'à *Guillaume d'Arpajon*, qui occupa le siège de Cahors de 1404 à 1431.

D'autre part, un acte de délibération de la communauté de Bélaye, daté du 16 septembre 1755, et que nous donnerons plus tard en entier, porte que : « depuis « 300 ans et plus, les habitants de Bélaye auraient joui « d'une Eglise, appelée l'Eglise Saint-Aignan, où le « service divin a été fait pendant tout ce temps, la seule « église qu'il y eût dans Bélaye et où généralement toutes « les fonctions curiales ont été faites, jusqu'aux environs « d'il y a 35 ans, que Messieurs de Saints-Lazare de « Caors, firent rebâtir la Grande Eglise du dit Bélaye, « comme y étant obligés par l'union qui leur fut faite de « l'Archiprétré du dit Belaye, du seul consentement de « Mgr Le Jay, pour lors évêque de Cahors, laquelle « Grande Eglise n'a jamais été approuvée par les dits « habitants. » Si de 1755 on remonte un peu au-delà de 300 ans, on arrive précisément à l'épiscopat de Guillaume d'Arpajon, ce qui confirme l'interprétation que nous avons donnée de l'inscription gravée dans l'écu.

Une partie de la voûte est éventrée sur le côté gauche, et l'on prétend que c'est en cet endroit qu'étaient pratiquées les petites ouvertures par où pendaient les cordes des cloches. Dans le mur de façade, à l'extérieur, est encastré le bénitier de l'ancienne Eglise, qui demeure là comme témoin de la première destination de l'édifice. L'Eglise Saint-Aignan se prolongeait vers le midi jusqu'à la rue d'*Al Mech*, ou Grande Rue transversale de Bélaye. Il y a quelques années, en faisant certains travaux de terrassement, on mit au jour une grande quantité de bois calciné, ce qui permettrait de supposer que l'édifice a péri par les flammes. On y trouva aussi un calice en cristal, dont la coupe était dorée à l'intérieur.

* * *

L'Archipêtré de Bélaye avait, à cette époque, un importance réelle. La construction de la Grande Eglise, élevée spécialement pour son usage, le démontre suffisamment. Mais une nouvelle preuve que l'on peut en donner, réside dans ce fait que les titulaires de cet emploi étaient des hommes considérables par leurs fonctions et leur mérite.

1334. — Guy *Rolland*, archipêtre de Bélaye, devint protonotaire apostolique. Son frère Guillaume Rolland était seigneur de Montfaucon en Quercy ; maréchal de la Curie sous Innocent VI, plus tard sénéchal de Beaucaire pour le Roi.

1349. — Collation par l'Evêque à Bernard Hugues de *Cardaillac* de l'archiprêtré de Bélaye. Confirmation par le Pape, 19 janvier (Reg. Aven. supplique 16, fol. 110).

1350, 10 janvier. — Vacant par la mort de Bernard Hugues de Cardaillac, l'archiprêtré est conféré à Jean *des*

Palmes, collecteur, et recteur de *Villesèque* (Supplique 20, fol. 38).

1350, 20 mai. — Mais l'Eglise *curata* ou curiale, qu'avait aussi Bernard Hugues de Cardaillac, réservée, est conférée à Mᵉ Robert *de Ginouillac*, bachelier-ès-lois, du diocèse de Cahors. (Ibid. fol. 9).

1351, 19 janvier. — D'après la bulle de promotion de l'archiprêtre, Bernard Hugues de Cardaillac avait succédé à feu Pierre de *Caraygues*.

— L'Archiprêtré rapporte 60 livres de revenu.

Vatic. 199, ep. 319.

1358. — L'archiprêtré, avec ses annexes, vacant par la mort de Jean des Palmes, est conféré à *Géraud Mercatoris* (de Mercadier) bachelier-ès-lois, recteur de Montfermier, qui a été son collecteur pendant 7 ans. (Reg. Av. 138, folio 182).

Jean des Palmes était collecteur pour le Pape dans les diocèse de Cahors, Rodez, Alby, Castres, Lavaur, Tulle.

1378. — Géraud Mercadier, chanoine et préchantre d'Aix, et collecteur d'Arles, acquérant le canonicat, la prébende et prévoté de Vence, l'expectative de l'Archiprêtré de Bélaye est donnée à *Garin Mercadier*, bachelier-ès-décrets, clerc du diocèse de Cahors, chapelain dans l'Eglise de Fréjus et ailleurs (10 kal. Déc. 1378. — Aven. 211, (VII) fol. 514 ; supplique 47. fol. 72).

1381. *Arnaud du Puy*, bachelier en droit canon, archiprêtre de Bélaye, et chanoine de Cahors, est syndic et procureur du chapitre pour l'hommage de Bertr. de Cardaillac en 1381. (Doat, 120 f. 38).

1463, 3 mai. — *Louis Hébrard* paye pour l'annate de l'archiprêtré, église paroissiale de Saint-Aignan de Bélayc, par les mains de Lacaze, 22 florins (Vat. 452, fol. 89).

1470. — Louis d'Hébrard, recteur dit archiprêtre de l'Eglise paroissiale dite archiprêtré de St-Aignan de

Bélayc, de noble race, issu de la grande lignée des nobles barons de St-Sulpice, d'illustre famille : *nobilis generis, de magno nobilium baronum genere et illustri progenie procreatus* (Aven. Bull. 699, fol. 1).

1517. — *Frotard d'Hébrard*, ancien abbé de Marcillac, archiprêtre de Bélayc et recteur de *Rouffiac*.

1518. — Guillaume *de Gourdon* a une pension sur cette Eglise archiprêtré, 25 livres. (Vatic. III 8, fol. 10).

1519. — *Antoine d'Hébrard* frère de Flotard est nommé archiprêtre de Bélaye et recteur de Rouffiac.

1529. — L'Evêque, Paul de Carretto, mande à Guill. de Leyge, son grand vicaire, de conférer l'Archiprêtré au troisième Président du Parlement de Toulouse (G. Lacoste, t. 4, p. 58).

1539. — *Antoine de Montal* (de Monte alto) clerc du diocèse de Cahors, reçoit la vicairie perpétuelle pour l'Eglise Archiprêtré résignée par *Arnaud de Montal*, son oncle (1539, 4 id. mars, an 6, A. Lat. 1701, fol. 157) (1).

---

(1) Notes communiquées par M. l'abbé Albe, d'après les Archives du Vatican.

CHAPITRE X

————

Testament d'Hélitz de Salviac, — Mariage de Bertrand II de Guiscard. — Testament de Guillaume Bertrand Ier de Guiscard et de Marie d'Aragon. — Meurtre de Pons de Rozet. — Affranchissement d'une terre d'Arnaud Monville.

————

Après les évènements militaires et religieux que nous venons de raconter, il ne nous reste plus qu'à glaner quelques menus faits appartenant à la même période.

A partir du 8 février 1372, les actes de la Maison de Guiscard portent en tête : *Regnante Domino Karolo illustri Francorum Rege.* Régnant le Seigneur Charles, illustre Roi de France.

* * *

Le 15 octobre 1395, *Hélitz de Salviac,* 2e femme de Bertrand IV de Guiscard, fait son testament. Elle se dit habitante du lieu de Bélaye. L'acte est passé à Bélaye par Bernard de Couderc, notaire public, en présence de : Pierre de Fages prêtre ; Guillaume d'*Orgueil, damoiseau de Bélaye,* y habitant ; etc.

* *
*

Guillaume Bertrand II de Guiscard passe son contrat de mariage avec *Marguerite de Vayrac*, le 5 octobre 1413, en présence des Révérends Pères en Dieu Monseigneur Raymond de Vayrac, abbé du monastère de Moissac et Monseigneur Guy de Vayrac, prieur de la Daurade de Toulouse, l'oncle et le frère de la future ; de *Pons de Rozet*, seigneur de Lastours ; de *Bernard des Castels* ; du seigneur de *Cardaillac* ; de *Bertrand d'Orgueil*, seigneur du Boulvé, etc. Dot de la future : Mile dos cens floris de Fransa, de bon pes e de bon aur.

* *
*

Le 9 février 1416, *Guillaume Bertrand I*er, père du précédent, teste en présence de : Bernard de la Poujade, Bernard de la Barre, Ramon da Johan, Gasbert da Filieras, Miquel da Calvet, Peyre da Rességac, Bernard da Braquet, Helio dal Bruelh, Guilherme de la Mota, paroissiens et habitants de Grézels. Il veut être enterré dans l'Eglise Saint-Benoît, devant le maître-autel. Il fonde une chapellenie dans cette église, dont le patronage appartiendra au recteur de Grézels et aux consuls de Bélaye. Il veut que de la maison qu'il a à Montcuq on fasse un hôpital pour les pauvres et affecte certaines sommes à cet établissement.

Le même jour, *Marie d'Aragon*, sa femme, dicte aussi ses dernières volontés. Elle veut être ensevelie en l'église Saint-Benoît, en la capela de la Mayre de Dio. On sonnera les cloches de Saint-Benoît, de Grézels et de N. D. de Lagardelle. « Hio... layssi dos cens messas de *requiem*, « que sian dichas per lo salut de m'arma, à saber : 50 « messas per mosenhor *Rigal Meja* rictor (recteur ou

« curé) de Grézel, en la gleya de S. Beneg ; e 50 messas
« per lo honorable religios Frayre P. *Merle* (Frère mi-
« neur de Montcuq) ; 50 per Frayre P. *Sabatier*, de
« l'Ordre des Carmes de Caortz ; 25 per mossenhor *Joan*
« *Faure*, rictor de la Gleya del Pueg de l'Avesque ; 13 per
« mossenhor *Bertrand Faure*, capela (chapelain) bot
« (neveu) del dig rictor del Pueg ; 12 per mossenhor
« Guill. *Russart*, alias (autrement) da Masquieras, rictor
« de la gleya de Castelfranc...... Doni a Sor (Sœur)
« Maria de *S. Gili*, ma filhola, e mongia (religieuse) del
« mostier (monastère) da la Johannia.

« Aumônes aux pauvres. A la lhuminaria de St-Beneg,
« un quarto de nogalhos ; autant au luminaire de Caba-
« nac ; demi-quarta à celui de N. D. de Lator ; demi-quarta
« de seigle à celui de St-Jean. A mo fil Guisco, cent
« francs d'aur ; plus un ley garni de cessera e de un
« coichi de pluma, e de 4 lenssols de lhi ; plus una
« toalha francesca e une autra toalha de fial de carbe,
« e doas longieras de obra francesca. »

« E plus vuelh (veux) que los meos joyels (joyaux)
« desotz escrigs, so es assober : una sentura tescuda de
« seda negra, e garnida d'argen, e sobre daurado, e 6
« culhiès d'argen, los cals digs joyels lo dig mo marit a
« engageats an Johan da *Cavarc*, mercadier (marchand)
« e habitador del loc del Puech, la dita Catharina ma
« filha, cobre e recobre del dig mercadier, e que bayle e
« pague la soma de pecunia (monnaie) per que los digs
« joyels so engogeats...... Doni a Maria da *Rozet*, ma
« neboda,... un cofret meo, daurat, cobrat (couvert) de
« obra de Paris ; et una sentura tescuda de seda ver-
« melha ; e un rezol (réseau ou filet) de seda ; el meo
« miralh..... Item a la nobla na *Margarida de Vayrac*,
« ma nora, los meos *pateros* sive *pater nostres* (chapelet)
« d'argen e de coralh ; item a mas filhas..... tots los meos

« cobre caps (couvre-chefs) de seda de Paris.... Item
« fauc executors d'aquest meo presen testamen... los
« nobles, en *Pons de Rozet*, dounzel, senhor de las Tors ;
« el dig en Guilhem Bertran de Guiscart, mon marit ;
« el rictor de la Gleya de Grézel. »

*
* *

Catherine de Guiscard, dont il vient d'être fait mention, avait épousé *Pons de Rozet*, seigneur de las
Tours (1). Pour des causes qui sont demeurées incon-
nues, il advint qu'un puissant seigneur, *Guillaume de
Caussade*, fit périr de mort cruelle Pons de Rozet et
Bernard, son fils. Catherine chargea son frère, *Guillaume-Bertrand III de Guiscard*, seigneur de la Coste, de
poursuivre, en son nom et au nom de sa fille, *Fine de
Rozet* (2), le meurtrier et ses complices « devant la Cour
de Magnifique et Puissant Seigneur le Sénéchal de
Cahors. » L'acte de procuration est passé à las Tours,
le 7 mars 1435, en présence de : Gisbert de Luzech,
Bertrand de Castagnier, damoiseau de Lauzerte ; sei-
gneur Guillaume de la Bonetie, le recteur de l'Eglise de
Sainte-Croix.

*
* *

En 1443, *Guillaume-Bertrand II de Guiscard* affranchit
une terre d'Arnaud *Montville*, du village de Montville (3).

____

(1) Pons de Rozet fut Sénéchal du Quercy. — Rozet ou Rouzet se
trouve dans la commune de Valprionde.
(2) Fine de Rozet épousa le baron Guillaume de Luzech.
(3) Les Montville sont très nombreux, soit dans le village d'où ils
tirent leur nom, soit dans les environs. La famille dont il s'agit ici
avait rang de bourgeois. Elle comptait de belles alliances, par exemple
avec les du Gravier, seigneurs du Coustet près Cambayrac, avec les
Couture de la Laurie, avec les Martin, etc.

Un acte du 6 février 1732, des Minutes Boulzaguet, mentionne le fait en ces termes : « Messire Jean-Charles « de Guiscard, curé de Grézels, comme personne privée, « et Messire François-Gaston de Guiscard, marquis de « la Bourlie, la Laurie, Grézels et autres, d'une part ; et « Me Antoine Pélissié, notaire royal de Rouffiac, et « Demoiselle Marguerite de Martin (1), veuve et héritière « de Me Antoine Montville praticien, d'autre part. Les dits « seigneurs exigeant rente féodale, suivant transaction « passée entre les auteurs des parties, en 1668 et 1672 ; « les tenanciers, et notamment Pélissié et Demoiselle « Montville opposent un acte d'affranchissement du « 11 septembre 1443, fait par noble Guillaume-Bertrand « de Guiscard, en faveur d'Arnaud Monville, confirmé « par transaction du 6 juin 1495, entre noble Antoine et « autre Antoine de Guiscard, d'une part ; et Jean Brunet « et Raymond Montville. » Galiacy, notaire. Il s'agit ici d'une terre affranchie de la rente féodale due au seigneur.

Les annales des Guiscard, d'ailleurs si complètes sous d'autres rapports, ne contiennent aucun acte d'affranchissement concernant les serfs. Elles ne disent pas davantage quelles étaient les conditions du servage chez nos aïeux : tout au plus si nous pouvons y glaner quelques menus détails dignes d'être relevés.

Dans un acte du 26 avril 1284, déjà cité, un certain Guill. *Tercier* « dih, e conoc, e cofesset al senhor B. de « Guiscart... que el era so home legi et domeni de cors « et de cazalagie (2), et a qui meih conoc e cofesset que el « tenia del dig B. de Guiscart... doas pessas de terra, e

<hr>

(1) La particule *de* devant un nom de femme n'était pas un signe de noblesse. Elle indiquait simplement le nom du père ou du mari.

(2) Casal, casalage, signifient maison, habitation (Boucoiran, Dict. des idiomes méridionaux).

« doas pessas de prat, en la peroquia de *la Tor*. » Un acte du même jour, également cité plus haut, porte que certains habitants de la Gardelle et de St-Jean font une reconnaissance en tout semblable. Il résulte de ces pièces que les serfs étaient tenus de reconnaître les clauses et conditions primitives de leur contrat de servage toutes les fois qu'ils en étaient requis ; — de la même manière que les tenanciers devaient faire reconnaissance pour les terres qu'ils avaient en fief, lorsque le seigneur le demandait.

Dans un acte du 2 juillet 1267, passé à Montcuq, Bernard de Guiscard et son fils donnent certaines terres dans la paroisse de Fargues à un nommé Gentil *Roussel*, homme de corps et de cazalagie du dit seigneur. Plusieurs actes de cette période portent la même disposition. On voit par là que les seigneurs ne pouvaient imposer à leurs serfs aucun travail, ni aucune charge, que pour certains biens parfaitement circonscrits, et qu'en dehors de ces limites, ces derniers pouvaient recevoir de leur maître des terres à bail, sous conditions de certaines redevances déterminées.

Un grand courant d'émancipation se produisit au xiiie et au xive siècle. Beaucoup de nobles de nos contrées avaient été ruinés par les grandes expéditions des croisades, par la guerre des Albigeois, et enfin par la Guerre de cent ans. Ils ne demandèrent pas mieux que de rétablir leurs finances en vendant la liberté à leurs sujets à beaux deniers comptants. Ainsi *Gaillard de Montpezat* affranchit *Guiral Bru*, sa femme et tous leurs enfants, nés ou à naître, pour le prix de 250 sous, monnaie de Cahors (1278) (1). *Ratier IV de Castelnau* affranchit la famille *Lalbarède* (1305) moyennant certaines redevances

(1) Acte rapporté par Dominicy.

et le paiement de 40 livres caorcens (1). Mais si la liberté fut souvent le prix d'une vente opérée par un seigneur avide ou besogneux, souvent aussi, il faut le reconnaître, on la vit découler de sa source naturelle, de l'Evangile (2). C'est ce qui résulte clairement de la formule suivante tirée des anciennes archives de l'Abbaye de Conques. « Puisque le Fils de Dieu est venu nous affranchir de « l'esclavage du péché, nous devons nous-même affran- « chir les hommes de la servitude. Il nous a dit : *Déli- « vrez, et vous serez délivrés ;* et à ses apôtres : *Vous êtes « tous frères.* Or, si nous le sommes, dit l'auteur de ce « remarquable affranchissement, devons-nous retenir « nos frères sous le joug de la servitude ? »

C'est sous l'influence d'un sentiment chrétien et humanitaire que le roi de France Louis X publia, le 3 juillet 1315, son fameux acte d'affranchissement. Il est vrai qu'il n'abolit le servage que sur les terre de la Couronne ; mais ce n'en fut pas moins un grand exemple, et le Roi fit une déclaration très importante, en disant que « selon le droit de nature, chacun doit naitre *franc* » c'est-à-dire libre.

---

(1) Acte rapporté par M. L'mayrac, Histoire d'une baronnie, p. 151.
(2) Raphaël Périé, Histoire du Quercy, t. 1. p. 532.

CHAPITRE XI

Jano d'Aymet

Avant de clore le Moyen-Age, nous devons parler d'une petite poésie fort connue dans le Quercy et même dans tous les pays de langue d'Oc, qui parait se rapporter à cette période : *La chanson de Jano d'Aymet*.

La scène que nous allons raconter débute au *Bois d'Anglars*, sur les confins de l'ancien taillable de Bélaye. Là, dans un vallon appelé *Combe Pouget*, et sous un bosquet plein de fraîcheur, est la *Fontaine du Bois d'Anglars*. Il y a seulement un demi-siècle, elle donnait de l'eau en abondance ; mais aujourd'hui, elle se trouve à sec la plus grande partie de l'année. A l'aspect de cette modeste source, qui donc se douterait de sa célébrité ?

Voici la légende. Une jeune fille du mas de *Lhéret*, village voisin du Bois d'Anglars, allait puiser de l'eau à la fontaine, aux premières lueurs du jour, et tandis que la lune envoyait encore ses rayons pâlissants, quand elle vit près de la source un jeune et beau cavalier, et tout autour une armée qui campait dans ces lieux. Effrayée à cet aspect, Jeanne d'Aymet, — c'était son mon — veut retourner sur ses pas ; **mais** le beau cavalier, un fils de roi, la rassure, et la conversation commence.

> Al bosc d'Anglas ya' no claro fountaino.
> Jano d'Aymet l'y ba querre de l'aygo.
> Lou fil del Rey l'a y abio rencountrado.
>
> Jano d'Aymet, ta mati t'es lébado.
> — Lou fil del Rey, la luno m'a troumpado.
>
> Jano d'Aymet, dono me de toun aygo.
> — Lou fil del Rey, bous nou bebés pas d'aygo.
>
> Jano d'Aymet, né bébi dabégado (1)
> — Lou fil del Rey, n'ai ni béré, ni tasso.
>
> Jano d'Aymet, dono m'en din ta casso.
> — Lou fil del Rey, nou l'ai pas brésayrado.
>
> Jano d'Aymet, dono y'no brégado.
> — Lou fil del Rey nou n'ai pas lésé d'aro.
>
> Jano d'Aymet, toujours trobes birado.
> — Lou fil del Rey, ne troubarioy bé maytos.
>
> Jano d'Amet, qual mestié fa toun pèro ?
> — Lou fil del Rey, es trabaillou de terro.
>
> Jano d'Aymet, qual mestié fa ta méro ?
> — Lou fil del Rey, es fino couturièro.
>
> Jano d'Aymet, qual mestié fas tu mêmo ?
> — Lou fil del Rey, lou mestié de ma méro.

Ici finit le chant ; mais la conversation continue entre la jeune paysanne et le fils du Roi. Enhardis par la bonté du Prince, Jeanne lui apprend que son fiancé fait partie d'une compagnie de soldats recrutés par un seigneur du voisinage ; qu'il se trouve présentement parmi ses troupes, et elle le conjure de donner la liberté au jeune militaire. Le Prince lui répond qu'il a besoin de tous ses hommes pour le siège de Cahors ; mais il lui promet formellement que, aussitôt cette ville prise, il lui renverra son fiancé.

(1) Quelquefois, du latin *vicis*, fois.

Jeanne compte sur sa parole royale. Cependant, à la pensée des périls que va courir le jeune guerrier, elle n'y tient plus ; elle quitte la maison paternelle, et suit de loin l'armée conquérante, le cœur agité de noirs pressentiments.

Cahors est pris après une lutte acharnée. Jeanne pénètre dans la ville, et se présente au vainqueur pour lui rappeler sa promesse. Le Prince reconnait aussitôt la jeune paysanne du Bois d'Anglars ; il fait chercher parmi ses troupes le soldat qu'il a promis de libérer : mais, hélas ! à l'appel de son nom partout répété, aucune voix ne répond. Jeanne a compris... Quoique brisée par la fatigue et l'émotion, elle parcourt, l'un après l'autre, les cadavres qui jonchent les rues de la ville. Le spectacle de la mort la glace d'horreur ; plus d'une fois son pied glisse sur le pavé encore humide de sang ; mais rien ne peut la détourner de sa sinistre besogne. Soudain, elle pousse un cri déchirant : c'est lui !!! Elle se penche sur le cadavre du jeune homme, pour déposer sur son front un dernier gage de son amour ; elle s'affaisse ; elle tombe foudroyée sur ces restes sanglants ; la nature était à bout... Jeanne était morte !

La nouvelle de ce tragique évènement ne tarda pas à être connue du Prince et de toute la ville. Quelques-uns versèrent des larmes sur le cercueil de la jeune fille ; tous admirèrent sa fidélité et son courage.

Tel est le récit qui s'est transmis parmi nous de siècle en siècle ; les habitants d'Anglars le regardent comme véridique.

*
* *

Quel est ce *fils de Roi*, si généreux et si bienveillant pour Jeanne ? La légende ne le dit pas.

Un écrivain de talent, M. Léon *Valéry*, de Lalbenque, a publié il y a quelques années, sous forme de roman historique, une petite plaquette ayant pour titre : *Xano d'Oymé, légende quercinoise*. (1) D'après lui, le Prince qui campa au Bois d'Anglars ne serait autre que *Henri IV* se rendant au siège de Cahors, en l'année 1580. L'hypothèse est très plausible si on ne considère que le caractère du roi *vert galant*, coutumier de ces sortes d'aventures ; mais au point de vue historique, elle se trouve absolument contredite par les faits : Henri IV n'est pas passé par Anglars en se rendant à Cahors. Voici l'itinéraire que retrace G. Lacoste, notre historien. « Après « avoir tout disposé pour son entreprise (la prise de « Cahors), le Roi de Navarre partit de *Montauban* et se « rendit à *Saint-Antonin* (2) qu'il avait désigné comme « le rendez-vous de toutes ses forces... Le dimanche de « la Trinité, qui était le 29 mai, il partit de Saint-Anto- « nin pour se diriger avec son armée sur Cahors. Il fit « halte dans les environs de *Saint-Sevé* (3) dont les « alentours offrent l'image d'un désert affreux. De là, le « Roi de Navarre vint au château de *Vayrols* (4) qui « appartenait par son épouse, dernier rejeton de l'illus- « tre maison de Vayrols, à Gontaut, seigneur de Cabre- « rets. Ce gentilhomme, qui connaissait les détours des « montagnes escarpées par où l'on arrivait à Cahors, « servit de guide au Roi Henri. On descendit par une « côte extrêmement escarpée et rapide, et on arriva à « une gorge qui appartenait aux Dames Bénédictines de « la Daurade de Cahors, et aboutissait au *Pont-Neuf*. « Le Roi, dit Sully, fit arrêter son armée dans un plant

(1) La 2ᵉ édition a paru chez J. Girma, libraire à Cahors, 1893.
(2) Chef-lieu de canton, Tarn-et-Garonne, arrondissement de Montauban, et à 41 kilom. N. E. de cette ville.
(3) Commune de Fontanes, près Lalbenque.
(4) Commune de Flaujac.

« de noyers, où coulait une fontaine. C'est celle du *Pech-*
« *de-Rolle*. Ce fut là que le Roi disposa l'ordre de l'atta-
« que de la ville. (1) »

Ajoutons qu'en 1580, Henri IV n'était pas le *Fils du
Roi,* mais qu'il était bien le *Roi* de Navarre depuis 1572,
époque de la mort de sa mère, Jeanne d'Albret. La qualification de *Fils du Roi* qui revient avec persistance
jusqu'à la fin du chant ne peut donc s'appliquer à ce
prince. Il faut chercher autre chose.

Certains habitants d'Anglars croient que l'épisode de
Jeanne d'Aymet se rapporte à la guerre de Cent ans, et
que la scène du Bois-d'Anglars eut lieu pendant le siège
de Bélaye, vers 1345. Mais cette opinion n'est pas plus
admissible que la première. En effet, il s'agirait alors du
Prince de Galles, Edouard, gouverneur d'Aquitaine, et
surnommé le *Prince Noir* à cause de la couleur de son
armure. Or aucun historien ne signale sa présence dans
nos contrées durant cette période. D'autre part, le Prince
de Galles, —point essentiel—, ne prit jamais Cahors par
les armes. Lorsque il y entra en 1364, ce fut en souverain
pacifique, et non en conquérant, attendu que cette ville
avait ouvert ses portes aux Anglais trois ans auparavant,
à la suite du traité de Brétigny, et qu'elle était demeurée
en leur possession.

S'agirait-il d'*Henri II,* roi d'Angleterre ? Il est vrai
qu'en 1159 ce prince, ayant levé le siège de Toulouse,
s'empara de Cahors, et laissa dans cette ville une garnison de 700 hommes sous les ordres de son chancelier,
Thomas Becket, qui devait être le célèbre archevêque de
Cantorbery. Mais, outre que son itinéraire ne comporte
nullement le passage par le Bois d'Anglars, Henri II
était depuis cinq ans roi d'Angleterre, et ne pouvait être
qualifié de *Fil del Rey*.

(1) Tome IV, p. 253, 254.

Pour trouver réunies toutes les données de la légende, il faut remonter jusqu'à l'année 1186. Recourons encore à notre historien. « *Richard Cœur-de-Lion*, fils de Henri « II, roi d'Angleterre, était duc de Guyenne en 1183 (1). « En 1186, il pénétra dans les Etats du Comte de Tou- « louse, puis il s'avança jusque dans le cœur de l'Albi- « geois. Ce fut vraisemblablement alors qu'il se rendit « maître du Bas-Quercy, parce qu'il fut obligé de le tra- « verser (2) pour entrer dans cette province. Richard se « mit à la tête de son armée, qu'il avait renforcée d'un « corps de ces brigands appelés Brabançons, et entra, « au printemps de l'année 1188, dans le Quercy, portant « partout le fer et le feu. Il s'y rendit maître de Cahors « et de dix-sept principaux châteaux... Richard devint « Roi d'Angleterre par la mort de son père en 1189. Le « Le Quercy resta en son pouvoir jusqu'en 1196. » (3). Nous avons bien ici tous les éléments de la légende : le Fils du Roi, la prise de Cahors, et l'itinéraire par la vallée du Lot.

Observons, d'ailleurs, que le caractère du personnage se prête merveilleusement à cette hypothèse. Au dire des historiens, Richard-Cœur-de-Lion était doué d'un courage héroïque, d'un caractère altier, turbulent, impé- tueux, magnanime, qui, joints à une force extraordinaire, en firent tour-à-tour un objet d'admiration ou d'effroi pour ses contemporains. Partout où il passa, ce person- nage frappa vivement l'esprit des peuples, et son nom y est demeuré légendaire. Ainsi, parmi les Musulmans, quand les enfants criaient, les mères les menaçaient du

---

(1) Eléonore d'Aquitaine, sa mère, héritière de la Guyenne, de la Gascogne et du Poitou, avait apporté ces provinces à Henri Planta- genet, comte d'Anjou, qui devint roi d'Angleterre sous le nom de Henri II.

(2) En venant de l'Agenais.

(3) J. Lacoste, tome II, p. 101, 108, 110, 114, 126.

Roi Richard ; et le cavalier disait à son cheval effrayé :
« Crois-tu donc voir le Roi Richard ? » On connait ses
malheurs en Allemagne, et la manière dont il fut découvert par le trouvère Blondel. Il fut aussi légendaire dans
le Limousin et le Quercy après le coup fatal que lui
porta Bertrand de Gourdon, au siège de Chalus.

Enfin, il est à propos de noter qu'à l'époque dont il
s'agit, le Midi de la France fut particulièrement fertile en
poètes. N'est-ce pas la seconde moitié du XIIᵉ siècle qui
a été appelée à juste titre l'âge-d'or des Troubadours ?
Le Quercy, en particulier, en produisit une brillante
pléiade : Hugues de St-Cyr, de Thégra ; Géraud de
Salagnac ; Hugues de Murel, dans les environs de Martel ;
les chevaliers Tuex, Malet et Cornil ; Guillaume de
Durfort, né au château de Durfort, près Moissac ; Ber-
nard-Arnaud de Montcuq ; Pons de Lagarde ; Raymond
de Durfort ; Mathieu de Quercy ; Bertrand de Gourdon ;
Guillaume de Malbuçon, etc. Poètes et musiciens à la
fois, ces fervents du *gay-sçavoir* allaient de ville en ville,
de château en château, célébrant les dicts et gestes de
leurs héros. L'un d'eux aura connu l'histoire touchante
de Jeanne d'Aymet et l'aura jugé digne de ses chants. (1).

*
* *

Mais revenons à la *Chanson* proprement dite. Elle est
simple et naïve, comme toutes les productions du
Moyen-Age : c'est l'enfance de l'art. La rime n'est pas
riche ; parfois même il n'y en a pas du tout ; on se
contente d'aligner des terminaisons féminines, sans
autre souci que de satisfaire à la mesure. Mais cette

---

(1) A peu de distance du Bois d'Anglars, — sur la commune d'Albas,
— se trouve une belle fontaine appelée *Font-au-Roy*. N'est-ce pas en
mémoire du même Prince qu'on lui aurait donné ce nom ?

négligence ou méconnaissance des règles qui parait dans dans la pièce, n'est-elle pas un nouveau témoignage en faveur de son ancienneté?

La musique est aussi pauvre que la poésie. Le chant s'exécute à deux chœurs ; et naturellement les hommes font le fils du Roi, et les femmes Jeanne d'Aymet. C'est le type de ce qu'on appelle chez nous les chansons des moissonneurs, *las cansous ségayros*, parce qu'on ne les chante qu'au temps des moissons.

CHAPITRE XII

Hommages à l'Evêché. — Différend entre Bélaye et Montcuq. — Familles plébéiennes. — Mariage d'Antoine de Guiscard. — Vicairie perpétuelle de Bélaye. — Antoine de Luzech. — Dot de Finette de Guiscard. — Les Balmes de Bélaye.

Pendant l'occupation anglaise, les vassaux de l'Evêché avaient été forcés maintes fois par les circonstances d'ajourner l'hommage qu'ils devaient à leur suzerain. Cependant, même dans ces temps troublés, ils ne s'abstinrent pas entièrement de remplir leur devoir. En particulier les *Guiscard* de la Coste et les *d'Orgueil* du Boulvé furent des plus fidèles à s'en acquitter.

Mais aussitôt que le pays eut recouvré son indépendance et sa tranquillité, les nobles de la région qui tenaient quelque fief de l'Evêché, s'empressèrent d'aller en faire la reconnaissance et de prêter le serment de fidélité. C'est ainsi qu'on les vit, dès l'année 1461, se présenter tour-à-tour devant *Louis d'Albret*, évêque de Cahors et cardinal de la sainte Eglise.

Noble *Gisbert d'Anglars* fit hommage pour Anglars et ses dépendances.

— 138 —

Bertrand de Castagné, pour ses terres de Bélaye, de
Cousserans et de St-Michel d'Oursaut.

Jean de Gironde, Bégon de Floyras et *Judic* son épouse,
pour Floyras, et leurs biens de Bélaye.

Folc de Lézergues (1), pour la seigneurie du Touron,
près de Prayssac.

Jean d'Orgueil, pour ses terres du Boulvé, Farguettes,
Ségos et St-Matré (2). Ce seigneur fit son testament le
16 juillet 1472. Il divisa ses biens en trois parts, et donna
à *Arnaud*, son fils cadet, ses terres du Boulvé, Lalande,
Brugal et Bélaye, avec les droits qui en dépendaient.
— D'après un acte tiré par M. l'abbé Taillefer des archives
du château de Lauture et qu'il a bien voulu nous communiquer, « un nommé *Gérald*, fils d'autre Gérald, était
« détenu dans le château de Bélaye, le 7 mai 1455, en
« raison d'un viol qu'il avait commis. Il se soumit à
« *Bertrand d'Orgueil*, vassal temporel de l'Evêque de
« Cahors, qui le condamna à payer trois livres tournois,
« lorsque *Fauram de la Boissière* (en latin, de Buxeria)
« de Bélaye, la personne violée, se marierait. »

* * *

La guerre de Cent ans avait épuisé entièrement le
Trésor royal. Pour remédier à cette fâcheuse pénurie,
Charles VII rendit la taille perpétuelle dans tout le
royaume. Jusque-là, cet impôt n'avait été levé que dans
des circonstances extraordinaires, par exemple pour le
rachat du Roi quand il avait été fait prisonnier par les
ennemis, pour une expédition en pays d'outre-mer, etc.
Mais à partir de 1445, la taille fut exigée régulièrement
tous les ans et dans toutes les parties du royaume. Au

(1) Seigneur de Mauroux. Voir G. Lacoste, t. III, p. 401.
(3) Tableau des hommages à l'Evêque de Cahors.

commencement, elle produisait 1,800,000 livres ; lorsqu'elle fut abolie par l'Assemblée Constituante, elle rendait environ 23 millions de livres.

A l'occasion de l'établissement de la taille, les habi_ tants de *Bélaye* et de *Montcuq* conclurent une convention à propos de laquelle il s'éleva plus tard un différend d'une certaine gravité. Voici comment M. l'abbé Taillefer expose l'affaire. « *Une vieille affaire ; différend entre* « *Montcuq et Bélaye, 31 août 1468.* A la suite de compli- « cations fiscales, il fut décidé d'un commun accord « entre ces localités que les gens de Montcuq possédant « des terres dans Bélaye ne seraient point imposés au « rôle du dit Bélaye, et réciproquement. Mais à l'occa- « sion de la levée d'une imposition extraordinaire, les « consuls de Montcuq oublièrent cet accord et imposè- « rent les étrangers au même titre que leurs juridiction- « naires. Refus de payer de la part des propriétaires de « Bélaye ; et, alors, procès dont on ne connait pas l'issue. « L'affaire entre les deux localités rivales fut traitée en « présence de noble *Raymond d'Orgueil* (1) damoiseau : « Mes Antoine *Cantagrel* et Barthélemy *Blandés*, prêtres ; « et Bertrand *Campastié*, tailleur de pierres de Montcuq. « Etienne *Stang* était alors consul de Bélaye. » (2)

*   *

Parmi les familles qui paraissent au cours de ces récits, la plus grosse part est nécessairement attribuée aux maisons nobles à cause que les documents dont nous disposons traitent principalement de leurs affaires. Mais à l'époque où nous sommes arrivés, nous rencon-

(1) Fils de Jean, Seigneur de Lauture, et neveu de Bertrand, sei gneur du Boulvé. — Communication personnelle de M. Taillefer.
(2) Communication à la Société des études du Lot, séance du 30 jan vier 1905.

trons un certain nombre de familles de la bourgeoisie ou du peuple que nous nous empressons de signaler ; plusieurs d'entre elles ont encore des représentants parmi nous.

M. Taillefer mentionne, en 1468, Arnaud *Maurel* comme bayle de Bélaye, avec Gasbert *Vernet*, Raymond des *Maynels* et Jean de *Lacombe*, comme consuls, réglant ensemble la tutelle des enfants de Jean des *Champs* (P. Sabaterie, A. 1466, 1478, f. 55).

Le 19 mars 1470, « Nobla dona *Aldeta Valeta* molher « que fo del noble homme en Guilhem Bertrand de « Guiscard de la Costa,.... arrendet, affeuset... à fios... « à Peyre *Meyssonié*, laborador qu'est à Bélayc... so es « a saber : una pessa de terra e de vinhal, pausada en « la parroquia de Sainct Anha de Bélayc, el terrador « (terroir) appelat à la *Fon Granda* de Bélayc... Présents : « Prud'hommes, Raymond *David*, du lieu de Floressas ; « Guillerme *Bodet* ou Boudet, du village de Lalande, « paroisse de Bélaye ; et *Gasbert* de Lagrèze. »

Dans un acte du 8 Décembre, même année, figurent comme témoins : Miquel de *Braquiet*, de la paroisse de Grézels ; Jean *Rigal*, du lieu de Lagardelle ; Bernard del *Capmas*, de Lagardelle.

Le 11 Janvier 1471, prud'homme Joan *la Parra*, tisserand, habitant au lieu de la Coste, prend à bail emphytéotique une pièce de terre et de bois dans la paroisse Saint-Hilaire de Grézels, au terroir appelé Costa-Cauda, en présence de probes hommes : Guill. de la *Barre*, Pierre del *Brolhet*, Antoine *Masacié*, du lieu de Grézels.

Un acte du 1er avril de la même année, mentionne parmi les témoins : prud'homme Bérenger (Brengarius) *Boyer*, lieutenant du Bayle (1) de Bélaye.

Acte du 10 Décembre 1473.... Témoins : Pierre et Etienne *Sélébran*, frères, habitants du Cayrou. Men-

(1) Officier de justice de l'Evêque.

tionnés : Gisco *Boyer*, de la Costa ; Margarita Boyera, sa filha... *Resejat...* (1)

Reconnaissance féodale du 28 septembre 1485.

« Au nom du Seigneur. Sachent tous et chacun, pré-
« sents et à venir, qui verront, liront ou entendront
« cet acte public,... que prud'homme Bernard de *Mont-*
« *ville*, tisserand, habitant du lieu de Bélaye, a, de son
« plein gré et libre volonté, tant pour lui que pour ses
« héritiers et successeurs, reconnu et confessé tenir en
« emphythéose et perpétuelle pagesie, selon les us et
« coutumes du dit Bélaye, de prud'homme Antonin
« *Delort*, marchand de Cahors, et Arnaud de *Monville*,
« habitant du dit Bélaye, ici présents et faisant par indi-
« vis tant pour eux que pour leurs héritiers et succes-
« seurs : une vigne située dans la paroisse d'Albas, au
« terrain appelé de *Balous*, confrontant du fond avec les
« vignes de Bernard *Segala* et Arnaud del *Puech Ihnar ;*
« au milieu et d'un côté avec la vigne de *Guill. Maurel ;*
« du chef, avec la vigne de Jean *Lafon*, sentier au milieu ;
« et de l'autre côté avec la vigne d'*Arnaud Maurel...*
« sous le cens et rente annuelle et perpétuelle de dix
« deniers et d'un carton de froment, mesure du dit lieu,
« à payer aux dits Delort et Monville par égales parties,
« savoir : le blé à la fête de la Nativité de la Sainte-
« Vierge du mois de septembre ; et l'argent à la fête de
« la Nativité de Notre-Seigneur ; avec l'acapte y appar-
« tenant à chaque mutation tant du seigneur que de
« l'emphytéote ; ainsi que les ventes, lausimes, investi-
« tures (2) et autres droits féodaux appartenant au dit

(1) Actes provenant des archives de Guiscard.
(2) Lorsque le propriétaire d'un fonds emphytéotique (par ex. Bernard Monville) vendait ce fonds, le seigneur (Delort et A. Monville)
pouvait l'acheter, de préférence à l'acquéreur, aux mêmes prix et
conditions. S'il renonçait à l'acheter, il en *investissait* l'acquéreur, qui
lui payait un droit dont le montant variait avec les lieux. V. Boutaric,
Traité des droits seigneuriaux, p. 297, 298.

« cens ; et a promis le dit Bernard de Monville reconnais-
« sant aux dits Delort et Montville, seigneurs féodaux de
« la dite vigne, être bon pagès et fidèle emphytéote (1).

Cet acte, outre qu'il nous révèle quelques noms du
pays, nous montre qu'un marchand, un simple roturier,
pouvaient posséder des fiefs et jouir des rentes et de
tous les autres droits féodaux y attachés, absolument de
la même manière que les nobles.

* * *

L'année 1492 fut marquée par un brillant mariage
dans la Maison de *Guiscard. Antoine*, damoiseau, seigneur de la Coste et la Laurie, de Montcuq, la Bourlic,
etc., épousa *Isabeau de Lomanhe*, « fille légitime de
« noble Jean de Lomanhe (2), et sœur de noble Jean de
« de Lomanhe, seigneur de Montagut, paroisse de
« Notre Dame des Gots, diocèse d'Agen. » Le contrat
eut lieu le 16 octobre, au Château de *Ferrières*, en Quercy,
où l'on avait réuni, pour cette circonstance, la noblesse
de la contrée. Voici, par ordre, les noms des signataires ;
Messire Bertrand de *Luzech*, chevalier, seigneur et baron
de Luzech ; Bernard de *Fumel*, seigneur et baron de
Fumel ; François de *Lézergues*, seigneur de Mauroux ;
Guilhem de *Salas* ou de Salis, seigneur de la Pile ;
Pons de Guiscard, seigneur de Lasbouygues ; Huc de
Salvezou ; Bernard de *Baynac*, seigneur de Floressas ;
Nicaise de *St-Gély*, seigneur de St-Pantaléon ; Joanot de
Montagut ; Hugon de *Buffet*, seigneur de Salvezou ; Flo-
rimon de *Monteil*, seigneur de Coissel ; *Roger d'Orgueil*,
licencié en l'un et l'autre droit, recteur de Toufailles ;
François *del Bosc*, seigneur del Bosc (3).

(1) Archives de la Mairie de Bélaye.
(2) Lomanhe ou Lomagne, près Lectoure. G. Lacoste, t. I, p. 401.
(3) Près Montcuq ; une autre branche de cette famille habitait
Cousserans.

Nous avons dit que les archiprêtres de Bélaye étaient en général des hommes distingués par leur naissance et par leur mérite. Nous avons vu aussi que souvent ils remplissaient des fonctions peu compatibles avec les devoirs du ministère paroissial. Dans ce cas, il se faisaient suppléer par des prêtres qui n'avaient ni un revenu fixe pour leur subsistance, ni une position stable ; ce qui n'était pas sans quelque détriment pour le bien spirituel des fidèles. C'est pour remédier à cet état de choses qu'en 1501, l'archiprêtre *Louis d'Hébrard de St-Sulpice* demanda au Souverain Pontife d'ériger à Bélaye une *vicaire perpétuelle*, dont le titulaire aurai¹ la charge des âmes, jouirait d'une pension déterminée, et serait en fait, curé du lieu. Le St Siège répondit par la Bulle suivante :

« Alexandre (VI), serviteur des serviteurs de Dieu. »

« A notre cher fils, l'Official (1) de Cahors, salut. »

. « De la part de nos chers fils, Louis d'Hébrard, recteur
« dit archiprêtre de l'Eglise paroissiale dite archiprêtré
« de St-Aignan de Bellaye, et *Jean de Teissendier*, prêtre
« du diocèse de Cahors, il nous a été exposé ce qui
« suit. »

« Si, dans la dite Eglise, à laquelle est annexée cano-
« niquement l'Eglise paroissiale de Notre Dame de
« Latour, du même diocèse, et que le dit Louis d'Hébrard
« gouverne en qualité de recteur, on érigeait une vicairie
« perpétuelle, pour un vicaire perpétuel, qui aurait la
« charge des âmes pour les dites églises ; — si cette
« charge des âmes était transférée entièrement à la
« vicairie ; — si les revenus ci-après désignés étaient

(1) Juge pour les causes ecclésiastiques.

« affectés à la dite vicairie pour la dotation et la subsis-
« tance du vicaire de l'Eglise de St-Aignan ; alors le dit
« Louis d'Hébrard, qui gouverne en ce moment l'église
« de St-Aignan, pourrait supporter plus facilement les
« charges qui lui incombent en raison de la dite Eglise
« et de son annexe ; il en résulterait honneur et beauté
« pour l'Eglise de St-Aignan ; et la charge des âmes,
« dans ces paroisses, serait mieux remplie par le dit
« vicaire. »

« C'est pourquoi les dits Louis d'Hébrard et Jean de
« Teyssendier nous supplient humblement : d'ériger
« dans l'Eglise de St-Aignan une vicairie perpétuelle ; —
« de lui assigner, après son érection, la maison ou cime-
« tière de l'Eglise de Notre Dame, dans laquelle les
« recteurs ont coutume d'habiter (1) ; et le pré situé dans
« la même paroisse, qu'ils ont coutume d'y jouir (2) ;
« de plus, six setiers de froment, et autant de froment de
« la meilleure qualité ; un setier de blé appelé balhiard ;
« un d'avoine, un de fèves, un de gesses, mesure de
« Bélaye ; une quarte de pois, une autre de maïs, même
« mesure ; et le dixième du chanvre de la *Laurie* (3) ;
« quatre charretées de paille ; quatre pipes de vin ;
« quatre porcs de lait ; et six agneaux ou chevreaux ; le
« tout n'excédant pas, au sentiment commun, la valeur
« annuelle de 24 ducats d'or de la Chambre apostolique ;
« les dits fruits à percevoir à perpétuité des revenus de
« l'Eglise St-Aignan et de son annexe, pour la dotation
« de la vicairie à ériger, et la subsistance du vicaire de
« l'Eglise de St-Aignan ; et à livrer tous les ans au dit

(1) L'ancienne maison presbytérale était contigue au cimetière et à
'Eglise, sur le côté gauche du chevet.
(2) Appelé *lou prat del Ritou* (le pré du Recteur), confrontait avec
l'étang du Moulin d'Anglars. (Cadastre de Bélaye, 1673, fol. 96).
(3) Lalaurie produisait encore beaucoup de chanvre en 1665, principalement au lieu de *Picassou*. (Cadastre de 1655).

« vicaire par le recteur de cette Eglise ; — de transférer
« la charge des âmes du dit recteur au dit vicaire ; —
« de pourvoir le dit Jean Teyssendier de cette vicairie,
« dès l'érection d'icelle ; — d'accorder à Louis d'Hébrard
« et à ses successeurs, les recteurs de l'Eglise de St-
« Aignan, le droit de patronat, et la faculté de présenter
« une personne idoine pour la dite vicairie toutes les
« fois qu'elle viendra à vaquer, excepté pour la première
« fois ; — mais de réserver à l'Evêque de Cahors le droit
« de donner l'institution (canonique) à la personne ainsi
« présentée comme vicaire perpétuel de l'Eglise de St-
« Aignan ; — et de faire droit de notre dignité aposto-
« lique, aux autres demandes ci-dessus exposées. »

« Nous donc, qui avons fort à cœur de voir fleurir et
« s'accroître en tous lieux la gloire et la beauté du culte
« divin, principalement en notre temps ; ayant une
« connaissance certaine des choses susdites ; et attendu
« que le dit Jean de Teyssendier nous a été grandement
« recommandé pour l'honnêteté de ses vie et mœurs,
« pour sa probité et autres vertus ; voulant, pour ces
« motifs, faire une grâce spéciale, ...nous accueillons
« favorablement la supplique, et nous vous mandons
« que sur tous et chacun de ces points vous fassiez ce
« qui vous paraîtra expédient. »

« Donné a Rome, près de St Pierre, l'an de l'Incarna-
« tion mil cinq cent un, et de notre règne le neuvième,
« la veille des nones d'Avril » (1).

*
* *

La Maison de Luzech eut la gloire de donner vers cette
époque au siège de Cahors un de ses évêques les plus

(1) Av. Lat. 1036, f. 176. Communication de M. l'abbé Albe.

distingués (1). *Antoine de Luzech* était fils de Guillaume, baron de Luzech, et de Finette de Rozet, fille et héritière de Pons de Rozet, seigneur de Lastours et jadis sénéchal du Quercy (2). Salvat nous apprend qu'« il se fit sacrer « dans l'Eglise de Puy-l'Evêque le 19 juin 1502, par les « Evêques de Montauban, Sarlat et Condom. La céré- « monie ne se fit pas à Cahors, parce que cette ville « était en ce moment décimée par la peste. Cette crainte « n'arrêta pas le prélat : le dimanche suivant il y fit son « entrée solennelle. Il fut accueilli par les unanimes « acclamations du peuple, saluant à la fois en lui le « compatriote, le pasteur et l'homme vaillant. »

Antoine travailla avec ardeur à la réforme de son clergé et à la sanctification de ses peuples. « Il visitait tout « son diocèse, dit Lacroix, exerçant sa juridiction dans « les villages, dans les bourgs et dans les villes ; véri- « fiant les torts par lui-même et non par des yeux étran- « gers ; appliquant le remède de sa propre main, et non « par une main étrangère. (3) »

Non moindre était son zèle pour la maison de Dieu. C'est lui qui fit construire les cloîtres de la *Cathédrale de Cahors*, vrai bijou d'architecture, et l'un des monuments les plus remarquables qui nous restent de cette époque. Par ses soins, des réparations très importantes furent faites à l'Eglise de *Thédirac*. Il remania de fond en com-

---

(1) Les barons de Luzech avaient pris part à la 1re Croisade. Dans la suite, ayant embrassé la cause des Comtes de Toulouse, dans l'affaire des Albigeois, leur situation en fut sensiblement réduite. Cependant cette Maison gardait encore une grande importance. « Elle était fort illustre dans notre pays, dit G. Lacroix, et même très célèbre dans toute la France. » Jacques de Luzech en fut le dernier représentant direct. Sa veuve, Jaquette de Gourdon-Génouillac, donna en 1617 tous les biens qu'il lui avait laissés à son second mari, le Comte de Rasti- gnac, qui devint ainsi baron de Luzech.

(2) Pons de Rozet avait épousé Catherine de Guiscard, comme il a été dit plus haut.

(3) T. 2, p. 333.

ble l'Eglise du Monastère de *Catus*, dont il était prieur commendataire : c'est aujourd'hui l'Eglise paroissiale. Parmi ces grands travaux, il n'oublia pas la petite chapelle où il était allé, tout enfant, invoquer *Notre-Dame-de-L'Ile*. L'ancien oratoire menaçait ruine ; il le fit raser et sur son emplacement il éleva la gracieuse chapelle qui subsiste encore aujourd'hui (1504). Depuis, quand on construisit les sacristies, on retrouva les substructions de l'ancien édifice.

Antoine de Luzech faisait sa résidence ordinaire au château d'*Albas*. Il exécuta dans ce vieux manoir divers travaux importants, notamment un bel escalier qui fut terminé en 1504, et il fit de cet édifice un monument qui passait pour un chef-d'œuvre de l'architecture à cette époque. Il le mit en état de soutenir un siège.

C'est là que ce prélat mourut le 31 mai, 1509. « Soun « corps fouet pourtat lou jour de Moussur Sant Clar, « premié jour de jun, en la présent cioutat de Cahors, en « grossas honors as el fachas, tant per los senhors del « païs que des Messiurs de la villa ; lo qual corps intret « devers la Barra, et fouet pourtat à la gleya cathé- « drala, et sebelit davan lou grand autar Sant Estéphé « (Saint-Etienne) (1). »

Ses restes furent mis au jour, avec sa crosse et quelques lambeaux de vêtements, en 1876, à l'occasion des fouilles que fit pratiquer Mgr Grimardias pour la construction du caveau funèbre des évêques de Cahors. Le squelette indiquait un homme de petite taille. (2)

*
* *

Le 13 juin 1522, Damoiselle *Finette de Guiscard* passait

---

(1) Registre chronologique de l'Hôtel-de-Ville de Cahors.
(2) Voir G. Lacroix, tr. Ayma, T. 2, p. 333 et suivantes ; — et G. Lacoste, T. 1, p. 450 ; T. 2, p. 224 ; T. 4, p. 24 et 55.

son contrat de mariage avec noble *Pierre de Prayssas*, seigneur de Quissac. Parmi les articles qui composaient sa dot, il en est plusieurs qui concernent son habillement, et qui méritent d'être rapportés. La pièce est un mélange de latin, de langue vulgaire et même de français : nous allons la transcrire telle qu'elle se trouve dans les archives de la Maison... « Pro vestibus (pour « les habits) : unam raupam (1) de damas, foderatam « sive duplicatam (doublée) de panne (étoffe) de Lom- « bardie ; et unam cotam (2) de satin.... unam raupam « de camelot tané, foderatam (doublée) d'anhelz (laine « d'agneaux) de Bigorra ; et unam cotam de damas... « unam raupam panni nigri (étoffe noire) de Paris, fo- « deratam de tafatas de Gennes ; et unam cotam d'escar- « lata... unam raupam de demi-ostada tanée. Item, ung « manchon de velours, et ung manchon de satin, et « deux chaperons de velours doublés de satin, et cor- « nettes de velours doublées de satin. »

Vers ce même temps, une ombre vint ternir quelques instants l'éclat de la Maison de Guiscard. « *Paul de Carreto* était alors (1526) évêque de Cahors. *Guillaume de Leyge.* son vicaire général, dut poursuivre des crimes horribles qu'avaient commis dans les terres de l'Evêché *Antoine, Jacques* et *Bertrand de Guiscard*, fils d'Antoine seigneur de la Coste, de concert avec deux bâtards d'Antoine de Guiscard-Lalaurie, leur aïeul. Les coupables furent bannis à perpétuité du royaume, et leurs biens confisqués par arrêt du Parlement. Pour répéter les frais de la procédure, qui s'élevèrent à plus de mille livres tournois, les gens de l'Evêque attaquèrent la succession du père des condamnés. *Jean* de Guiscard, leur frère,

(1) Raupa ou rauba, robe.
(2) Cota, ou cotta, signifie jupe ; d'où l'on a fait le diminutif *Coutillou*, jupon.

qui l'avait recueillie, s'engagea à les payer, par acte
passé à Albas, entre Guill. de Leyge et lui, le 18 octobre
1526. Il devait donner : 500 livres à l'Evêque, pour injure,
dommages et dépens ; 200 à Guill. Cazals sergent ; 50 à
Arnaud Olières, vitrier d'Albas, et 25 à Jean Garrigues.
Ce seigneur n'avait point trempé dans les crimes de ses
frères. C'était un gentilhomme plein d'honneur, qui servit avec distinction dans les guerres contre Charles-
Quint, comme on le voit dans les archives de sa maison
et dans son testament, qu'il fit la veille de son départ
pour l'armée du Roi. *Jean*, son fils ainé, et son héritier,
se maria en 1529 avec *Souveraine de Genouilllac*, fille de
noble et puissant seigneur Jean Richard II de Genouillac, chevalier, baron de Gourdon, seigneur de Genouillac et Vaillac. Il devint *un des Cent gentilshommes de la
Maison du Roi* (1), et, pour soutenir son état, il fut obligé
de vendre beaucoup de biens, entre autres ceux de
Montcuq. » (2)

*
* *

« Les Etats du Quercy furent convoqués en 1543....
« On y lut un rapport sur les travaux faits pendant le
« cours de l'année pour faciliter la navigation du
« Lot : il s'agissait de rochers ou balmes (3) écrasées à
« Cessac, à l'Angle, à Luzech et à Bélaye. Ces travaux
« continnèrent jusqu'en 1544. » (4).

---

(1) Les cent gentilshommes composaient la garde personnelle du Roi.
(2) G. Lacoste, T 4, p. 57, 58. — L'auteur ne s'explique pas sur la
nature des crimes commis par les Guiscard.
(3) Les Balmes sont des bancs de pierre peu épais, qui se trouvent à
fleur de terre ou à fleur d'eau.
(4) G. Lacoste, t. 4, p. 74.

CHAPITRE XIII

Guerres de religion. — Préliminaires. — Duras pille Douelle, Albas, Castelfranc, etc. — Le château de Lacoste est pris et ruiné. — La St-Barthélémy. — Bélaye pris par les protestants de Tournon. — Il est recouvré par les catholiques. — Le capitaine Treps surprend le Fort de Bélaye. — Longues négociations pour l'en déloger. — Le Sénéchal démolit les fortifications. — Prise de Cahors par Henri IV. — Attaque contre Puy-l'Evêque. — L'Evêque se retire à Albas. — Tentative de Guiscard contre la Tour de Bélaye. — La paix.

Depuis un siècle, le Quercy vivait dans une paix profonde ; il avait pu relever ses ruines et retrouver son ancienne prospérité. Mais voici venir *les guerres de religion* ; et, de nouveau, la mort, le pillage et l'incendie fondent sur notre malheureuse province : Bélaye en eut sa large part.

C'est vers l'an 1543 que les idées nouvelles firent leur apparition parmi nous. A *Cahors*, on signale déjà quelques manifestations de peu d'importance. Aux *Junies*, un étudiant nommé *Lincolis*, fut arrêté et condamné à faire amende honorable devant l'Eglise de cette paroisse, après avoir été convaincu d'y avoir enseigné publiquement la nouvelle doctrine.

Peu après, des prédicateurs de l'hérésie pénétrèrent dans les villes et les campagnes, sous prétexte d'instruire la jeunesse, et y séduisirent beaucoup de personnes.

Le mouvement protestant ne fut pas que religieux ; il fut encore politique et social.

La noblesse y contribua pour une grande part. Plusieurs des principaux seigneurs du royaume embrassèrent la Réforme ; et, mécontents de voir le gouvernement passé tout entier aux mains de Catherine de Médicis et de la famille de Guise, ils se déclarèrent ouvertement contre la Cour. C'étaient : un membre de la famille royale, le Prince de Condé ; Antoine de Bourbon, roi de Navarre ; l'amiral de Coligny et son frère d'Andelot, colonel général de l'infanterie.

Un grand nombre des seigneurs du Quercy marchèrent à leur suite. *Jeanne de Genouillac*, qui depuis la mort de Charles de Crussol, son époux, s'était retirée au château d'*Assier*, et P*hilippe* Comte *du Rhin*, son second mari, furent les premiers à se déclarer pour Condé. En embrassant le parti de ce prince, ils changèrent de religion ; et Jeanne, força ses vasseaux à pratiquer le nouveau culte. Parmi les nobles de la région qui suivirent leur exemple, il faut citer : le baron de *Durfort*, seigneur de Boissières ; le chevalier de *Montlauzun*, des environs de Montcuq ; et le baron de *Vivans*, seigneur de Bagat.

Le ministre *Vigneau* de Montauban, porta la nouvelle doctrine à *Montcuq*, dont plusieurs habitants se laissèrent séduire. « Les ministres, dit l'historien du Quercy (1)

____

(1) T. 4, p. 132, 136,

« bannissaient la confession, le carême et les autres jours
« d'abstinence, déclamaient contre les idolâtres, ne
« criaient que liberté, promettaient toute exemption de
« tailles et de dîmes, et rendaient le chemin du ciel plus
« aisé que les catholiques... Les ministres faisaient
« entendre au peuple crédule que le nouvel Evangile
« abolissait les rentes et les dîmes, ainsi que les monas-
« tères ; autorisait l'envahissement des biens du clergé
« régulier et séculier, et que les églises n'étaient que des
« temples d'idoles. » Ces excitations ne tardèrent pas à
porter leurs fruits : bientôt on ne compta plus les églises
profanées, les prêtres et les religieux massacrés, ce qui
donna lieu au proverbe quercynois : *Capela te fas, penjat
te bési* (1).

De grands troubles eurent lieu à *Cahors* en 1560.

L'année suivante, les protestants de *Fumel* assiégèrent
leur seigneur dans son château, le blessèrent d'un coup
d'arquebuse pendant qu'il regardait par une petite ouverture, forcèrent son dernier refuge et l'égorgèrent sans
pitié. Puis ils lui arrachèrent le cœur et l'attachèrent à
un mur ou ils tiraient au blanc, en criant : « Montre-
nous dans la Bible que nous devons te payer les
rentes ! » (2)

* *

La Cour s'émut à la nouvelle de tant d'excès, et songea
enfin à les réprimer. Vers la fin de 1561, le fameux
Blaise de Montluc fut nommé commissaire du Roi en
Guienne ; mais il ne se rendit que fort tard sur les lieux.
En attendant son arrivée, les Calvinistes ne perdirent
pas de temps. *Durfort-Duras* et *Dubordet*, deux de leurs

(1) Cathala, Coture, t. 2, p. 419.
(2) Voir G. Lacoste, t. 4. p. 139 et Cathala-Couture, t. 2. p. 405.

meilleurs capitaines, gagnèrent les côtes du Lot dans l'intention de s'emparer de Cahors. Mais un chef catholique, le capitaine de *Saint-Orens*, ayant eu connaissance de leur projet, marcha sur Cahors toute la nuit et arriva avant le jour aux portes de la ville. Il trouva les habitants prêts à fuir et à se sauver dans les montagnes. Il les avait à peine rassurés que l'ennemi parut. Mais voyant que les troupes catholiques étaient considérables, et pressés d'ailleurs de regagner le Bas-Quercy, Duras et Dubordet se détournèrent, et, suivant la rive droite du Lot, ils passèrent cette rivière à gué au-dessous de Mercuès, et allèrent à *Douelle*, à *Albas* et à *Castelfranc*, qu'ils livrèrent au pillage (1562).

Dans le cours de cette même année, les Protestants, sous la conduite de Duras, prirent *Lauzerte*. Plus de 500 hommes y furent égorgés et la magnifique église dédiée à la Vierge fut absolument détruite.

Duras s'empara ensuite de *Gourdon* ; puis de *Roc-Amadour*, où le capitaine *Bessonies* se signala par sa barbarie et son impiété.

Enfin il s'empara de *Caussade* et détruisit presque entièrement cette ville. Tous les ecclésiastiques furent précipités du haut du clocher et écrasés sur le pavé.

Duras périt au siège d'Orléans (février 1563), à l'âge de 40 ans. Simphorien de Durfort, seigneur de Duras, gentilhomme ordinaire de la Maison du Roi, avait embrassé de bonne heure la Religion nouvelle, et il était devenu un des plus redoutables chefs des Huguenots. Il appartenait, ainsi que le baron de Boissières, à la même famille que ce Durfort qui avait autrefois saccagé et incendié Bélaye.

***

« La vaillante Maison de Guiscard se montra constam-

« ment fidèle à la cause orthodoxe. *Jean II* du nom,
« seigneur de la Coste-Grézels et de Lagardelle, et l'un
« des Cent gentilshommes de la chambre du Roi, reçut
« pour récompense, des mains de Blaise de Montluc,
« l'énergique chef des troupes catholiques en Guienne,
« suivant un titre daté du 15 novembre 1567, certains
« biens des « *séditieux qui avaient porté les armes contre*
« *Sa Majesté.* » Les séditieux ne tardèrent pas à prendre
« leur revanche à ses dépends : un très curieux compte
« de tutelle rendu à ses trois fils par la veuve, *Françoise*
« *de Labarthe,* le 17 février 1595, constate que quelques
« années auparavant, le manoir de la Coste avait été
« pillé et ruiné par *ceux de la Religion prétendue réformée*
« (Cartulaire de Guiscard, n° 44). De là vint sans doute
« la nécessité de réédifier ce château, déjà si gravement
« endommagé du temps des Anglais, sur le plan relati-
« vement moderne où nous le voyons aujourd'hui. L'en-
« ceinte fortifiée de la cour d'honneur, flanquée de deux
« tours angulaires, provient seule des constructions an-
« térieures. » (1).

Guill. Lacoste prétend, au contraire, que la Maison de
Guiscard embrassa la cause Calviniste. Voici comment
il raconte la chose : « Après le massacre de la Saint-
« Barthélemy (1572), les Montalbanais furent consternés.
« *Reyniez,* les voyant abattus, envoya des exprès au
« *Vicomte de Gourdon,* retiré dans son château de Céne-
« vières, et à *Jean de Guiscard* Lacoste-Grézels, qui était
« à Tournon, en les priant de venir promptement les
« rejoindre. Ils répondirent à son appel, et arrivèrent à
« Montauban, avec quelques cuirassiers. Reyniez pro-
« posa alors aux habitants de Montauban de prendre les
« armes ; mais croyant leur parti entièrement perdu, ils
« ne voulurent pas le faire. Ces seigneurs sortirent alors

(1) Charles Deloncle, p. 48.

« de la ville, et en chemin ayant rencontré *Géraud de*
« *Lomagne,* seigneur de Sérignac, avec sa compagnie et
« la cornette noire de Montluc, commandée par *Fonte-*
« *nille,* ils l'attaquèrent, le mirent en fuite, et ramenèrent
« à Montauban plusieurs prisonniers. » (1).

Notre historien commet évidemment une confusion de
nom : ce Jean de Guiscard, qui alla donner des secours
aux Montalbanais, n'était pas le seigneur de la Coste,
mais quelque autre membre de cette famille (2). En effet,
c'est postérieurement à la Saint-Barthélemy que les
Calvinistes détruisirent le château de la Coste : pourquoi
auraient-ils pillé et saccagé l'asile d'un de leurs plus
chauds partisans ? D'ailleurs, — et ceci tranche la question, — il résulte de certaines pièces que nous produi-
rons bientôt, que *Jean III,* qui avait succédé à son père
en 1569, demeura jusqu'à la fin un très ardent ligueur.

*
* *

Le parti protestant gagnait peu à peu du terrain dans
notre région. Dès l'année 1569, il possédait déjà aux
environs de Bélaye : *Bagat, Saint-Pantaléon, Montlauzun,
Montcuq, Lauzerte* et *Tournon.* Tous ces lieux étaient
fortifiés et pourvus d'une garnison capable de les défendre, et au besoin de tenter un coup de main contre les
catholiques. La présence de ces troupes dans un rayon
aussi rapproché constituait une menace permanente
pour Bélaye, et aurait dû tenir ses habitants dans une
continuelle défiance.

La nouvelle du massacre de *Saint-Barthélémy* jeta
d'abord dans la consternation les protestants du Quercy.

(1) T. 4, p. 214.
(2) Sans doute un Guiscard de *Cavagnac,* près Vayrac, dont la
maison était apparentée au vicomte de Turenne, le chef du parti
protestant dans le Haut-Quercy et le Bas-Limousin.

Mais, bientôt revenus de leur stupeur, ils ne songèrent plus qu'à venger leurs frères. *Bélaye* fut une de leurs premières victimes. Les huguenots de *Tournon* s'emparèrent de la petite place et des églises fortifiées de cette contrée, comme *Ségos*, *Sérignac*, etc. (1572). Les historiens de notre Province ne nous ont laissé aucun détail, ni sur la prise de la ville, ni sur la conduite des hérétiques à l'égard des vaincus. Selon toute apparence, ils se livrèrent aux excès qu'ils avaient coutume de commettre en pareil cas. Tout porte même à croire qu'ils mirent le feu à la *Grande Eglise*, et que ce fut par l'effet de l'incendie que les voûtes de la nef principale s'effondrèrent. C'est ainsi qu'ils avaient agi à Lauzerte, à Saint-Maurice, à Villedieu et dans une foule d'autres localités. D'ailleurs, nous avons vu que l'Eglise de Bélaye, bâtie dans des conditions de solidité remarquable, n'avait été terminée que vers 1460. D'autre part, le Pouillé du chanoine *Dumas*, de 1679, nous apprend qu'à cette date, — c'est-à-dire 200 ans après, — « l'Eglise de Saint-Aignan, qui est « près de la porte du lieu de Bélaye, du côté du cou- « chant, est présentement découverte *(sine tecto)* ; et que « les murs restent encore à peu près entiers. » A quelle cause faut-il attribuer la chute de cet édifice ? On peut en invoquer d'autres, sans doute, mais l'hypothèse d'un incendie paraît la plus vraisemblable.

Quoique il en soit, les Calvinistes, une fois maîtres de Bélaye, en firent un refuge d'où ils allaient piller et dévaster les lieux circonvoisins.

Dans une lettre attestatoire du Sénéchal, *Antoine Gilibert de Cardaillac*, établissant l'impossibilité de lever les impôts, on lit... « que les Huguenots tiennent de « toutes parts, tant villes, bourgades, châteaux, forts et « places qu'ils occupaient depuis longtemps y a, que « d'autres qu'ils ont pris, comme : *Bélaye, Lauzerte*, etc.,

« et plusieurs autres villes et places qu'ils tiennent,
« faisant courses près des portes de Cahors, et quasi
« tous les jours tuant les passants ou les faisant prison-
« niers, et iceux amenant en leurs forts, ou les rançon-
« nant, de manière qu'il n'est pas possible de sortir de
« la dite ville (de Cahors), ni y venir sans grand danger.
« Du 1er mars 1575. » (1). Nous ignorons à quelle date
prit fin l'occupation de Bélaye. Nous savons seulement
par les documents qui vont suivre qu'au commencement
de mai 1579, la place était entre les mains des catholiques.

*
* *

L'édit de *Poitiers* (17 septembre 1577) suspendit quelques temps les hostilités entre catholiques et protestants.

En 1579, Catherine de Médicis se rendit à Nérac,
auprès d'Henri IV, alors roi de Navarre et conclut avec
lui un traité qui confirmait l'édit de Poitiers et l'étendait
d'une manière favorable aux Calvinistes.

A peine cet acte de pacification était-il signé qu'un
aventurier, le capitaine *Treps*, foulant aux pieds la foi
jurée, se jeta sur le *Fort* de Bélaye, le trouva sans défiance
et mal gardé, et s'en empara sans coup férir. C'était au
mois de mai 1579. Il fallut de longues négociations et
l'intervention de plusieurs grands personnages pour
amener cette troupe à vider les lieux. Un ouvrage paru
récemment, *Les guerres de Religion, d'après les papiers
des Seigneurs de Saint-Sulpice*, par Edmond Cabié, ne
renferme pas moins de treize lettres à ce sujet.

Le 22 mai, le *vicomte de Turenne*, chef du parti protestant en Quercy, écrit aux envahisseurs. « Capitaine et
« soldats, ayant entendu que vous vous étiez emparé,
« de ces jours, de Bélaye, place qui est à M. de Cahors,

______

(1) Archives de la Préfecture du Lot, série F. n° 107.

« je n'ai pu penser à quelle occasion vous avez fait cela,
« qui a été cause que je vous ai envoyé incontinent ce
« porteur, l'un de mes secrétaires, afin d'en savoir
« l'occasion ; et, l'ayant sue, aviser comme j'en devrai
« procéder. Cependant, avisez bien de vous comporter
« sagement sans courre ni ravager, ni faire chose dont
« vous puissiez être en peine, jusqu'à ce que vous ayez
« de mes nouvelles, priant Dieu vous avoir en sa sainte
« garde. » Turenne ajoute de sa main : « Tels attentats
« ne pourraient être que fort aprement reprins, quelque
« occasion que vous en puissiez avoir ; toutefois je ne
« veux procéder que je n'aye entendu vos raisons,
« lesquelles ne peuvent être guère bonnes. Votre bon
« amy, Turenne. »

Quelques jours plus tard, le *Vicomte de Gourdon* et M.
de Scorbiac, (1) se rendent à Bélaye pour parlementer
avec les gens du Fort et les engager à vider les lieux ;
mais ceux-ci répondent « qu'ils se sont retirés là-dedans
« pour éviter la fureur de la justice, parce qu'on les fait
« poursuivre par les prévôts et qu'ils ne veulent point
« quitter Bélaye qu'ils n'aient assurance pour pouvoir
« demeurer en leurs maisons sans être recherchés ; et
« aussi qu'ils veulent avoir commandement de M. de
« Turenne ; et, pour ce faire, lui dépêchent deux hommes
« de cette ville, un catholique et un huguenot. »

Le vicomte de Turenne, apprenant que les usurpa-
teurs se couvrent de son autorité pour différer de vider
les lieux, écrit le 2 juin à *J. de St-Sulpice*, père de
l'Evêque, et administrateur du temporel de l'Evêché.
« J'ai été extrêmement marri que ceux qui sont dans
« Bélaye se soient couverts de mon nom pour autoriser

---

(1) Le vic. de Gourdon, de Sorbiac et J. de St-Sulpice étaient les
trois commissaires nommés par le Roi, en Quercy, pour l'exécution du
traité de Nérac et le rétablissement de la paix,

« leur forfait et ne vouloir point obéir sous l'ombre de
« la lettre que je leur avais écrite.... vous assurant que
« rien ne m'est plus cher que de voir la paix bien éta-
« blie. Pour ce faire, je suis prêt, toutes les fois et
« quantes que j'en serai requis, de monter à cheval et
« courre sus à telles gens que cela, leur envoyant au
« reste un de mes gens pour leur faire entendre combien
« ils se sont trompés de se faire forts de mon autorité,
« et que, s'ils n'obéissent, ils n'auront pas un plus grand
« ennemi que moi. »

Vers le même temps, J. de St-Sulpice avait chargé
M. *de Gironde*, marquis de *Montcléra*, en résidence au
château de *Floiras*, de s'entremettre auprès des envahisseurs. Le 7 juin, M. de Gironde lui rend compte de sa
mission. « Depuis le commandement qu'il vous plut me
« faire de remontrer à ceux de Bélaye le tort qu'ils
« s'étaient fait de s'en être saisis, rompant l'édit de paix,
« et depuis, j'ai continué par plusieurs fois et même
« parlé à ceux qui commandent que sur le doute qu'ils
« font à leur vie, vous les feriez remettre à leur maison
« en toute sûreté. Je suis assuré qu'ils se repentent, bien
« qu'ils n'aient obéi dès la première fois, comme il y en
« a une partie qui désirait le faire ; mais ils doutent
« grandement les menaces que M. de Turenne leur fait,
« vers le quel il ont envoyé et n'en attendent que la
« réponse, pour se résoudre à ce qu'ils doivent faire ;
« et m'ont mandé qu'ils me le manderont promptement
« (dès) qu'il sera venu, afin de vous en avertir. Et,
« craignant la colère du dit sieur de Turenne, comme
« de même ils pensent être assiégés, ils se remparent tant
« qu'ils peuvent.... Ecrit à notre Fleuras. Montcléra. »

Le roi de France lui-même, Henri III, a fort à cœur
l'évacuation du Fort de Bélaye. Le 12 juin, il écrit de
Paris à J. de St-Sulpice. « Je suis très marri de la lon-

« gueur de la quelle l'on use journellement à l'établisse-
« ment de la paix. Cela est cause des entreprises qui se
« font, lesquelles rendent cette exécution de plus en plus
« difficile, aux dépends de mon pauvre peuple. Vous
« avez très bien fait d'avoir averti soudainement le
« vicomte de Turenne de la prise du lieu de Bélaïc, dont
« je me veux promettre qu'il fera faire restitution et
« punition des auteurs d'icelle, ce dont je vous prie
« continuer de le solliciter ; et, quand vous aurez eu
« réponse de la dépêche qui a été sur cela faite au Roi
« de Navarre, tenir main que les choses s'exécutent
« promptement et ainsi qu'il appartiendra, faisant, de
« votre part, effectuer ce qui a été promis par la confé-
« rence de Nérac. HENRI. »

Le 13 juin, *P. de Tuscan*, vicaire général de Cahors,
écrit aux commissaires nommés par le Roi pour l'exécution de l'Edit en Quercy. « Suivant votre ordonnance,
« ayant été assemblés dans Cahors pour aviser des
« moyens que le pays pourrait avoir pour la reprise de
« Bélaïc, où M. le Sénéchal est pour assembler les forces
« qui sont nécessaires, les députés du pays ont avisé
« vous écrire la présente pour vous avertir de la dite
« assemblée et de ce qui a été résolu et arrêté, savoir :
« que le pays est en bonne volonté de faire tout ce qu'il
« conviendra pour l'exécution de vos ordonnances pour
« le fait du dit Bélaïc »

J. de St-Sulpice tient la Reine Mère, *Catherine de
Médicis*, au courant de l'affaire. Il lui écrit le 16 juin.
« Le 27 du mois passé, nous nous trouvâmes, MM. le
« vicomte de Gourdon et de Scorbiac, à Cahors, pour
« continuer l'exécution de la paix, comme je l'avais
« auparavant commencé ; et, étant sur le point de nous
« acheminer, nous avons été retardés pour avoir été
« pris, par ceux du parti contraire, un lieu bien fort

« nommé Bélayc, appartenant à l'Evêque de Cahors, et
« qui importe grandement pour la sûreté de ce pays...
« M. le vicomte de Turenne y a envoyé par deux fois, n'y
« ayant pu rien avancer... M. *de Biron* en a averti le Roi
« de Navarre, mais n'en avons point encore de réponse...
« Ne pouvant aucunement persuader ni divertir ceux de
« Bélayc de leur mauvaise intention, l'on a été d'avis
« d'essayer par la force ce que nous n'avons pu obtenir
« de leur bonne volonté, de sorte que le Sénéchal du
« Quercy a apprêté déjà des forces et fait état de mener
« le canon pour les déloger de là. » (1).

Le 17 juin, le Roi de Navarre écrit au capitaine Treps.
« Capitaine Treps, ayant entendu le refus que vous avez
« fait aux commissaires députés pour l'établissement de
« la paix en Languedoc, de rendre le Fort de Bélaïc que
« vous détenez, quelques remontrances qui vous en
« aient été faites par les dits commissaires, et par les
« sieurs Vicomte de Gourdon et Scorbiac, vous ayant
« aussi M. le Vicomte de Turenne amplement écrit et
« envoyé l'un des siens exprès vers vous pour cet effet ;
« je vous ai bien voulu dire que je l'ai trouvé très mau-
« vais, vous enjoignant et commandant trés expressé-
« ment que vous ayez incontinent, la présente reçue, à
« sortir du dit Fort, ensemble ceux qui y sont entrés
« avec vous, et celui fort quitter et abandonner, sans y
« faire aucun dégât ; car, où vous y ferez faute, vous
« pouvez vous assurer qu'il ne vous en peut venir et à
« ceux qui y sont, qu'un trés grand malheur, et ne
« pourrai faire moins que d'en faire telle punition que
« tout autre particulier n'entreprendra jamais d'inter-
« rompre la paix qu'il n'y prenne exemple, sans que
« vous ni les autres puissiez espérer pouvoir obtenir

______

(1) Saint-Sulpice ignore à ce moment que les protestants ont évacué
le Fort.

« aucun aveu, grâce ni faveur. L'assurance que j'ai que
« suivrez ma volonté m'empêchera de vous en faire plus
« longue lettre que pour prier Dieu vous donner, capi-
« taine Treps, heureuse et longue vie. Ecrit à Nérac.
« Votre bon amy, HENRY. »

Quand cette lettre arriva à Bélaye, le 23 juin, Treps et
ses hommes avaient vidé les lieux. C'est ce que nous
apprend une lettre du 22 juin, adressée par J. de Saint-
Sulpice au Roi de France, Henri III. « Ceux qui s'étaient
« emparés de la forteresse de Bélaïc l'ont quittée quand
« ils ont vu que c'était à bon escient qu'on les voulait
« faire déloger. »

Le sénéchal, *J. de Vesins* (1), put donc entrer dans l e
Port sans éprouver de résistance. Mais ce n'était pas
tout d'avoir repris la place ; il fallait encore la mettre e n
état de se défendre contre un nouveau coup de main,
et par conséquent la pourvoir d'une garnison. Or, ni le
Roi de France, ni l'Evêque ne disposaient des ressources
nécessaires. D'autre part, la petite ville, parfaitement
protégée, offrait à l'ennemi un lieu de refuge dont il
pourrait s'emparer facilement, et d'où il serait ensuite
malaisé de l'expulser. Que faire dans des circonstances
si difficiles ? Le Sénéchal prit un parti extrême, le seul
que commandait l'intérêt de la religion et du Roi : il fit
démanteler la place. Le 17 juin, il écrivit de Bélaye à
MM. de St-Sulpice, le vicomte de Gourdon et de Scorbiac,
commissaires du Roi, chargés de l'exécution de l'édit de
Nérac pour l'établissement de la paix. « L'homme que
« j'avais envoyé vers le maréchal de Biron m'est venu
« trouver en ce lieu, où j'ai été surpris de n'avoir papier
« honnête pour vous écrire que ce petit bout (une demi-
« feuille in-4°). Toutefois, ayant trouvé un mémoire
« dans le dit paquet, qu'est de conséquence pour M. de

(1) Le brave mais infortuné défenseur de Cahors, l'année suivante.

« St-Sulpice, je l'ai dépêché diligemment à Cahors, pour
« vous faire tenir le dit paquet. Quant à moi, je suis
« après à faire démanteler ce fort de Bélaye, et est fort
« avancé, et espère dans deux ou trois jours y avoir mis
« fin, et ne faudrai incontinent vous aller trouver. Je
« n'ai failli, suivant l'intention de M. le Maréchal,
« comme il mande par sa lettre, de faire le moindre
« frais qu'il m'a été possible au pays ; si bien qu'un
« chacun en sera content. N'ayant que petit papier, je
« ferai fin de cette présente, après m'être recommandé,
« etc. De Bélaye. Votre très-humble et très-obéissant
« serviteur à vous faire service. *De Vesins.* »

L'Evêque, à qui de Vesins ne manqua pas de faire
connaître sa détermination, reconnut qu'il avait dû
céder à la force des circonstances ; et, dans une lettre
datée de Paris, 4 août 1579, il remercia le Sénéchal de la
reprise de Bélaye, ainsi que des autres bons offices qu'il
avait reçus de lui (1). Tel fut, pour notre petite place, le
triste effet de la guerre civile. Ces murs que les habitants
de Bélaye avaient élevés à grands frais, que Durfort avait
restaurés avec soin et que les Huguenots avaient res-
pectés, nos pères durent les voir renversés par une main
amie !

* *
*

L'année suivante, 1580, un coup terrible fut porté à la
cause catholique dans le Quercy : *Cahors* fut pris par
Henri IV, encore roi de Navarre, après six jours de
combats acharnés, pendant lesquels des ruisseaux de
sang coulèrent dans la ville.

A partir de ce jour, les Calvinistes devinrent de plus
en plus entreprenants dans notre Province. Formés en

(2) Voir G. Lacoste, t. 4, p. 206 à 247.

différents partis, ils tenaient constamment la campagne, se portant tantôt sur un point, tantôt sur un autre. En 1583, un corps de cavalerie fort de 500 lances, sous les ordres de *Roquefort-Laforce*, tenta de s'emparer de *Puy-l'Evêque*. On avait amené un canon de Villefranche-de-Belvès et l'attaque commença le 10 juin, jour de la Pentecôte. Elle fut dirigée principalement contre l'Eglise, que les catholiques avaient fortifiée. Il y fut tiré 130 coups de canon ; mais, voyant que, malgré cela, les habitants se défendaient avec la même opiniâtreté, et que *Montpezat*, qui tenait pour la Ligue en Quercy, venait à leur secours, Laforce se hâta de lever le siège (1). « Notre Eglise, dit M. Deloncle, garde dans les meur-« trissures de sa surface septentrionale, les traces non « équivoques du canon protestant. Tout le milieu de ce « bas-côté fut tellement ébrêché qu'on dût le recons-« truire en y encastrant des débris de portes et de fenê-« tres : c'est aujourd'hui la chapelle de la Vierge. »

*
* *

Le diocèse de Cahors avait alors à sa tête un prélat aussi éminent par sa science que par ses vertus, *Antoine Hébrard*, de l'illustre famille des barons *de St-Sulpice* (1577-1600). N'ayant pu persuader aux Cadurciens de se détacher de la Ligue, qu'il estimait être en ce moment plus politique que religieuse ; et ne se croyant pas d'ailleurs en sûreté dans sa ville épiscopale, il se retira dans son château d'*Albas*. C'est là que pendant près de six ans (1588-1594) il chercha dans la prière et l'étude une diversion à la pensée des maux de son peuple, qu'il était impuissant de soulager. Il y mourut le 26 juillet, 1600 (2).

(1) G. Lacoste, t. 4, p. 277.
(2) G. Lacroix, trad. Ayma, t. 2, p. 380, 381.

* * *

Autant l'Evêque de Cahors était peu sympathique à la Ligue, autant *Jean III de Guiscard* en était le partisan résolu. C'est ce qui explique le coup de main que ce seigneur tenta sur la *Tour de l'Evêque*, à Bélaye, en 1590.

De tous les ouvrages fortifiés dont se composait l'ancienne place, le Sénéchal n'avait épargné que cet édifice, qui était situé à l'extrémité du Château épiscopal, du côté de la Cévenne et sur le bord du fossé. Il servait d'asile aux villageois de la juridiction et des lieux circonvoisins, qui venaient s'y réfugier avec quelques meubles et quelques animaux, lors des courses que les religionnaires, et principalement ceux de Tournon, faisaient dans ces parages. L'Evêque y entretenait à ses frais une petite garnison.

Le mardi, 20 novembre, jour d'audience à Bélaye, plusieurs officiers de justice allèrent, dans l'après-midi, prendre une réfection dans l'auberge de Philippe *Bel*. C'étaient, entre autres : Me Pierre du *Barriet* (ou Barriety) notaire d'Albas, et greffier ordinaire des juridictions de la Chatellenie de Bélaye ; Me Jean *Garrigou*, substitut du procureur d'office en la juridiction de Castelfranc, qui était venu remplir l'office d'avocat ; et Me Raymond *Jaussen*, substitut du procureur d'office en la juridiction de Bélaye.

Tandis qu'ils sont à table, survient J. de Guiscard, seigneur de la Coste, accompagné de dix à douze soldats, tant à pied qu'à cheval, armés d'arquebuses et de pistolets, parmi lesquels on reconnait le capitaine *Paponet* ; un certain *Pézet*, de la Religion prétendue réformée et de la garnison de Tournon ; *Lissandre* (Alexandre) *Garrigou*, de Pescadoires ; Pierre *Delbruel*, fils del Paquetayre, de Grézels ; *Charlou, la Rusque*, etc. Ces gens étant, entrés dans l'auberge, se mettent à table avec les officiers de justice ; et, quand ils ont bu, Guiscard prend par le bras Raymond Jaussen, et le tire dehors, en disant qu'il veut lui parler en particulier.

Les officiers de justice qui se trouvent dans l'auberge, voyant qu'on cherche à les empêcher de sortir, sont pris de peur et tâchent de s'esquiver. Barriety se sauve par une petite fenêtre qui donne sur la Cévenne. Garrigou parvient à s'échapper de la maison, gagne le Costal, s'enfuit à toutes jambes le long de la Cévenne, passe le Lot sur un petit bâteau et va se réfugier dans sa maison.

En attendant, Guiscard avait conduit Raymond Jaussen au détour du château de l'Evêque, et proche la tour où commandait Louis Jaussen, son frère, couturier de Bélaye. Arrivé en cet endroit, le seigneur de la Coste dit à Raymond qu'il veut entrer dans la tour, et que, foi de gentilhomme, son frère Louis, qui la commande, en sortira ou qu'il va le tuer lui-même. Raymond lui répond que la tour appartient à M. de Cahors, et que de sa part il leur a été commandé de n'y laisser entrer personne. Sur ce, Guiscard le prend au collet, insistant pour qu'il lui fasse permettre l'entrée de la tour. Mais, n'en pouvant rien obtenir, il crie à Louis de venir lui ouvrir, sinon il va faire périr son frère ; et aussitôt Pézet se met à le menacer avec son arme. Louis lui répond qu'il peut bien tuer son frère, mais que, pour lui, quand il devrait lui en coûter la vie, il n'ouvrira jamais la tour à personne au monde, autrement que par l'ordre de l'Evêque, pour lequel, tant lui que son frère Raymond, la tiennent et la gardent ; que d'ailleurs, s'il le faisait, l'Evêque son maître le ferait pendre, s'il s'emparait de sa personne.

Alors, la petite troupe fait un grand tumulte au pied de la tour, et tente, mais vainement, de la forcer. Voyant ses efforts inutiles, Guiscard amène Raymond Jaussen au Château de la Coste, et l'y retient prisonnier jusqu'au lendemain, où il le fait relâcher sans lui faire aucun mal.

Le lendemain 21 novembre, une enquête fut ouverte sur ces faits à *Albas*, par-devant Me Pierre *Brugel*, bachelier en droit, lieutenant de juge en la cour ordinaire du dit lieu, assisté de Me Ant. *Bonamy*, greffier en la même cour. C'est du procès-verbal même de l'enquête que nous avons extrait, mot pour mot, le récit que l'on vient de lire.

Guiscard comprit qu'il se trouvait dans un mauvais cas, attendu qu'il était le vassal de l'Evêque, à qui il devait hommage et fidélité. C'est pourquoi, déclinant la juridiction épiscopale, il porta l'affaire devant le Marquis *de Villars*, chef des Ligueurs, gouverneur e lieutenant général des armées du Roi en Guyenne, alléguant pour raison qu'il s'agissait de *faits de guerre*. Il dit dans sa supplique que « s'il a tenté de surprendre « la Tour de Bélaye, il ne l'a fait que pour empêcher les « hérétiques de s'en emparer, comme s'étaient jactés, il « en avait plusieurs avis ; qu'il se proposait de tenir là « dite Tour sous l'obéissance et du parti de la Sainte- « Union ; et que, du reste, il avait eu, pour ce faire, aveu « et commandement des supérieurs. ». Cette même pièce nous apprend qu'il portait les armes contre les hérétiques au siège de *Domme*, quand il fut touché par l'assignation ; que ses biens avaient été saisis et ses députés séquestrés ; enfin, que les soldats qui l'avaient accompagné à Bélaye étaient recherchés et poursuivis comme complices.

Nous ne savons comment se termina l'affaire ; mais tout porte à croire qu'elle n'eût pas de suites fâcheuses pour Guiscard, puisque, peu d'années après, nous le voyons comblé des faveurs du Roi (1).

(1) Les pièces concernant cette affaire appartiennent aux archives de la famille de La Sudrie.

* *
*

Pendant que ces menus faits se passaient à Bélaye, de graves événements avaient lieu, qui exerçaient une action décisive sur les destinées de la France.

Depuis la prise de Cahors, Henri IV marchait de succès en succès. En 1587, il bat le duc de Joyeuse à Coutras. Aux Arques, il écrase Mayenne et les Ligueurs (1589). Ensuite il reçoit la soumission de la Bretagne et de la Normandie. Il bat encore Mayenne à Ivry en 1590. Puis, la mort le délivre de son rival au trône, le prétendu Charles X. Alors il abjure le protestantisme à St-Denis (1593), et se fait sacrer à Chartres. L'année suivante il fait son entrée à Paris.

Une fois maître du royaume, Henri IV rendit enfin à ses peuples la paix religieuse, par la publication de l'*Edit de Nantes* (1598), qui accordait aux Protestants la liberté de conscience dans toute la France.

CHAPITRE XIV

La Famille de Guiscard se divise en trois branches. — Les Guiscard de la Bourlie. — Derniers Guiscard.

Pendant les guerres de religion, la Maison de Guiscard avait acquis une importance considérable. Nous avons déjà vu que *Jean*, deuxième du nom, était un des cent gentilshommes de la Maison du Roi ; et, qu'en considération des services qu'il avait rendus à l'Eglise et à la Monarchie, le Roi lui avait fait don, le 16 mars 1567, par les mains de Blaise de Montluc, lieutenant-général en Guyenne, de tous les biens meubles des séditieux de cette province qui avaient porté les armes contre sa Majesté. Il mourut en 1569, laissant trois fils, dont chacun forma une branche particulière de la famille de Guiscard, savoir : *Jean III,* qui succéda à son père dans la seigneurie de la Coste, et constitua la branche aînée ; — autre *Jean*, qui fut la tige des seigneurs de Pech-de-Sirech et de Bar ; — et *Gabriel*, l'auteur de la 3e branche, dite de la Bourlie.

* * *

Jean III transigea, le 17 février 1592, avec Jean et Gabriel ses frères, au sujet de la succession de leur père. Il leur céda le château du *Cayrou*, alors paroisse de Prayssac, et le tènement du village de *Pech-de-Sirech*. Il transigea encore avec Gabriel, le 24 novembre 1596, au sujet de *la Laurie*. En considération de ses services, le Roi lui permit de chasser sur ses terres avec arquebuse (1) (Brevet du 22 novembre 1599). Il mourut en 1614. Il avait épousé en 1582 demoiselle *Ysabeau de la Sudrie*, fille de Bertrand, chevalier, seigneur de Calvayrac et de Glatens.

Jean IV, son fils, lui succéda, avec les titres de chevalier, seigneur de la Coste Grézels, la Laurie et Pons. Le 9 mai 1623, il vendit à Jean *Gasc*, marchand de Villefranche-de-Rouergue : le domaine du *Carla* ou *Pons*, comportant le travail d'une paire de bœufs, avec la maison et château de ce lieu ; — les rentes du tènement de *Bru*, dans la paroisse de Farguettes; — celles du moulin de *Pichot*, dans le fief de Bru, et du moulin de Bru sur le ruisseau de la Baudenque ; — la 8e partie du moulin de Pons sur le même ruisseau ; — enfin, quelques terres des environs ; — le tout pour la somme de 3,000 livres tournois, avec faculté de rachat pendant 15 ans. Il dut effectivement racheter ces biens, puisque ses successeurs en portèrent le titre. — Le 7 août 1637, le Roi lui écrivit au sujet des soins qu'il avait pris d'arrêter une révolte en Périgord. En 1638, il fut fait capitaine d'une compagnie de cavalerie de cent hommes d'armes. Il avait épousé Jeanne *du Tillet d'Orgueil*, fille de Georges, baron d'Orgueil, Mauroux, Thozac, la Capelle et le Thoron.

(1) Arme à feu ; c'était l'ancien fusil.

Georges, seigneur de la Coste, la Laurie, Pons et St-Jean, capitaine d'une compagnie de cavalerie, racheta de son oncle Gabriel la terre de la Laurie. Il mourut en 1695.

François prit les titres de seigneur de la Coste, la Laurie, Pons et St-Jean. Il mourut en 1734 et fut enterré dans l'Eglise de Grézels.

François-Gaston, seigneur de la Coste, la Laurie, Pons, Arvieux et Bru, appelé le *Marquis de la Bourlie*, fut lieutenant au régiment de Normandie.

Jean-Louis, appelé le Comte de Guiscard, page du Roi en 1739 ; fit la campagne de 1744, comme aide-de-camp du duc d'Aumont ; fut fait, le 2 janvier 1745, capitaine au Régiment de Rohan, et passa au régiment de Broglie. En août 1745, le Roi lui fit présent d'une épée de guerre. Il épousa, le 11 mars 1750, Demoiselle *Marie-Anne de Cadrieu* et ajouta à ses nom et armes les nom et armes de Cadrieu. En leur faveur, la terre de Puy-Calvary, près de Tournon en Agenais, fut érigée en Comté sur la tête du *Comte de Guiscard*.

** **

La seconde branche prit le nom de *Pech-de-Sirech* et de *Bar*. *Jean* de Guiscard, son fondateur, se qualifiait de : seigneur de la Vercantière, Rampoux, St-Martin, Montcornel, Pech-de-Sirech, et co-seigneur du Cayrou. Il transigea le 4 avril 1596 avec son frère Gabriel et retint tout le village de Pech-de-Sirech (1). Il épousa Demoiselle *Marie de St-Astier*, qui lui apporta en dot la seigneurie de *Bar*, près de Puy-l'Evêque.

Jean, leur fils, seigneur de Pech-de-Sirech et de Bar, rendit hommage à l'Evêque de Cahors en 1650. Il fut

(1) Près St-Jean-de-Grézels.

enterré à Courbenac. Il avait épousé en 1658 *Marie de Ramon de Folmon d'Auty*.

François-Gaston, seigneur de Pech-de-Sirech, Bar et Courbenac, épousa *Jeanne de Rondanes*; testa en 1734.

Raymond, seigneur de Bar, capitaine des canonniers dans Royal-artillerie, au service depuis 1710, chevalier de St-Louis en 1742.

Son fils *Georges*, né en 1744, lui succéda comme seigneur de Bar.

*
* *

La 3ᵉ branche, dite de *la Bourlie,* fut de beaucoup la plus illustre. On croit généralement qu'elle tire son nom du petit village du Bourrillou, sis en amont de Cousserans et sur la paroisse de Latour. M. Deloncle (1) n'a pas le moindre doute à cet égard. « Lorsque on remonte « le riant vallon de Latour, après avoir salué les « demeures hospitalières de Floyras et des Albenquats, « et dépassé Cousserans, joli donjon du XVᵉ siècle, on « découvre un vieux moulin tapi sur le ruisseau et « quelques masures. C'est le hameau de la Bourelie « ou de la Bourlie ; persone ne se douterait, à l'humble « aspect du lieu, qu'il fut l'apanage de l'un des seigneurs « de la cour de Louis XIV. »

Cette opinion, fondée uniquement sur une consonnance ou similitude de noms, est absolument erronée : les archives de la Maison de Guiscard ne laissent aucun doute sur ce point. Nous trouvons en effet dans un acte du 29 mai 1265 : « e la pessa de tera e pratz sobredigz es en la *peroquia de Rofiac* en la *Borelia*. » Un acte du 24 juin 1267 porte : « e la terra dessus dicha es en la « peroquia de *la Gleia de Rofiac,* al *Pueg* de la *Borelia.* »

(1) Puy-l'Evêque et ses environs, p. 55.

La veille des calendes de décembre 1292, Dame Hélène de Guiscard, épouse de Bernard de Grézels, recon-
« naît avoir reçu de Bernard de Guiscard, son frère,
« trois mille sous caorsens et cent sous caorsens de
« rente qui lui avaient été assignés sur la moitié du
« *mas de la Borrelie* situé dans la *paroisse de Rouffiac.* »
Enfin, un dénombrement de la Laurie, du 10 octobre 1607, passé par Raym. Jaussen, notaire de Bélaye, porte que « l'entier tènement appelé de *Bruel* et de *la Bourelhe*
« est tout en la paroisse de Rouffiac et juridiction de la
« Laurie, avec toute justice haute, moyenne et basse. »
— D'après ces actes, le mas de la Bourlie était un pech ou monticule situé dans la paroisse de Rouffiac et proche le lieu de Bruel. Or ces circonstances ne peuvent en aucune manière convenir au Bourrillou ; mais elles semblent désigner le village qui porte aujourd'hui le nom de *Gayrac.*

*
* *

Le fondateur de la branche de la Bourlie fut *Gabriel de Guiscard,* seigneur du Cayrou et de la Gardelle, co-seigneur de la Laurie et de Montcornel. Il transigea le 4 avril 1596 avec Jean son frère au sujet de la succession de leur père. Par cette transaction, le château du Cayrou lui resta. Il rendit hommage au Roi pour la Laurie, le 18 janvier 1607 ; et à l'Evêque de Cahors en 1611 pour le lieu du Cayrou, sis dans la juridiction de Puy-l'Evêque, et pour les autres héritages qu'il tenait de lui en franc-fief, dans les paroisses de Bovila et Farguettes, et dans la juridiction de Bélaïc. Il mourut en 1630, et fut enterré en l'Eglise St-Sauveur de Puy-l'Evêque.

Il avait épousé, en 1589, *Anne de Laquai,* fille de Jean, seigneur de Bourville, de laquelle il eut neuf enfants :

1. *Jean,* seigneur du Cayrou, qui épousa *Anne de*

Thémines, fille naturelle du maréchal de Thémines (1). Il fut tué en 1625, à la prise de St-Paul-de-Damiate.

2. *Arnaud*, seigneur de la Gardelle, du Cayrou, de Bruel (2), la Laurie, et Puy-Calvary ; lieutenant-colonel du régiment de Vaillac, gentilhomme ordinaire de la Chambre du Roi. En 1658, il vendit le château et repaire noble du Cayrou aux Chanoines réguliers du couvent de Notre-Dame de Cahors, 42,000 livres.

3. *Jean*, seigneur de Bovila, curé de Floressas.

4. *Jean*, curé de Sauzet, prieur de Rampoux, puis curé de Grézels.

5. *Georges*, qui suit.

6. *Joseph*, seigneur de la Roquerie, maître d'hôtel ordinaire du Roi.

7. *Hélène*, qui épousa Marc de Cadrieu de Puylaunis, maréchal de camp.

8. *Melchiore*, religieuse d'Issendolus, supérieure de St-Jean à Toulouse.

** **

Georges, dit le Comte de la Bourlie, né le 9 août 1606, éleva sa maison au faîte des honneurs. Il fut : comte de Neuvy-sur-Loire, seigneur de la Bourlie, de la

(1) Anne de Thémines fut légitimée. Elle fonda à Albas une communauté de réligieuses dites *Mirepoises*, pour l'instruction gratuite des petites filles pauvres.

(2) Inféodatiou du tènement de Bruel, du 24 décembre 1225. « Sciendum est.... qu'en B. de Guiscart donet et afeuzet lo campmas « del Bruclh, que es en la hoi or de Bélaïc, queste (qui se tient) d'una « part ab la serva, e d'autra part ab l'estrada (chemin) que sen va ver « Boviilar, e tesse (se tient) daver lo cap ab la terra d'en B. de Mont-« pilla, aviaut e quant ni podio ni deu per tots locs, an G. dal Costal, « metcis (lui-même) e a son ordeuh, per 5 sols d'acapte a senhor mudau, « e per 5 sols de ces (cens ou rente) en cadan a Nadal ; e manda « bouna guirensa (garantie) de se metcis e de tots los seos (siens), e de « tots homes e de totas fennas ; e de part de senhoria, sa senhoria « salva. Testes sunt : A. de St-Gily, en B. Faure, en A. de Tania. « Arnaldy Commia notari de Montcuq. »

Selle, de la Boulerie, de Foudrinoy, de Puy-Calvary et en partie de la Laurie ; *sous-gouverneur du Roi Louis XIV* ; conseiller d'Etat ; gouverneur et grand bailly Sédan ; commandant de Raucourt, de St-Manger, de Donchery, de Monzon, de Dunkerque ; *lieutenant-général des armées du Roi*.

Il se distingua en 1637, à la descente des Iles de Ste-Marguerite et St-Honorat, où il eut la jambe cassée d'un coup de mousquet. Se signala au siège d'Arras (1640), aux batailles de Rocroi (1643) et Lens (1648). Fut fait en 1639 capitaine d'une compagnie de chevau-légers ; passa capitaine dans Coislin-Cavalerie. Il obtint du Roi en 1644 une pension de 2.000 livres, en considération de plusieurs années de service et de ses blessures. Fut nommé en 1647 sergent de bataille, puis lieutenant du Roi au gouvernement de Courtray ; sous-gouverneur de Louis XIV, en 1648 ; et enfin maréchal de bataille, conseiller d'Etat en 1649. Maréchal de camp en 1651. Enfin, le Roi transforma en pension viagère les 7.000 livres qu'il recevait comme sous-gouverneur.

Il reçut en 1662 commission du Roi pour commander dans le gouvernement de Sedan. Il fut nommé en 1669 bailly de Sedan ; en 1672, commandant de la ville et citadelle de Dunkerque et Furnes. En 1673, il battit près de Furnes, à la tête seulement de 130 maîtres, mille hommes ennemis, dont plus de 500 restèrent sur place, et fit 84 prisonniers.

Le Roi réunit à son commandement de Sedan celui de la principauté de Carignan.

Il vendit, le 1er février 1686, la moitié de la terre et seigneurie de la *Laurie* à Georges de Guiscard, seigneur de la Coste, de la branche aînée, et à François son fils. L'acte de vente (1) renferme quelques particularités

____

(1) Communiqué par M. l'abbé Foissac.

intéressantes. « Haut et puissant seigneur, Messire Louis,
« Comte de Guiscard, chevalier, colonel du régiment de
« Normandie, demeurant à Paris ; et Messire Antoine de
« Guiscard, abbé de N^e-D^e de Bonnecombe, frères ; — et
« Messire Jean-Georges de Guiscard, chevalier, seigneur
« de la Bourlie, capitaine au Régiment des gardes,
« faisant tant pour lui que pour haut et puissant sei-
« gneur Messire Georges de Guiscard, Comte de la Bour-
« lie, etc., conseiller du Roi en ses conseils, lieutenant
« général de ses armées, grand sénéchal et gouverneur
« des villes de Sedan, etc. -- les quels, comme ayant le
« droit et cause de défunt Messire Arnaud de Guiscard,
« sieur de la Gardelle, aumônier du Roi, co-seigneur de
« Puy-Calvary et de la Laurie, — ont solidairement fait
« vente à Messires Georges de Guiscard, seigneur de la
« Coste, et François de Guiscard, seigneur de St-Jean,
« père et fils, co-seigneurs du lieu de la Laurie, habitants
« de leur château de la Coste, — de la moitié de l'entière
« terre et seigneurie du dit la Laurie, située dans la
« paroisse de Latour, consistant en la moitié du château
« de la Laurie (1), rentes, moulin (2), prés, etc. et de
« l'entier domaine en dépendant, avec la moitié de toute
« la justice haute, moyenne et basse, à eux appartenant,
« et au dit seigneur Comte de la Bourlie, leur père,
« l'autre moitié de la dite terre et seigneurie appartenant
« d'ancienneté aux dits seigneurs de la Coste et de St-
« Jean, — et ce, moyennant le prix de 7.000 livres bien

(1) Le Château de la Laurie subsiste encore, en très bon état. C'es t
une grande maison carrée, aux angles arrondis, sans aucune tour. Les
murs très-épais ont été ralaissés d'un à deux mètres dans le cours du
siècle dernier. A l'intérieur, rien de remarquable, si ce n'est une grande
cheminée à colonnes, très-complète, avec un écu vide au milieu. Les
caves sont voûtées ; sous le compartiment Ouest se trouve un souter-
rain sans issue connue, qui se révèle par un bruit sourd, quand on
frappe le sol.

(2) Près Cousserans ; est appelé encore le Moulin de la Laurie ou
la Mouline.

« comptées en louis d'or, pistoles du coin d'Espagne,
« louis, demi-louis d'argent, etc. reçu par le dit seigneur
« Jean-Georges de Guiscard, promettant d'employer cette
« somme au payement de ce qu'il doit de sa charge de
« capitaine au Régiment des gardes... La dite moitié de
« la Laurie quitte de toutes charges, sauf de rendre
« l'hommage dû au Roi, à raison de la dite seigneurie
« et des biens nobles en dépendant... La dite somme de
« 7.000 livres provient des deniers qui leur ont été
« comptés ce jourd'hui par Noble *Bern. de Laroche-*
« *Lambert,* chanoine en l'église cathédrale ; noble *Gas-*
« *pard de Laroche-Lambert,* sieur de la Boissière ; et
« D^lle *Marie de Filhol,* veuve de noble *Pierre Dablanc,*
« secrétaire en la chancellerie de la Cour des Aydes de
« Montauban, seigneuresse d'Anglars. »

Georges de Guiscard, comte de la Bourlie, mourut le
9 décembre 1693, à l'âge de 87 ans et 4 mois, entouré de
l'estime universelle.

« C'était un des plus sages hommes du Royaume, »
dit Voltaire dans son *Siècle de Louis XIV.*

Notre historien Cathala-Coture lui décerne, à son tour,
de grands éloges. « La fortune, dit-il, sembla vouloir lui
« faire acheter d'abord les faveurs qu'elle lui préparait.
« Georges de Guiscard mérita la confiance de la Reine
« régente, qui le nomma sous-gouverneur du Roi en
« 1648. La Providence, disent les historiens, sembla
« veiller sur la France d'une manière particulière, en
« permettant que dans ce temps de troubles et de cabales,
« les trois sujets du royaume les plus recommandables
« par leur intégrité et leur sagesse, Villeroy, Guiscard et
« Péréfixe, fussent chargés d'une éducation si précieuse
« à l'Etat. Guiscard fut fait, peu de temps après, Con-
« seiller d'Etat et Maréchal de camp. Nommé pour com-
« mander à Sedan, place importante par sa proximité

« des Pays-Bas, et où il s'agissait de contenir un peuple
« peu accoutumé à la domination française, il sut y faire
« aimer et respecter le monarque qu'il y représentait, et
« qui, pour récompenser ses services, le fit grand bailli
« de cette ville et ensuite gouverneur. Devenu enfin
« lieutenant général (des armées du Roi), il fut chargé
« du commandement des villes de Dunkerque, Bergues,
« Furnes, Gravelines, et des troupes qui gardaient la
« frontière, tandis que Louis XIV entrait dans la Hol-
« lande, qu'il conquit en entier dans une seule cam-
« pagne. Mais, les revers ayant suivi de près les succès,
« et presque avec autant de rapidité, les Français furent
« repoussés dans la Flandre, et obligés de se tenir sur la
« défensive. Guiscard soutint le choc des ennemis sans
« se laisser entamer. Il eut même quelque avantage, et
« conserva avec gloire la partie qui lui avait été confiée.
« Accablé enfin sous le poids des années et en butte aux
« infirmités de la vieillesse, Guiscard se retira dans ses
« terres, où il jouit, jusqu'à la fin de sa vie, de la réputa-
« tion d'un des hommes les plus sages du royaume. » (1).

Georges de Guiscard avait épousé en 1648 D^lle *Geneviève de Longueval*, dont il eut trois enfants : Louis, Jean-Georges et Antoine.

* *

Louis, dit le Comte de Guiscard, né à Puy-l'Evêque le 27 septembre 1651, maintint dignement la gloire de sa maison. Il fut : marquis de Guiscard et Magny, comte de Neuvy et de Puy-Calvary, seigneur de Foudrinoy, la Bourlie etc. ; chevalier ; commandeur des ordres du Roi ; *lieutenant-général de ses armées ; ambassadeur en Suède ;* gouverneur de Sedan et de Namur, etc.

En 1671, il fut capitaine d'une compagnie au régiment

---

(1) Histoire du Quercy, t. iii, p. 44.

des Vaisseaux-Infanterie ; — servit aux sièges d'Orsoy, Rhimbourg, Déesburg, Zutphen, en 1672 ; — à ceux d'Hunna et de Maëstricht, en 1673. Colonel du régiment de Normandie en 1674. Il entra dans Graves, qui était investie, et où se trouvait son régiment ; il força une garde dont il mena 16 prisonniers dans la place, avec 30 maîtres de la garnison de Maseyeli, qu'il avait pris comme escorte ; il fut blessé dangereusement d'un coup de mousquet dans l'aisselle sur la fin du siège, où il commandait l'infanterie. Il fut aux sièges de Limbourg, en 1675 ; de Bouchin en 1676, où il fut blessé. A la bataille de Consarbrück, après avoir rallié les débris de l'armée, il revint à Thionville en bon ordre, avec 4 à 5 mille hommes qu'il avait conservés au milieu d'une vive attaque dans une retraite difficile. Il servit aux sièges de Kelh, Fribourg, Luxembourg, Philipsbürg.

En 1689, il fut fait brigadier d'infanterie et inspecteur général d'infanterie.

Nommé commandant de Dinan en 1690, il reçut du Roi une gratification de 9.000 livres.

Maréchal de camp en 1690, le Roi lui donna le gouvernement de Sedan, dont son père se démit en sa faveur ; et le gouvernement de Namur. En 1693, il commanda, en qualité de lieutenant général, à Namur (1), Dinan, Charlemont, Philippeville. A la bataille de Nerwinde, il

« (1) La ville de Namur capitula le 4 août 1695 après un mois de
« siège. Tout se passa entre l'Electeur de Bavière et Guiscard, qui
« signèrent. Guiscard avait perdu 1200 hommes. Ce qui était sain se
« retira du château .. Le maréchal de Villeroy eut ordre de tout tenter
« pour le secours de Namur. Le secours demeura impossible ; l'armée
« s'éloigna, et le château, après avoir pensé être emporté aux deux derniers
« assauts, capitula pour sortir le 5 septembre, n'ayant pas 3.000 hom-
« mes en santé de toute la garnison... La capitulation fut honorable.
« Guiscard vint tout de suite rendre compte de cet évènement au Ro'...
« En arrivant, il fut déclaré chevalier de l'Ordre pour la première fête. »
(Saint-Simon, *Mémoires*, ch. XXXI).

défit avec quelques cavaliers 16 escadrons et 2.000 hommes de pied qui attaquaient un convoi.

Des lettres patentes de 1694 érigèrent Puy-Calvary en Comté.

En 1695, il était colonel d'un régiment en Hainaut, et obtint une pension de 12.000 livres. En 1696, il fut commandeur des Ordres du Roi. En 1698, ambassadeur en Suède.

Ayant acquis du Duc de Chevreuse, la terre et ségneurie de Magny, en Picardie, avec divers fiefs, — et du Roi, à titre d'échange, une portion du domaine de Chauny, — il obtint en 1703 l'érection de tout ce domaine en marquisat sous le nom de *Guiscard*. (1) Il mourut en 1720.

Il avait épousé, le 24 février 1677, D^{lle} *Angélique de Langlée*, fille de Claude, maréchal général des logis des camps et armées du Roi, de laquelle il eut deux enfants : *Louis Auguste*, qui mourut à l'âge de 19 ans, et *Catherine*, Marquise de Guiscard, qui épousa *Louis Marie d'Aumont*, marquis de Villequier, depuis Duc d'Aumont, pair de France, premier gentilhomme de la Chambre du Roi.

Le Comte Louis de Guiscard est compté à juste titre parmi les hommes célèbres de notre Province. (2)

(1) Guiscard, aujourd'hui chef-lieu de Canton, département de l'Oise. Restes de l'ancien château.

(2) Saint Simon donne quelques détails intéressants sur le Comte de Guiscard et sa famille. « Ses deux frères (Jean et Antoine) furent de « cruels pendants d'oreilles pour Guiscard leur aîné, dans sa fortune et « sa richesse. Leur père qui s'appelait *La Bourlie*, qui est leur nom, était « un gentilhomme de valeur, qui avait aidé à mon père et qui en eut « le don de quelques métairies au marais de Blaye, en Agenais, lorsque « mon père avait pris soin de le faire dessécher.... Guiscard (Louis) « mourut en ce temps-ci, 1720.... Il avait eu plus de malheur que de « part à la défaite de maréchal de Villeroy à Ramillies (1706) ; mais « il ne put revenir sur l'eau. Il était fort des amis du maréchal de « Villeroy qui, après son retour dans la faveur du Roi par Mme de « Maintenon, eut grand peine à obtenir qu'il revint à la Cour. Le Roi « l'y reçut mal et il ne put revenir sur son compte. Il était frère de

Jean-Georges, second fils de Georges de Guiscard et frère du précédent, né en 1657, se fit appeler le *marquis de la Bourlie*. Il fut seigneur de Neuvy, de la Selle et de la Bourlie. Étant enseigne colonelle du régiment de Normandie, à la défense de Graves, il fut blessé d'un coup de mousquet à la tête. Il fut capitaine au régiment des Gardes, reçut une blessure au siège d'Ypres, devient colonel du régiment de Normandie, mourut en 1712 (1).

* *
*

Antoine, troisième fils de Georges de Guiscard, né le 27 septembre 1658, fut appelé d'abord l'*Abbé de la Bourlie*. Il fut nommé par le Roi en 1672 abbé de Bonnecombe en Rouergue, et prieur de Dieu-en-souvienne en Barrois.

« La honte dont ce malheureux se couvrit, dit le généa-
« logiste de la Maison de Guiscard, semblerait exiger
« qu'on ensevelit sa mémoire dans un profond oubli ;

« ces deux scélérats de la Bourlie dont il a été parlé ici. Guiscard
« était bonhomme, honnête homme, doux et d'un commerce agréable
« et fort honorable. Avec ses biens, son cordon bleu, ses amis, car il
« en avait, l'alliance de sa fille, il se pouvait passer de la Cour, et mener
« une vie agréable. Mais il avait de l'honneur et de l'ambition. Sa
« disgrâce troublait tout son repos et tous les agréments de l'état où sa
« fortune l'avait mis. La mort du Roi et le brillant du maréchal de
« Villeroy dans la Régence, avaient fait renaître ses espérances. Il se
« flatta longtemps je ne sais de quoi ni pourquoi. Voyant enfin qu'on
« ne songeait à lui pour rien, il se retira tout à fait en Picardie, auprès
« de Chaulnes, dans une terre qui s'appelait Magny, à qui il avait fait
« donner le nom de Guiscard, dont il avait rendu la demeure fort
« agréable. La mélancolie le gagna de plus en plus. Au bout de 18
« mois, il mourut à 70 ou 72 ans. » (Mémoire, ch. DLV.)

(1) « Celui-ci venait d'en faire plus d'une : c'était un homme d'une
« grande valeur, mais un brigand, et d'ailleurs intraitable. Il avait le
« régiment de Normandie, qu'il quitta pour de fâcheuses affaires qu'il
« s'y fit, et se retira dans sa Province. Quelques temps après, il fut
« volé dans sa maison ; il soupçonna un maître-valet à qui, de son
« autorité privée, il fit donner en sa présence une rude question. Cette
« affaire éclata et en renouvela d'autres fort vilaines qui s'étaient assou-
« pies. Il fut arrêté et amené à Paris, à la conciergerie... » (Saint-
Simon, Mémoires, ch. CXXXIV.)

« mais sa conduite en fit une espèce de monstre qu'on
» est bien aise de voir, quoique il inspire de l'horreur. »
  « Oubliant tout ce qu'il devait à Dieu, à son prince
« et à sa famille, il se jeta en 1704 parmi les Camisards,
« ces fanatiques des Cévennes, pour entretenir leur
« révolte ; et l'on prétend qu'il fit imprimer à ce sujet un
« mémoire dont il eut la hardiesse d'envoyer des copies
« au Parlement de Toulouse. Il erra ensuite en diverses
« provinces, et trouva enfin le moyen de sortir du royau-
« me sous un déguisement. La rébellion des Camisards
« paraissant comme éteinte, l'Abbé passa en Hollande
« pour trouver le moyen de la ranimer. Il s'y fit appeler
« *Marquis de Guiscard*, et obtint des Etats généraux une
« commission avec l'argent nécessaire pour la levée de
« 2.000 hommes, qui devaient être rejoints par quatre
« régiments d'infanterie anglaise et deux de dragons.
« Avec ce corps de troupes, il ne se promettait pas moins
« que de rentrer en France et d'y exciter un soulévement
« général. On prit des mesures pour l'embarquement, et
« la descente devait se faire dans des endroits où il avait
« de secrétes intelligences. Mais il n'y eut rien d'exécuté,
« et les intelligences furent découvertes. Le traitre ne se
« rebuta pas. Il passa en Angleterre en 1706. Là, devenu
« colonel de dragons, il eut de fréquentes conférences
« avec milord Marlborough, et pendant que la reine
« Anne armait une flotte considérable pour faire irrup-
« tion en France, il répandit un manifeste par lequel il
« fit tout espérer aux Religionnaires français, mais sur-
« tout le rétablissement de l'Edit de Nantes. Cependant
« ses projets s'en allèrent en fumée, et l'Angleterre se
« refroidit à son égard. Il y avait donné lieu. De mauvais
« propos tenus par lui contre lord Marlboroug et d'autres
« officiers généraux, furent cause qu'une pension de 500
« livres sterling qu'on lui servait fut réduite à 400 (ce qui
« ne revenait qu'à 5.600 livres de France). Il s'en plai-

« gnit ; on lui répondit que, dans des temps fâcheux,
« 400 livres suffisaient pour faire subsister un homme
« qui avait toujours été, et était encore, inutile à l'Etat.
« Il ne put digérer cet affront, et le dépit qu'il en conçut
« le jeta dans de nouvelles intrigues qui le conduisirent
« à sa perte. Violemment soupçonné de mauvais com-
« plots, il fut arrêté, le 19 mars 1711, dans le Parc de St-
« James et conduit dans le bureau de M^e St-Jean, secrétaire
« d'Etat, où s'étaient rassemblés plusieurs membres du
« Conseil privé. On l'interrogea sur ses correspon-
« dances, il nia qu'il en eût aucune. Ses lettres avaient
« été interceptées ; on les lui présenta, en le traitant d'in-
« grat, de traître et de perfide. Couvert de confusion et
« outré de colère, il se saisit d'un canif dont il blessa
« dangereusement celui qui venait de lui faire de si
« sanglants reproches ; et se mit en même temps en
« devoir de poignarder les autres ; mais il reçut lui-
« même un coup d'épée dont il mourut dans la prison
« de Neugate, le 28 du même mois. Son corps, dont on
« arracha les entrailles, fut imbibé de vinaigre, couvert
« de poivre, de sel et autres drogues propres à le conser-
« ver sans corruption. On le destinait à quelque traite-
« ment ignominieux ; mais comme par l'examen qu'on
« fit des lois d'Angleterre, on n'en trouva aucune pour
« intenter procès à un corps mort, à l'exception de celle
« contre l'usurpateur Cromwel, meurtrier, par la main
« du bourreau, de son roi Charles Ier, qui ne pouvait
« pas s'appliquer à d'autres crimes, le Conseil de la
« Reine ordonna au geôlier de faire enterrer le corps de
« l'Abbé dit le Marquis de Guiscard, ce qui fut exécuté sans
« bruit et de grand matin dans l'hôpital de l'Eglise du
« Christ, dépendant de la prison. On raya même du bil
« qui avait été fait pour punir de mort ceux qui à l'ave-
« nir attenteraient à la vie de quelque conseiller ou
« ministre d'Etat, une clause qu'on y avait insérée por-

« tant que le sieur de Guiscard de la Bourlie était
« atteint et convaincu du crime de haute trahison. Ce
« qui donne lieu de croire que par l'information faite
« contre lui, on n'avait trouvé aucune preuve qu'il eût
« entretenu des correspondances criminelles contre l'Etat
« anglais » (1).

* *

Ici se termine la généalogie officielle de la Maison de
Guiscard.

Nous venons de voir comment avait fini la branche
de la Bourlie.

La branche aînée ne lui survécut guère. En effet,
d'après une déclaration de Guischard, procureur fondé
pour fournir et signer l'état des biens nobles et
rentes que Messire Alphonse de Durfort Boissières
jouissait dans le province de la Haute-Guyenne à la date
du 30 septembre 1786, il résulte que le dit seigneur
possédait au nom de son fils Armand de Durfort, dans
la communauté de Grézels, le fief appelé de la Coste,
ensemble la terre et seigneurie de la Laurie en toute
justice. (Arch. de la Préf. du Lot, C, 1215).

La branche de *Bar* subsista encore près d'un siècle.
« *Georges* de Guiscard de Bar servit dans l'artillerie, et
« se signala dans l'expédition des Indes, conduite en
« 1785 par le bailli de Suffren. Associé au mouvement
« de la grande Révolution dans ce qu'il avait de juste, il
« n'hésita pas à garder son épée. Il suivit à la frontière
« le vaillant Valence (2) son chef et son ami. Colonel

(1) Voir pour plus de détails sur ce personnage les *Mémoires* de Saint
Simon. — Les actes du temps mentionnent plusieurs terres de *l'Abbé
de Guiscard* dans le tailllable de Bélaye.

(2) « Comte Timbrune de Valence, en Agenais, seigneur de Ferrières
(en Quercy). Le général Valence était le gendre de Mme de Genlis. »
(Ch. Deloncle, Puy-l'Evêque et ses environs, p. 56).

« des Canonniers en 1792, il dirigea avec succès l'héroïque
« résistance des habitants de Lille assiégés par les forces
« de la coalition. Récompensé par les épaulettes de
« général, il coopéra brillamment à la prise d'Anvers.
« Il faisait partie de la division Miranda, dont les fausses
« manœuvres déterminèrent la perte de la bataille de
« Nerwinden, le 18 mars 1793. Dans un suprême effort
« tenté par l'artillerie pour réparer cet échec, Guiscard
« eut le corps fracassé par deux boulets. » (1).

Raymond-André de Guiscard, fils du *Comte de Guiscard* et de Dame *Jeanne Jouarre de Lespeyre*, et époux
de Dame *Louise de Lustrac*, décéda au château de Bar le
19 juin 1846, à l'âge d'environ 78 ans (2).

Avec lui s'éteignit le nom de Guiscard : cette vaillante
race l'avait porté, non sans gloire, dans notre contrée,
pendant plus de 600 ans.

---

(1) Ch. Deloncle, ibid.
(2) Registres de Catholicité de la paroisse de Courbenac.

CHAPITRE XV

Seigneurs de Cousserans. — Seigneurs de Floyras. Famille Lalbenque. — Bellegarde

---

Bien au-dessous de la maison de Guiscard, mais jouant cependant un rôle considérable dans le pays, nous trouvons certaines familles qui méritent d'arrêter un moment notre attention. Ici, ce n'est plus une histoire suivie et bien liée ; ce sont simplement des actes épars que nous rapporterons dans leur ordre chronologique.

SEIGNEURS DE COUSSERANS. — Nous avons déjà vu les *Castagné*, seigneurs des Castels et de Cousserans, et la famille de *Bosc* ou *del Bosc* leur succéder dans cette dernière seigneurie.

Dès 1401, *Antoine* de Bosc, habitant du château de Cousserans, contracte avec Romieu de Carnac. (Archives de Folmont, notes Bonamy).

Pierre de Bosc est connu par un grand nombre d'actes.

Le 17 mars 1467, il lause (1) à Guill. Manhiaville, de Castelfranc, un pré sur le chemin de Latour à Cousserans (ibid.).

---

(1) Approuve l'acte.

Le 21 novembre 1486, Géraud Richard vend à Géraud Labrunie une pièce de terre mouvant du fief de noble homme Pierre de Bosc, seigneur de Cousserans, à Valgraulan (Ibid.).

Le 31 juillet 1487, Pierre de Bosc obtien d'Antoine d Guiscard, seigneur de la Laurie et de la Coste, la faculté d'établir une servitude sur son fonds, pour y dériver les eaux de Lissourque, et les conduire au vivier ou pesquier situé au-dessous du grand mur qui traverse la vallée près le château ; réserve faite au seigneur de la Laurie de la juridiction et domination féodale jusqu'au ruisseau-mère de Lissourque ; — et en compensation, il accorde à Antoine de Guiscard la faculté de conduire les eaux de la Baudenque à ses moulins de Lissourque et de la Brandesque (1).

Le 1er mars 1496, Pierre de Bosc lause à Romieu. (Arch. de Folm. Notes Bonamy).

Dans la même année, 30 mai, il arrente au dit Romieu certaines terres au terroir d'Audy (Ibid.).

L'année suivante, 17 mars, il lause à Guill. Manhiaville et à Hugues del Saulou pour un pré sur l'Issourgue (ibid.).

Antoine succéde à Pierre de Bosc. Le 14 avril 1506, il baille à fief à Pierre Andral un pré sis au Roc del Poun tet, près Roquebaudy (Minutes Boulzaguet).

En 1515, il échange avec Bertrand d'Orgueil des rentes sur les Gilis (Arch. de Folm., notes Bonamy).

La même année, 16 avril, il reçoit une reconnaissance de Raymond Monville, de Bélaye (ibid.).

Le 22 sept. 1518, il échange avec Antoine de Guiscard, seigneur de la Coste, une métairie appelée del Gra, paroisse de Bovila, contre une terre aux Cambous, paroisse de Prayssac (ibid.).

(1) Mémoire imprimé communiqué par M. l'abbé A. Foissac.

Le 4 mars 1527, il signe, comme témoin, au testament d'Isabelle de Lomagne, femme d'Antoine de Guiscard, seigneur de la Coste (Arch. de Guiscard).

En cette même année, nous voyons apparaitre *Guy* de Bosc, seigneur de Cousserans, qui vend, le 20 mars, à Dieudonné Séguéla, meunier de la paroisse de Latour, une pièce de terre au terroir appelé *al Sault.*

*
* *

Ici s'arrête la lignée masculine des de Bosc de Cousserans. Cette famille a laissé dans ce lieu un monument durable de son passage : c'est la construction, ou du moins l'achèvement du beau château féodal qui subsiste encore. On se souvient qu'en 1408, Bertrand de Castagné n'avait à Cousserans qu'un pied-à-terre composé d'une tour et d'une chambre attenante. Pierre de Bosc, dans un acte du 17 mars 1467, déjà cité, se dit seigneur du Château ou Repaire, *castri sive reparii*, de Cousserans. Sans doute, il s'agit bien là de l'édifice actuel. M. Paul *de Fontenilles*, inspecteur de la Société française d'archéologie « croit que le château de Cousserans a dû être « bâti dans les premières années du xve siècle, de 1400 « à 1420, probablement. » (1). Ce qui est bien certain, c'est que « sur une fenêtre, à l'extérieur, se trouve un « écusson portant les traces effacées de l'écartelure de la « famille de Bosc. » (2). L'édifice, aux angles arrondis, est flanqué d'une tour, le tout couronné de machicoulis. Sa forme est sensiblement la même que celle du château d'Anglars, mais de dimensions plus réduites. Sa position sur une légère éminence donne au château de Cousserans un aspect dégagé et particulièrement gracieux : il

(1) Lettre personnelle.
(2) Communication de M. Ludovic de Valon.

jette une belle note dans ce paysage d'ailleurs si pittoresque.

* * *

Le 24 novembre 1546, noble Jean de *Sorbié*, écuyer, et Dlle *Philippe de Bosc*, conjoints, seigneurs de Cousserans, reçoivent une reconnaissance d'Antoine Lapeyre du village de Charrou. Au mois de décembre de la même année, les mêmes reçoivent diverses reconnaissances, entre autres : de Jean Galhac dit Jean Blanc, de la Lande, paroisse de Bélayc ; — de Bernard Richard, de Bélayc, pour une vigne al Solié ; — de Pierre Bodet dit Peyregros de la Lande, pour une terre al Combel de las Lyos ; — de Gisbert Pech, de Bélayc, pour une vigne à Graulan (1).

Jean de Lamothe-Lambert était seigneur de Cousserans en 1559. C'est ce qui résulte d'un acte de transaction passé à Bélaye le 15 mars 1668, entre Jean-Charles de Guiscard, curé de Grézels, seigneur direct du tènement de Monville, d'une part ; — et Pons Lalbenque, conseiller secrétaire du Roi, Antoine Monville praticien, Raymond Monville Petit Jean, François Raynaly, Mathurin Monville, Catherine Chapt, Antoine Pélissié, Antoine Froment, Jean Bel et Marguerite Delpon, d'autre part ; — au sujet du fief de Cayac, appelé autrement del Broulhet ou del Boutge Rouch, et présentement, de Monville, et faisant 122 quarterées (Archives de la Préfecture du Lot, série B, 421).

En 1635, nous trouvons *Samuel de Durfort* (2), comme

____

(1) Archives de Folmont, notes Bonamy.

(2) « Les Durfort établis à Cousserans viennent des Durfort-Léobard, — qui viennent des Durfort-Boissières, — lesquels viennent des Durfort-Clermont-Soubeyran. » (Communication de M. l'abbé A. Foissac).

seigneur de Cousserans. Un acte d'arbitrage du 22 janvier le cite, avec Gabriel de Raymond, sieur de Sénac ; Antoine de Cahours chevalier ; Raymond de Lafage, sieur de Parnac, et autres parties engagées dans un procès (Min. Boulzaguet).

Le 20 août 1645, Samuel de Durfort, seigneur de Cousserans et autres places, et *Charles* de Durfort, son fils, époux de Dlle *Peyronne de Lavernhe*, transigent avec noble Bernard de Lavernhe, sieur de Montplaisir et des Combes (1), au sujet de la dot de sa fille Peyronne (Min. Boulzaguet.

Le 4 mars 1647, *Charles* de Durfort afferme à Raymond Andrail, laboureur du domaine de Roquebaudy, un domaine appelé la Borie Naulte, près les Calpernades (ibid.).

Le 13 août 1650 Samuel de Durfort rend l'hommage à l'Evêque de Cahors pour ses terres de Cousserans et de Bélaye (2).

Le dernier mars 1651, Charles de Durfort, seigneur de Cousserans, fait un arrentement à nouveau fief d'une maison et de certaines terres à Laromiguière, en faveur de : Jacme ou Jamme Salacroux, marchand ; Pierre Delmas, laboureur ; Pierre Lacombe Trincounel ; Géraud Salacroux, charpentier ; Pierre Aldhuy ; Pierre Bailles et Jean Salacroux, habitants de ce village (Min. Boulz.).

Le 20 juin 1651, Samuel de Durfort reçoit une reconnaissance de Bernard Bounal, dit Margounet, pour une terre al Sagnas de Lestang (Arch. de F. Notes B.).

Le 14 févr. 1661, Charles de Durfort arrente à nouveau fief à Pierre et Jean Soulié, père et fils, de Laromiguière, une terre près ce village (Min. Boulz.).

(1) Montplaisir et les Combes, hameaux de la commune de Sauzet.
(2) Tableau des Hommages aux Evêques de Cahors (Arch. de la Préf. du Lot, série G, n° 1).

Il rend l'hommage à l'Evêque de Cahors pour sès terres de Cousserans et de Bélaye, le 11 déc. 1671.

L'année suivante (14 déc.), il transige avec Dlle Antoinette Delzons ou Deshoms, sa mère, et veuve de Samuel de Durfort, au sujet des reprises de la dite Dlle sur les biens du défunt (Arch. de F. Notes B.).

Il fait son testament olographe, le 3 mars 1679.

« Je, noble Charles de Durfort, seigneur de Cousserans,
« étant dans mon bon sens, mémoire et entendement,
« considérant qu'il faut tous mourir et que l'heure est
« incertaine, ai voulu faire mon testament comme il
« suit. En 1er lieu, ayant souvenance de la mort et
« Passion de N. S. et Rédempteur J. C., j'ai fait le signe
« de la croix, disant : *In nomine Patris*, etc. Après, ai
« recommandé mon âme et mon corps à Dieu Tout-
« Puissant, a la Benoite Vierge Marie, ma patronne, et
« à tous les Saints et Saintes du Paradis, priant du
« plus profond de mon cœur mon Dieu, qu'il lui plaise,
« lorsque mon âme se séparera de mon corps, la collo-
« quer dans son royaume du Paradis, et la Ste Vierge et
« tous les Saints et Saintes du Paradis d'intercéder pour
« moi envers Dieu aux dites fins (1). Je veux que mon
« corps soit enseveli dans l'Eglise de N.-D. de Latour, et
« au tombeau de mes prédécesseurs ; et qu'à ma sépul-
« ture, nouvène et bout d'an soient appelés au moins six
« prêtres, et que à chacun soit payé chaque fois la
« somme de 10 sols ; et veux aussi que soient appelés
« 12 hommes pauvres pour assister à ma sépulture,
« nouvène et bout d'an, avec une chandelle allumée à
« chacun, aux quels il sera donné un drap blanc d'une
« aune à chacun, pour tout, et réfection corporelle à
« chacune des trois fois. (Suivent divers legs aux pau-

(1) C'est le préambule ordinaire de tous les anciens testaments, publics et privés.

« vres). Je lègue à *Anne de la Ville*, mon épouse, 2.000
« livres pour légat ; et, pour pension annuelle, 6 quartes
« blé froment, 6 quartes blé mixture, 4 barriques de bon
« vin, un pourceau du prix de 15 livres, et 12 charretées
« de bois ; et pour sa demeure ordinaire, la moitié du
« haut ou bas du château de Cousserans, au choix de
« la dite Demoiselle…. Je donne à Noble *Gille de Durfort*,
« sieur de Montville, prêtre, mon frère, une chambre et
« la chapelle du château de Cousserans pour en jouir
« pendant sa vie. Item je donne à Dlle *Izabeau* de
« Durfort, ma fille, et femme au sieur *de Maribal*, la
« somme de 5 sols, et ce, outre la constitution que lui ai
« ci-devant faite et qui lui a été payée, et veux que ne
« puisse rien plus demander…. Je nomme pour mon
« héritier universel noble *Bernard* de Durfort, sieur de
« Laromiguière, mon fils ; et en cas il ne veuille accepter
« la dite hérédité, et veuille demander la donation que
« je lui ai faite par son contrat de mariage retenu par
« Sales, notaire (de Cénac) le 3 août, 1675, je le prive de
« la dite hérédité… (Partie déchirée). » — Suivent différentes substitutions, à charge de porter les armes de
Durfort. Cette pièce est munie de plusieurs cachets de
cire rouge très-détériorés où figurent deux fleurs de lis.

Le 14 sept. 1680, Charles ajoute un codicile par le quel
il lègue à *Marie Anne* de Durfort, sa petite fille, et fille
de Bernard de Durfort sieur de Laromiguière, son fils,
100 l. et une petite limande…. Témoins : Raymond
Montville, chirurgien, du village de Montville ; Antoine
Lacavalerie, chirurgien, de Carnac ; Jean Lacoste, du
village del Roc de Creyssens ; Izac Alary, du village de
Montville, et Géraud Gouzou d'Audy. (Min. Boulz.).

*

Pierre Dumas de Paysac figure comme seigneur de

Cousserans dans un bail à ferme de 1695 (Minutes Boulzaguet). Il avait épousé Marie Anne de Durfort, fille de Bernard, dit Monsieur de Laromiguière, en 1694.

Le 21 septembre 1696, Dame *Catherine de la Faye*, veuve de Bernard de Durfort, Sieur de Laromiguière, Roquebaudy, etc., donne procuration à *Pierre Dumas*, Sieur de Paysac, (1) son gendre, pour recevoir toutes sommes dues à la dite Dame par Jacques de la Faye, seigneur de Pégouflé. (Arch. de F. notes B.)

Le 17 août 1698, Pierre Dumas transige avec Raymond Aldhuy, Armand Andrail et autres, au sujet du fief de Roquebaudy. « Par les parties bas écrites a été dit que
« noble Raymond de Camboula (2) aurait baillé à nou-
« veau fief (1449) à Pierre Hugo et Pierre Andrail tout
« lou fax et tènement appelé de Roquebaudy, avec toutes
« ses appartenances et dépendances, terres, prés, ors,
« vignes, maisons, édifices, et généralement tout ce qui
« compose le dit ténement, qui fut confronté lors de
« l'inféodation : d'une part, am la terra de noble Bertrand
« de Castaigné, seigneur d'Haut-Castel, viol (3) al mex ;
« d'autre part, am las terras del seignour de Monclara (4)
« viol al mex, e riou appelat de la Baudenca ; d'autre
« part, am las terras de Pons, appelat al Pechdaqui ;
« d'autre part, am las terras del seignour de Montclara,
« appelat à las Massicairens, viol al mex ; d'autre part,
« am las terras de Jean Descazals, viol al mex ; et autres
« confrontations ; — pour deux sols d'acapte à seigneur
« ou feuzatier nouveau ; et 5 quartes blé froment ; 1

(1) En Limousin. Les Dumas de Paysac existent encore en Périgord.

(2) « Cambola, ou plutôt Cambolan ou Cambolo, famille noble de « Luzech, de Cahors, de Puy-l'Evêque, de Graudène, avant et après la « guerre de Cent ans » (Communication de M. l'Abbé A. Foissac.) Le lieu de Camboula est dans le Rouergue.

(3) Petit sentier de service.

(4) Les seigneurs de Montcléra furent longtemps seigneurs de Floyras.

« quarte seigle, mesure de Bélayc, 14 sols de monnaie
« de Caors, et une paire de gélines (poules), l'argent et
« poules payables annuellement à la fête de Noël ; et le
« blé, à la fête de Saint-Michel, comme est plus à plein
« porté par l'instrument d'inféodation du 13 novembre
« mil quatre cent quarante-neuf. Les parties ont con-
« venu aussi que ce bail à fief avait été ainsi exécuté
« jusqu'au 24 août 1472, que Raymond de Camboula,
« seigneur direct de ce tènement, avait soutenu que le
« tènement pouvait porter plus grande rente ; et que,
« pour y contraindre les tenanciers de ce faire, il leur
« voulut faire procès ; si bien que, les parties étant
« accordées par contract du 24 août 1472, ce seigneur
« établit de nouveau sur ce fief, compris la première
« rente, 9 quartes blé froment, 3 quartes avoine, 20 sols
« de Caors, 6 gélines. et 3 sols d'acapte et de rente
« annuelle. Cet acte a été exécuté jusqu'au 25 janvier
« 1696, que les tenanciers qui sont à présent, ayant
« découvert le susdit bail à fief, et reconnu que le dit
« contrat d'accord était une pure surchage, ils se seraient
« pourvus contre icely, et auraient à ces fins créé pour
« leur syndic Raymond Aldhuy, laboureur de Roque-
« baudy, un des tenanciers ; le quel avait fait assigner
« noble Pierre Dumas, seigneur de Payzac, habitant en
« son château de Cousserans, seigneur et possesseur de
« ce fief, au Sénéchal de Cahors ; — si bien que, par
« sentence du Sénéchal du 6 septembre dernier, le
« contrat d'accord portant surchage aurait été déclaré
« nul et de nul effet, et les tenanciers tenus seulement
« de payer la rente contenue au bail à fief du 3 novembre
« 1449 ; avec inhibitions et défenses au dit seigneur de
« Paizac d'exiger plus grande rente ; et de payer seule-
« ment le surexigé de la dite rente depuis l'introduction
« de l'instance, le retenant au payement de 100 l.
« pour les épices ou frais d'expédition de la dite sen-

« tence, les autres frais demeurant compensés. Mais le
« syndic ayant payé les épices et autres frais, et fait
« signifier la dite sentence, et voulant appeler de la
« teneur d'icelle, soutenant qu'il lui avait été inféré grief en
« ce que les parties conviennent que dans l'acte d'accord
« il n'y a point augmentation de fief, mais bien aug-
« mentation de rente, qu'est une pure surchage, et que,
« par conséquent, le seigneur de Payzac devait être con-
« damné à lui rendre le surexigé depuis 29 ans avant
« l'introduction de l'instance, avec tous les dépens....
« Mais le sieur de Payzac disait au contraire que, sur la
« foi de ce contrat d'accord, lui et ses auteurs avaient
« levé la dite rente, et par ce moyen n'était pas sujet à
« restitution des fruits.... Les parties, pour éviter de plus
« grands frais, se sont accordées comme s'en suit. Pierre
« Delmas, seigneur de Payzac et de Cousserans, d'une
« part ; et Raymond Aldhuy, Arnaud Andrail, Antoine
« Prieu, laboureurs du village de Pechdau ; Pierre La-
« vernhe praticien, Jean Védrines, Pierre Soulinhac,
« Jean Vialate, de la paroisse de Rouffiac ; Pierre
« Vialate, Jean Vialate, Pierre Pagès, Hugues Lafon et
« Jean Crispel, faisant tant pour eux que pour leurs
« consorts et tenanciers du tènement de Roquebaudy,
« d'autre part ; ont convenu : 1° qu'il n'y aura plus
« procès entre eux.... 3° que les tenanciers passeront
« reconnaissance au dit Seigneur, comme ils le font
« présentement, du tènement de Roquebaudy, qui con-
« fronte à présent : du levant, avec le ruisseau de la
« Baudenque ; du midi, avec les terres du seigneur de
« Pons appelat al Pechdaqui ; du couchant, avec les
« terres et tènement de Massicairens, appartenant au dit
« seigneur de Payzac, viol al mex ; et septentrion, avec
« les tènements de Laurens, Pechmeja, Lunac et Terré,
« le tout fief du dit seigneur, et de Laroumiguière, con-
« tenant 280 quarterées, à la perge et mesure de Bélaye ;

« et ce, sous le cens et rente, etc.... » Acte passé à Rouffiac, Laborie not. — En 1707, Pélissié détenteur. (Min. Boulz.)

Le seigneur de Cousserans n'était guère plus heureux avec ses créanciers qu'avec ses vassaux. « Le 13 juillet « 1715, environ 7 heures du matin, Jean Bousquet, « maréchal de Sénac, en conséquence de la saisie du « 14 juin dernier, faite à la requête des sieurs Senemaux « frères, marchands de la ville de Limoges, sur les fruits « pendants et récolte de Messire Pierre Dumas, à la « perception des quels il a été commis sequestre, s'est « transporté sur une pièce de terre ensemencée de fro- « ment, que le dit Seigneur a au tènement del Prat « Grand, pour emporter le blé qu'il avait fait couper « et autrement faire son devoir de sequestre. A quoi « Etienne Delmas et Ant. Salacroup, laboureurs de « Laroumiguière, se seraient opposés, disant qu'ils sont « aussi établis séquestres des fruits et entière récolte par « saisie du 22 juin dernier, par les consuls de Bélaye, « pour les tailles de 1714 et 1715, revenant à la somme « de 474 livres, 18 sols, 8 deniers, que le dit seigneur « doit ; et, comme la saisie est faite pour des sommes « privilégiées, au payemeut des quelles les dits fruits « sont spécialement affectés, Delmas et Salacroup séques- « tres n'ont voulu permettre que Bousquet ait emporté « le froment. C'est pourquoi Bousquet aurait été obligé « de se retirer, après avoir protesté de tous dépends, « dommages et intérêts. » (Min. Boulz.).

Pierre Dumas eut un fils nommé *Jacques* (*Testam. de Marie-Anne de Durfort, 9 sept. 1712. — Min. Boulz.*).

***

La famille *de Gard* acheta le domaine et le château de Cousserans à Marie-Anne de Durfort et à son gendre

Annet de *Lanzac*, sieur de *Sibeaumont*, par acte sous
seing privé du 23 octobre 1732. Cet acte fut cassé pour
cause de nullité en 1739, au profit des sieurs Lalbenque,
Pélissié et Boulzaguet ; mais « *la seigneurie de Cousserans reste à M. Pierre de Gard.* » Celui-ci est dit : conseiller du Roy, son avocat et procureur au Sénéchal et
Présidial de Cahors. (*Min. Boulz.*).

Le 13 nov. 1755, Dame *Catherine de St-Jeannet*, sa veuve,
baille à locatairie à Marguerite Andral un petit jardin
confrontant à un château démoli, sur le chemin de
Bélaye à Carnac. (*Ibid.*). — En 1763, elle soutient un
long procès contre « haut et puissant seigneur Messire
Gaston de Guiscard, marquis de la Bourlie, seigneur de
la Laurie, la Coste, Grézels et autres places », au sujet
de certaines rentes féodales et des limites de la juridiction de la Laurie (1).

Le 2 juillet 1768, *Pierre* de Gard, leur fils, capitaine
au régimend d'Eu, hommage à l'Evêque pour ses terres
de Cousserans et de Bélaye. Il avait épousé *Guillelmine*
fille de Pierre-Louis *de Besombes de St-Géniez* (2) et de
Marie-Anne de Fornier, de la quelle il eut deux enfants :
1° *Pierre-Louis*, qui fut baptisé dans l'Eglise de Bélaye,

(1) Mémoire imprimé communiqué par M. l'abbé A. Foissac.
(2) « Pierre-Louis *de Besombes de Saint-Geniès* conseiller (et Doyen)
« de la Cour des aides de Montauban, mort à Cahors en odeur de
« sainteté, le 20 octobre 1783, dans sa 65e année, fut, pendant quelque
« temps, égaré par la philosophie anti-chrétienne ; mais son cœur
« n'était pas fait pour en goûter la doctrine et la morale. Il ouvrit les
« yeux à la vérité, et consigna sa conversion dans un ouvrage plein
« d'onction et de lumière, intitulé : *Transitus animæ revertentis ad*
« *jugum sanctum Christi Jesu*, traduit en français par l'abbé de Cas-
« sagne Peyrouenc, sous le titre de : *Sentiments d'une âme pénitente.*
« M. de St-Geniès se délassait de ses travaux en étudiant la Bible ;
« aussi chaque ligne de cette production annonce qu'il en était pénétré.
« Le traducteur compare cet ouvrage à celui de l'*Imitation de Jésus-*
« *Christ.* » (Biographie de Feller, édition Pérennés). Le *Transitus* a
été traduit depuis par M. Pergot, curé de Terrasson. M. de Besombes
passait tout le temps libre que lui laissait sa charge dans son domaine
de Pontcirq, où il se livrait à la prière, aux jeûnes, aux veilles, et

le 19 mai 1769 (1), et mourut étant étudiant au collège de Navarre à Paris (2); 2° une fille, *Catherine-Josèphe*, qui fut baptisée dans l'Eglise de Latour le 1ᵉʳ août 1770 (3) et se trouva seule héritière des Gard de Cousserans et des Besombes de St-Géniès.

« Celle-ci épousa le général *Jean-Baptiste Lacoste de « Fontenilles. Charles-Gaspard-Paul* de Fontenilles fut « le seul fruit de cette union ; et, de son mariage avec « *Louise Vacquier de Régagnac*, il laissa cinq enfants, « dont Mlle *Jeanne*, qui a épousé M. *le baron de Roussy*, « et lui a porté en dot le domaine de Cousserans. » (4). Les armes des barons de Roussy sont : d'azur, à la licorne d'or ; au chef de même. (L. Esquieu, *Armorial quercynois*).

SEIGNEURS DE FLOYRAS. — Les *de Gironde*, marquis de Montcléra, étaient en même temps seigneurs de Floyras, au moins depuis 1391. Je possède très peu de documents sur cette famille.

En 1503, *Jean* de Gironde fait le dénombrement de ses terres de Bélaye et de Montcléra, pour les quelles il rend hommage à l'Evêque de Cahors.

---

autres austérités ordinaires des anachorètes. Il y joignait l'étude du droit civil et canonique ; celle des langues anciennes et des principales langues vivantes de l'Europe ; enfin, la lecture des auteurs sacrés, surtout l'Ecriture Sainte et les Saints Pères, et des meilleurs écrivains profanes de l'antiquité. Telle fut sa vie pendant plus de 33 ans. Il publia plusieurs livres de piété, soit en français, soit en latin, dont le principal est le *Transitus animæ*. Après son trépas, on trouva son corps couvert d'un silice. Il avait demandé que la Sainte Bible fut déposée dans son cercueil et placée sur sa poitrine, comme la fidèle compagne dont la mort même ne pourrait pas le séparer. Ses restes reposent dans la chapelle du château de Labastidette. (Voir les notes qui accompagnent le *Transitus*, édité à Montauban chez Cazamea, en 1787).

(1) Registres de catholicité de l'Eglise de Bélaye.
(2) Communication de M. Paul de Fontenilles.
(3) Registres de catholicité de l'Eglise de Latour.
(4) Communication de M. Paul de Fontenilles.

En 1540, *Jean* de Gironde dénombre ses terres de Bélaye, Floyras, Montcléra, Tournon, Cazals, Loupiac près de Gourdon (1).

En 1619, *Brandelin* de Gironde est seigneur de Floyras. Son frère *Marquès*, pour se payer de 15.000 l. de ses droits, fait saisir cette place. Un troisième frère, *Manaud*, intervient et s'oppose à la saisie, à cause de 5.562 l. qui lui sont dues. (Delport not.).

Nous trouvons dans les minutes Boulzaguet un acte de réquisition signifié à *François* de Gironde, le 29 octobre 1672, au sujet de la digue du moulin de Floyras. « Jean Bolzaguet charpentier et Raymond Clerc bras-« sier (2), tous deux de Juillac, et Jean Dejean de « Prayssac, dressant leur parole à Hault et Puissant « Seigneur Messire François de Gironde, seigneur mar-« quis de Montcléra, Lavaur, Floyras et autres lieux, et « à Haulte et Puissante Dame Blanche de Lespès de « Lostalneau, marquise de Montcléra, conjoints, leur « ont représenté qu'ils ont passé un contrat de prix fait « avec les dits Seigneur et Dame, pour raison de la « payssière du moulin du Lot, dépendant de la sei-« gneurie de Floyras, et par le dit contrat est porté par « termes exprès que les dits Seigneur et Dame leur « feront porter, avant la St-Barthélémy dernier, tous les « bois, ferrements et matériaux nécessaires à port et « bille, et même qu'ils leur payeront le prix fait entre « eux à proportion du travail ; d'autant que les dits « Seigneur et Dame n'ont point fait porter les dits maté-« riaux au temps convenu, ni même à présent, qui « porte un grand préjudice aux requérants ; ni même « payé ce qui leur a été promis de leur bailler de l'ar-

(1) Tableau des hommages à l'Ev. de Cahors, Arch. de la Préf. du Lot, série G. n° 1.

(2) Journalier qui travaille la terre. (*Couzinié*, dictionnaire patois).

« gent à proportion du travail, qu'est cause que les dits
« requérants somment et requièrent les dits Seigneur
« et Dame de satisfaire au dit contrat et de les payer à
« proportion du travail, qui est quasi tout fait. »

Le 15 juillet 1690, *Emmanuel-Joseph* de Gironde transige avec le syndic des Chanoines réguliers de Ne-Dc de
Cahors et Jean-Hiérôme Teyssendier, curé de Bélaye, au
sujet d'un jardin dans le bourg de Bélaye, et d'un pré
dans la Combe du dit Bélaye. (1)

Le 18 octobre, *Jean-François* de Gironde, seigneur
marquis de Montcléra, Floyras, Labenne et autres
places, constitue une rente de 44 livres en faveur de
Sales, de Sénac, licencié en droit, pour le prix de 800
livres. (Arch. de F., notes B.)

En 1724, la famille de Gironde était encore propriétaire de Floyras, ainsi qu'il est marqué dans un acte de
mariage entre Jacques Lacombe de Laromiguière et
Anne Vixés, habitant au moulin du dit Floyras.

* *

La famille de *Bercegol*, originaire de Villeneuve
d'Agen (2), acheta le domaine de Floyras vers 1730.

Les registres de catholicité de la paroisse de Latour
mentionnent au 30 août 1731, le baptême de *Pierre* fils
de *Pierre-Paul* et de Dlle Marie Dumoulin, « habitant
dans leur château de Floyras. »

Le 30 janvier 1768, *Jean* de Bercegol hommage à
l'Evêque de Cahors pour ses terres de Lherm, qui avaient
été sans doute acquises, avec Floyras, de la famille de
Gironde.

Le 19 juin 1772, M. de Bercegol hommage à l'Evêque
pour ses terres de Bélaye.

(1) Acte communiqué par M. l'abbé Foissac.
(2) Elle était propriétaire du grand moulin de Villeneuve.

Pierre-Paul de Bercegol, seigneur de Floyras, mourut le 16 novembre 1780, à l'âge de 85 ans. De son mariage avec D^{lle} Dumoulin, il avait eu, en plus de Pierre, déjà nommé, *Jean*, seigneur de Vaysse près Lherm, et co-seigneur de Floyras ; — et *François-Louis* avocat en parlement, qui s'établit à Floyras, dont il partagea la seigneurie avec Jean son frère aîné.

François-Louis de Bercegol épousa, le 22 février 1781, D^{lle} Jeanne Ballande, fille d'Alexis Ballande et de Dame Marie d'Aldebert, habitant à las Campagnes, paroisse de la Masse. La cérémonie eut lieu dans la chapelle domestique du château de Floyras (1). Il mourut le 1er novembre 1792, à l'âge de 58 ans.

François-Louis de Bercegol laissa trois fils.

Jean-Guillaume-Pierre-Paul, dit Dumoulin, né le 2 août 1785, très longtemps maire de Bélaye, chevalier de la Légion d'honneur, mort à l'âge de 100 ans moins quelques mois.

Jean-Georges-Pierre-Alexis dit *Montplaisir* (2), qui épousa Mlle Salinié d'Albas, fut maire de cette commune, chevalier de la Légion d'honneur.

François Hyacinthe dit Delile (3), qui s'établit à la Rivière-Basse.

Jean de Bercegol Dumoulin épousa D^{lle} Marguerite Salinié d'Albas, de laquelle il eut onze enfants. *Charles* l'aîné, avocat docteur en droit, s'unit en mariage à D^{ll} Jeanne Larrieu, de Roquefort près Agen. Leur fille *Marguerite* épousa M. Théophile *David* de Saint-Matré.

Les parties qui composent aujourd'hui le château de Floyras remontent à diverses époques. Le château pro-

[1] Elle était dans la tour située à droite du grand portail d'entrée, du côté de Latour.

[2] D'une propriété de ce nom, que la famille de Bercegol possédait en Agenais.

[3] De l'île de Floyras, appartenant à la famille de Bercegol.

prement dit parait appartenir à la fin du xvie siècle ou au commencement du xviie. Devant la porte d'entrée était une tour qui servait de vestibule. M. Jean de Bercegol, l'ancien maire de Bélaye, la fit enlever ; il ajouta, sur le couchant, l'aile qui longe la grand'route.

*
* *

FAMILLE LALBENQUE. — Ici les documents abondent ; nous les emprunterons généralement aux archives même de la Maison, d'après les notes de M. Bonamy.

Les Lalbenque sont une famille autochtone, issue des Albenquats (1) aux quels elle a donné son nom. Partis de conditions très modestes, ils ont franchi, de siècle en siècle, les diverses étapes sociales, pour arriver enfin aux plus hauts degrés.

Pierre Lalbenque figure comme confrontant dans un bail à fief du 17 janvier 1479, fait par Antoine de Guiscard en faveur d'Hugues Séguéla, pour une terre à Val Graulan, attenant à un bois de Jean Manisserre.

Le 24 juin 1480, prud'hommes *Pierre* et *Jean* Lalbenque prennent à rente du même Antoine de Guiscard une pièce de terre sur la rivière de l'Issourgue, al Pas d'als Oms.

Un acte du 10 nov. 1502 porte : « Constituée honnête « fille *Marquèse* de Lalbenque, fille légitime de Jean « Lalbenque, épouse de Bernard Malhayrac. » Ces expressions : prudhomme, honnête fille, qui accompagnent constamment le nom des Lalbenque indiquent qu'ils jouissaient déjà, à cette époque, d'une honnête aisance.

Le 25 octobre 1513, a lieu, entre deux frères Lalbenque, un partage de biens, dont la famille possède

---

[1] Le village des Albenquats s'appelait anciennement *L'Issourgue*, d'où le ruisseau de Latour a tiré son nom.

encore l'acte (1) sur une grande feuille de parchemin. « Au
« nom du Seigneur. Ainsi soit-il...... Au lieu de Bélayc,
« en présence de moi, notaire public, et des témoins bas
« nommés, pour ce expressément appelés, ont été consti-
« tués en personne *Pierre* Lalbenque aîné et autre *Pierre*
« Lalbenque plus jeune, frères, habitants de la paroisse
« de Latour ; sachant qu'ils ont plusieurs biens communs
« entre eux, se les partagent de la manière qu'il suit. »
A noter dans la part de l'Aîné : « Une pièce de terre au
« terroir de las Cumbas de la Tour, confronte, du fond,
« avec terre des héritiers de Jean *Ségui*, d'un côté avec
« terres des héritiers de Jacques Ségui, et de tous les
« autres côtés avec terres de ceux du village de la *Grèze*...
« Une pièce de terre au terroir dit de la *Grésa de Jorda*,
« sur le chemin qui va de Castelfranc à la Laurie... Un
« tronçon de terre au Costal de la Laurie, confronte, du
« fond, avec le chemin qui va de Castelfranc à Carnac
« en passant par la Combe de la Tour ; d'un côté avec
« les terres de Pierre Lalbenque jeune, des bornes de
« pierre (bolis lapideis) étant placées entre ; et du chef,
« avec un arbre appelé l'*Olit*, et avec le chemin qui va
« de l'Eglise de la Tour à la Laurie...... Pré, canabal et
« terre près le moulin des dits Lalbenque...., La moitié
« de la maison que Françoise *Vialatte*, leur mère, tient
« et possède près le dit moulin, avec un colondrat au
« milieu..., Plus toutes les possessions à partir de l'an-
« cien ruisseau de l'Issourgue jusqu'à la Laurie. » — A
signaler dans la part de Lalbenque jeune : « .....Un pré,
« au terroir appelé lou Prat del holius ou lou Prat sas,
« qui confronte avec le ruisseau de l'Issourgue et le pré
« d'Arnaud Monville. »

Quant au moulin, « il a été convenu entre les dits

______

(1) L'acte est rédigé en latin, et quelquefois dans l'idiome du pays.
La traduction a été faite par un archiviste-juré, de Toulouse.

« frères que le dit moulin, c. à d. lo seti, rodetz, molas,
« e autras causas al dit mouli, bladiés, lo parado e
« tonela appartenens, demeureront communs. De même,
« que, dans le pré où sont las tendas, demeurera le
« chemin de service per passa una bestia cargada de
« blat, anan o venan del dit moli vers la Lauria, Sénac
« et autras partz. De même, que las tendas nécessaires
« au dit moulin demeureront au lieu où elles sont plan-
« tées et fixées, et que, si elles n'étaient pas assez lon-
« gues, se cresseran en lo dit prat, al tenen de las autras,
« an los patus a las ditas tendas apartenens. De même
« que cant lo bocalh, sive stanc, del dit moli aura
« besonh de cura, que lo compendit se rousara tant
« devas una part que d'autra, al loc pus utile que se
« poyra rosa, al mens que poyra d'espréjudice a las
« ditas partidas. De même, que, al respech d'ependre
« l'ayga del stanc per los pratz, que le ung l'aura un
« jour, e l'autre ung autre. » Il est ensuite question du
siège (del seti) d'un moulin que les deux frères ont
arrenté de nouveau d'Ant. de Guiscard, seigneur de la
Laurie, et qu'ils se proposent de reconstruire. Ils conviennent « que lo rec à la venguda de l'ayga se fara dans
« le pré ou terre de Peyre aîné, e aura lo comensomen,
« de large, la sola, catre palms de cana ; e lo stanc, de la
« on se fara le dit moli, sera en lo prat del dit Peyre may
« joune ; e lo soc del dit moli, tant bladier, parayre,
« tonela, e tendas al dit moli nécessaires ; e lo dit Peyre
« may vielh sera tengut de satisfa may joune del dit
« bocalh, de la metat de la terra que lo dit bocalh e
« moli, parados e tendas tendran, la entorna al tenen
« del dit prat, al regard de dos homes de be ; e si en cas
« que lo dit Peyre may vielh no volgues pon fa lo dit
« moli, e lo dit Peyre Albenca plus joune lo fasia, ho
« so heretiés ; e si lo dit Albenca plus vielh, ho so hére-
« tiés, volian part en lo dit moly, que lo dit Peyre

« Albencà may joune, ho so heretiés, possedera juscas
« a tant que lo dit Peyre l'Albenca may vielh, ho so here-
« tiés, ly aura torna lo argen de tos los decostamens que
« lo dit moli aura costàt de fa e edifica, c. a d. per la metat.
« De même, que dans le cas que lo dit moly se bastigués
« e construgués, que la peyra se trayra de la peyriera que
« an arrendada del dit Mossen (1) de la Lauria, satisfesen
« lo domage al dit Peyre may jone... De même, que, s'il
« arrivait à l'avenir aux dits frères ou à leurs héritiers
« de faire un pont sur le ruisseau de la Yssorca, pour le
« service du moulin, chacun des frères ou de leurs héri-
« tiers, payera la moitié des dépenses du dit pont... Les
« deux frères s'obligent sous peines, forces, rigueurs,
« etc., des Cours des seigneurs, le Sénéchal et official de
« Cahors, du Bayle du ressort royal de Cahors, et des
« Seigneurs le Bayle et les Consuls du lieu de Bélayc. Et
« l'ont juré les dits frères sur les quatre Saints Evangiles de
« Dieu, en les touchant réellement de la main droite. » (2)
     « Présents : Jean Bolzaguet, tailleur ; Jean Richart,
« Jean Cadaillac ; Jean Granier, boucher, du lieu de
« Bélayc ; Jean Botet, de Burgis ; Jean Aledel, d'An-
« glars ; et moi, Jean de Parsiliéris, notaire public de
« Bélayc. »

* * *

Les deux frères Lalbenque furent les auteurs des deux
branches entre lesquelle se divisa cette famille.

La branche aînée demeura fixée définitivement aux
Albenquats.

La branche cadette ne tarda pas à s'établir au hameau
de Latour, et prit de là le nom de *Lalbenque-Tourrenc.*
Le cadastre de Bélaye, de l'année 1602, porte que Pierre

[1] Monseigneur ou Messire.
[2] Pratique demeurée en usage jusqu'à la Révolution.

Lalbenque dit Tourrenc, et Catherine de Séguy mariés, possédent : maison, grange, etc. à Fongème, sur le chemin qui va de Bélayc à Cahors ; maison granges, etc. au village de Jouaneau ; la moitié d'un moulin au même village (1), etc. A partir de cette date, nous ne trouvons plus, ni le surnom de Tourrenc, ni des Lalbenque à Latour ; et nous perdons absolument les traces de la branche cadette.

La branche aînée acquit une importance considérable au cours du xviie siècle. *Jean*, fils d'*Arnaud* Lalbenque, fut nommé conseiller à la *Cour des Aides de Montauban*. Il prend dans tous ses actes, au moins dès 1673, le titre de *Maire de Bélaye*, et même de Maire *perpétuel*, ainsi qu'on le trouve dans un acte de 1696. Ce titre parait d'ailleurs avoir été purement honorifique, et nous ne voyons pas que, ni Jean, ni ceux de ses successeurs qui en furent pourvus, aient jamais fait, en cette qualité, aucun acte d'autorité. (2)

— *Arnaud*, fils de Jean, fut procureur d'office pour la juridiction de Lalaurie, et laissa, entre autres enfants, Jean et Pons.

— *Jean* fut, comme son grand père, conseiller du Roi et maire de Bélaye ; il mourut le 26 août 1712, à l'âge de 53 ans.

— *Pons*, son frère puiné, lui succéda comme Conseiller à la Cour des Aides, et fut d'abord *Consul honoraire*, et puis Maire de Bélaye. Le 14 août 1720, il acheta la charge de Chancelier ou Secrétaire près la Cour des Aides de Montauban. (3) L'enquête sur ses bonne vie et mœurs

[1] Jouaneau, appelé aussi Tourrène, est le même que Latour.
[2] On trouve dans la correspondance de famille une lettre de M. Tanays, du 24 mai 1696, adressée à Madame de Lalbenque *mairesse* de Bélaye.
[3] Cette charge était alors vénale, comme aujourd'hui celle de certains officiers ministériels, greffiers. notaires, avoués, etc.

et catholicité est du 17 mars 1721 ; et le lendemain, un arrêt de la Cour le reçoit en cet office et l'admet à prêter serment.

La Cour des aides était un tribunal souverain, qui jugeait en dernier ressort toutes les questions de tailles, aides et gabelles, et qui seul pouvait interpréter les ordonnances relatives à ces questions. Il y en avait treize pour toute la France, avant la Révolution. L'une d'elles avait été d'abord établie à Cahors en 1642 ; mais, pour favoriser le catholicisme, par l'éclat que cette compagnie d'hommes distingués devait jeter autour d'elle, le Roi la transféra en 1649 à Montauban, l'un des principaux centres de l'hérésie. « La Cour des aides de Mon-« tauban avait dans son ressort toute l'étendue de la « *généralité* de Montauban, composée de onze *élections*. « Elle connaissait de toutes les impositions, des cotisa-« tions quelconques, de la nobilité des fonds, de la « noblesse personnelle, des comptes et dettes des com-« munautés, et des élections consulaires des consuls qui « n'ont pas de juridiction. » (Cathala-Coture, t. 2, p. 446).

Dans tous ses actes, Pons Lalbenque prenait le titre officiel de « Conseiller Secrétaire du Roy, maison et « Couronne de France, près la Cour des Aides de Mon-« tauban. » Il mourut le 10 mars 1752, à l'âge de 76 ans. Pons avait épousé Raymonde de Boniffon, fille de Jean Boniffon, conseiller du Roi au Présidial de Cahors. De ce mariage provinrent : Jean qui suit, né en 1714 ; Jean-Louis, gendarme aux chevau-légers du Dauphin en 1749, et plus tard lieutenant dans le régiment de Talaru ; Mathurin, capitaine au régiment de Bourbonnais en 1767 ; Jean-François, lieutenant au régiment d'Auvergne, en 1757 ; d'autres encore qui embrassèrent la carrière militaire ou l'état ecclésiastique, et enfin deux filles. On donnait aux fils des surnoms tirés des diverses propriétés de la famille : *Dardelou* (1) *Fournié, Pechméja, Nougayrède; Cayac*, etc. Cayac de Lalbenque fut d'abord militaire et lieutenant au régiment de Bonnat ; plus tard, il s'en alla tenter la fortune à la Guadeloupe, avec d'autres cadets de bonne maison, les Laporte, les Dulac, les Imberties, les Rayet de Douelle, les Boisse de Septfons, etc.

— *Jean*, fils aîné de Pons, succéda à son père comme chancelier. L'enquête ordonnée en pareil cas eut lieu par devant Pierre Louis de Besombes de Saint-Géniès.

Le 3 mars 1768, Jean rendit hommage à l'Evêque de Cahors, pour ses terres de Bélaye et d'Albas.

D'un acte d'hommage qu'il rendit le 21 septembre 1781 au seigneur « del Volvé », nous apprenons que le représentant de cette maison était alors « Haut et puissant « Seigneur Messire Armand François, Comte de *Durfort* « *Boissières*, seigneur del Volvé et autres places, habitant « Cahors. »

Le 11 juin 1779, Jean Lalbenque vend sa charge de Chancelier pour la somme de 15.000 livres. Le 12 janvier 1780, il reçoit une *lettre d'honneur* par laquelle « le Roi, « reconnaissant les services rendus par M. Jean Lalben- « que, lui conserve les honneurs, privilèges et préroga- « tives attribués au dit office ; et lui permet que, « nonobstant la résignation, il puisse se dire et qualifier « en tous ses actes *Notre Secrétaire ès Conseils.* »

L'office de Secrétaire du Roi conférait la noblesse ; aussi, Pons et Jean Lalbenque purent-ils prendre cette qualification sans aucun obstacle. L'acte d'assignation du 1er mars 1789, pour assister à l'assemblée des trois Etats à Cahors, porte : « Pour Dame de Foulhac, épouse de Noble Lalbenque. » A l'assemblée des Sénéchaussées du Quercy, en 1789, on lit comme faisant partie de

[1] Aujourd'hui Manisserre ou Séguéla.

l'ordre de la Noblesse : « Noble Jean de Lalbenque,
pour son fief des Albencats. »

Jean Lalbenque avait épousé Dame Hélène de Fouilhac, de la famille des Fouilhac de Mordesson, barons de
Gramat, dont il eut un seul enfant, Jeanne-Marie.

— *Jeanne-Marie* Lalbenque épousa Antoine *de Testas
de Folmont*, du Château de Folmont, près Bagat, le
31 août 1781. Celui-ci avait embrassé l'état militaire, et
servait en qualité de colonel dans le corps du génie
quand la Révolution éclata. Il était chevalier de l'ordre
royal et militaire de Saint-Louis. Pendant la grande
tourmente, il émigra, comme tant d'autres gentilshommes. Au mois de juillet 1795, il prit part, avec un de ses
frères, à la malheureuse affaire de Quiberon, où il eut le
commandement du fort Penthièvre. On sait comment
les choses se passèrent. « L'Angleterre, sur les instances
« de Puysaye, avait préparé un armement considérable,
« qui, après avoir dissipé la flotte française, aborda
« dans les derniers jours de juin, à la presqu'île de
« Quiberon. Cinq mille émigrés y mirent pied à terre,
« et furent rejoints par un nombre à peu près égal de
« Vendéens. Mais la trahison livra le fort de Quiberon,
« dont les émigrés s'étaient emparés, et le général Hoche
« marcha droit au camp des royalistes. Puysaye, à la
« vue du péril qui menaçait les siens, remit le comman-
« dement au jeune de Sombreuil, et courut à l'escadre
« anglaise pour y chercher du secours. Sombreuil se mit
« en défense. Acculé sur le rivage, il fit face avec sept
« ou huit cents gentilshommes, et protégea le rembarque-
« ment. Quelques chaloupes, surchargées de monde,
« coulèrent à fond. Cependant, les frégates anglaises ne
« cessaient pas de tirer à mitraille sur l'armée républi-
« caine ; d'un autre côté, le désespoir pouvait rendre
« terrible la résistance de sept cents émigrés rangés en
« bataille sur le rivage. Hoche, qui voyait mieux que

« personne ce que lui coûterait la victoire leur proposa
« un accommodement : il promit la vie, la liberté même à
« tous ceux qui mettraient bas les armes. Le traité fut
« signé de part et d'autre. Mais la Convention, au mépris
« de la capitulation, donna l'ordre de fusiller tous les
« prisonniers. » (1).

Antoine de Folmont se trouva du nombre. Peu de
temps avant l'exécution, il écrivit à sa femme la lettre
suivante pieusement conservée dans sa famille.

« A la citoyenne Folmont, à Cahors. — Vannes, le 1er
« août (1795). Aujourd'hui encore, ma toute aimée, plus
« préparé à l'arrêt qui m'attend, je t'en parlerai avec
« plus de calme et de détail. A l'arrivée des armées fran-
« çaises en Hollande, je gagnai l'Angleterre, où le besoin
« de vivre et celui de fournir à mes parents et amis,
« particulièrement mon neveu, m'a fait accepter un
« secours en forme de subsistance, de la part du gou-
« vernement anglais, qui a pris texte de là pour me
« comprendre dans l'envoi d'une armée de 3000 hommes
« qui débarqua le 27 juin entre Vannes et Auray, sans
« que nous eussions connu d'autre destination que celle
« de Gersey et Guernesey. Le 21 juillet, nous avons été
« faits prisonniers, et l'ordre de la Convention est de
« nous juger avec sévérité. J'ai déjà la plus grande
« partie de mes infortunés camarades qui n'existent
« plus, et le même sort m'attend à tous les instants.
« Le bon Dieu m'a fait la grâce et fourni les moyens
« de me préparer à ce terrible moment, qui ne serait
« rien s'il ne fallait me séparer pour toujours de ma
« femme et de mes enfants sans les avoir serrés dans
« mes bras. Console-toi, ma chère amie ; ton mari
« revivra, j'espère, dans la mémoire de tous les braves
« gens. Répète souvent son malheureux sort a ses

(1) J. Chantrel, *Histoire contemporaine*, p. 122, 123.

« enfants, et dis-leur que je meurs dans la confiance
« qu'ils honoreront et chériront leur mère doublement.
« Mon neveu est à Sohouthampton, en Angleterre, où il
« a appris assez la langue pour enseigner la française.
« J'espère qu'un jour il pourra t'entretenir du bien que je
« lui ai fait. »

« J'ai lieu de croire que mon frère (1) a péri hier ;
« Imbert subit le même sort que moi ; Soubira cadet
« n'est plus. »

« Dans le séjour que nous avons fait à Auray et ici,
« il n'est pas de secours, de marque d'humanité que
« nous n'ayons éprouvé des citoyens. A Auray, la
« citoyenne Dupart, fermière au Plessis, près cette ville,
« s'est chargée de t'appendre mon sort. Si elle ne le fai-
« sait pas, tu ferais bien de lui écrire. Ici, la citoyenne
« Baucozel, à Vannes, s'en charge de même. Ainsi, de
« part ou d'autre, tu apprendras que je n'existe plus.
« Mais je désire que tu saches par moi que mon dernier
« soupir aura été à mon Dieu, pour ma femme et mes
« chers enfants. Mourir est peu de chose, si j'étais isolé.
« Mais mourir sans voir ma femme et mes enfants, et
« surtout après avoir été flatté de la douceur de tomber
« en mains d'un régime plus humain !.... Dieu soit
« loué, et sa volonté soit faite ! J'ai la force nécessaire
« pour mourir, et Dieu, j'espère, me soutiendra. Adieu
« donc, moitié de moi-même ; souviens-toi de ton mal-
« heureux mari. Que tous mes parents, dont depuis
« deux ans je ne connais point l'existence, reçoivent mes
« adieux, et conservent à ma mémoire une part d'estime
« que mes malheurs me méritent. »

Antoine de Folmont eut trois fils : *Jean*, qui mourut

_____

(1) Il réussit à se sauver.

en bas âge (1); — autre *Jean*, qui s'établit à Folmont et devint maire de la commune de Bagat ; — et *Charles-Joseph-Hélène*, qui se fixa aux Atbenquats, plus connu sous le nom de *Chevalier de Folmont*. Celui-ci joua un rôle politique important sous le roi Charles X. Maire et conseiller général de Montcuq, il fut nommé *député* en novembre 1827, par la circonscription électorale de Puy-l'Evêque, en remplacement du marquis Chapt-de-Rastignac, successeur des anciens Barons de Luzech. Le chevalier de Folmont avait épousé Dlle Jeanne Solacroup, de Belmontet, qui lui opporta en dot le domaine de Ladevie et plusieurs autres propriétés. Il eurent, entre autres enfants, un fils, Dieudonné, qui épousa Dlle Marie de Bercegol. M. Henry de Folmont, issu de ce mariage, est le représentant actuel de la famille.

Les armes des Testas de Folmont sont : Ecartelé ; aux 1 et 4 d'azur, semé de billettes d'argent, à une cloche du même brochante : aux 2 et 3 d'argent, à la croix alésée de sinople. Couronne de marquis. Supports, deux lions. Devise : *Foy et renom*.

*
* *

BELLEGARDE. — Le domaine de Bellegarde appartenait à la famille de Guiscard.

Le 22 janvier 1594, au château de la Coste, Antoine de Guiscard (2), sieur de Jarnac assisté de son neveu Jean de Guiscard, seigneur de la Coste, — et sire Antoine *Coture*, bourgeois d'Albas (3), faisant tant pour lui que

[1] Les notes de la famille portent qu'il a été inhumé le 15 avril 1797 à l'Eglise N^e-D^e de Latour, commune de Bélay, par le citoyen Pergot, curé du même lieu.

[2] Fils de Jean Ier et de Sobirane de Genouillac, seigneur de Jarnac et de Lalaurie.

[3] Les Coture habitaient un immeuble proche le moulin d'Albas plus tard maison Bataille.

pour Marguerite de Fabre et Marguerite de Bel, mère et fille, — font l'échange suivant.

A. de Guiscard cède à A. Coture : un sien Repaire appelé de Pechgarel ou de Bellegarde, sis dans la paroisse de Bélaïc, consistant en maison, galinier, granges, étables, contenant le labourage d'environ deux paires de bœufs ; lequel confronte, d'une part avec le chemin tendant de Bélaïc à Montcuq ; d'autre part, avec la terre et couderc de Largoulet, que tient à présent le sieur de Montclara, et maison et terres des héritiers de feu Jean Pech dit Miche ; d'autre part, avec terres des héritiers de feu Léonard et Pierre Salvayre et terre de Jacmette Salvayre ; et des autres deux parts, avec le chemin tendant de Bélaïc à Grézels tournant au carrefour vers le village de Johan. Plus une pièce de terre pré et vigne sis en la dite paroisse de Bélaïc, terroir al Claux, qui confronte de deux parts avec le chemin tendant de Bélaïc à Montcuq ; d'autre part avec le chemin de la Mote ou de Malbouyssou ; d'autre part avec terre d'Arnaude Boudet, femme de Maître Jean Baille (ou Bayle) et terres de Jean Bel et d'Ant. Gailliacy. Le tout franc et quitte de toutes charges et hypothèques ; néanmoins noble pour la directe féodale (1) qui pourrait concerner le dit repaire et dépendances d'iceluy..... Et au cas le susdit repaire ou partie d'iceluy se trouverait chargé d'aucune quantité de rente due à autres seigneurs qu'au susdit seigneur de Jarnac et de la Coste, iceluy sieur de Jarnac sera tenu de rendre au susdit Coture autant de rente, ou la lui établir sur quelque sien fief de proche en proche.

En contre-échange, A. Coture cède au sieur de Jarnac plusieurs pièces de terres sises dans les paroisses de

(1) La directe féodale était le droit d'un seigneur sur le fonds qui relevait de lui en fief ou en censive.

Lagardelle, Pescadoires, Grézels et St-Jean et dans la juridiction de Lalaurie. A propos des confrontations, l'acte nomme les familles Rigal, Lacoste, autre Lacoste dit Crédo, Delpeyrou, Marseules, Delmas, Lagarn, Cantagrel, Roques, Lagrange, Dellac (ou Dulac) pour les terres de Lagardelle ; — Labro, Sarrettes, Demeaux, Delfour, Bertal, Grasio et Vaureilles, pour celles de Pescadoires ; — Eilles, Delbrel, Aymard, Braquet, Besse, Vidal, Guilhaumy, Resséjac, Capmas et Domayrou, pour celles de Grézels ; — Talou, Delpeyrou, Célébran, Nègre, Mouly, Colombou, Marseille, Rey, Massot, Debelmas, Salvan, Courrieu et Bourdet, pour celles de St-Jean ; — Lacombe, Decas, Baudel, Traversié, Gary, Vidal, Vialatte, Cavalié, Mazer, Domergue, Prieu, Laval, Billères et Laparra notaire, pour celles de Lalaurie. Le même acte mentionne un terroir del Prat-Morgal, c'est-à-dire pré de moines (1), situé aux environs de St-Jean, le long du ruisseau et sur le chemin de Ségos à Grézels, lequel avait appartenu sans doute au couvent dont nous avons parlé plus haut. (Acte communiqué par M. Maurice Pergot).

Le cadastre de 1602, article Bellegarde, mentionne sire *Jean* Coture, bourgeois du Bas, et porte la contenance du domaine proprement dit à 27 quarterées.

Le 9 mai 1623, noble Jean de Couture, sieur de Bellegarde, assiste, comme témoin, à la vente du domaine de Pons, faite par Jean de Guiscard, seigneur de la Coste, à Jean *Gasc*, marchand de Villefranche-de-Rouergue. L'acte est passé au château de Bellegarde.

En 1656, noble de Couture vend à noble Gaspard de la Bondie, sieur de la Gibertie, un pré situé à Lunac. (Livre des charges de Bélaye).

En 1661, une dame Françoise de Cangal, veuve à

(1) Mourgue signifie *moine*, dans le Midi, du latin *monachus* (Boucoiran, Dictionnaire des idiomes méridionaux).

M. *Antoine* Couture, se charge d'une terre au terroir del Combel. (Ibid.).

En 1667, à propos de confrontations, est mentionné *Jean* de Coture, sieur de Bellegarde. (Ibid.).

Le 27 mai 1669, demoiselle Françoise de Comarque, veuve à Jean de Coture, fait un obligé de 41 livres à Pierre Foissac, praticien de Bélaye, pour vente de blé qu'elle a reçu pour l'entretien de sa famille. (Min. Boulzaguet).

En 1680, noble *Jean* de Coture, fils à Jean et à F^se de Comarque, baille à Antoine Debelmas, charpentier de Bélaye, la réparation de son château de Bellegarde. (Arch. de Folmont, notes Bonamy).

Noble Françoise de Comarque, veuve à noble Jean de Coture, quand vivait habitant à son château de Bellegarde, fait son testament le 20 mars 1697. Elle veut que son corps soit enseveli dans la Grande Eglise de Bélaye et tombeau de son défunt mari. Elle lègue la somme de 5 livres à la Confrérie du Très-Saint Sacrement de l'Eglise de Bélaye, et difirentes sommes à ses filles : Jeanne, Gabrielle et Margote. Elle nomme héritier universel *Jean* de Coture, sieur de Bellegarde, son fils aîné. (*Min. B.*).

Jean épousa *Isabeau de Saint-Gily*, des Seigneurs de Péchaurié, aujourd'hui dans la commune de L'Herm.

Jean-Pierre de Coture de Bellegarde, leur fils, fait son testament le 7 octobre 1707. (*Min. B.*).

Les Coture vendirent le château et le domaine de Bellegarde en 1710. Nous voyons par divers actes que depuis plusieurs années, cette famille se trouvait dans la plus grande gêne. De temps en temps, elle vendait un quartier de terre. Parfois on omettait de payer les impôts, et des saisies étaient opérées par voie de justice. Ainsi, en 1695, « Guill. Houlières de Laromiguière, Raymond

« Delbès, laboureur de Lalande, et Raymond Cantagrel,
« sequestres commis aux entiers fruits de Noble Jean
« de Coture, à titre de consuls du lieu de Bélaye, la
« présente année, baillent à Antoine Raynaly, laboureur
« des Oms, les entiers fruits saisis au Sieur de Belle-
« garde, comme plus haut surdisant et dernier enché-
« risseur, au prix de 40 livres. » Deux mois après, c'est
le tour des consuls de 1694, M. Antoine Coture, de
Juillac, Géraud Soulignac, Géraud Séménadisse et Bertrand Maurel d'opérer contre M. de Bellegarde. « Faute
« de payement des impositions pour l'année 1694, soit
« 116 livres, ils ont fait saisir les entiers fruits, qui ont
« été vendus aux enchères pour le prix de 45 livres. Vu
« l'insuffisance des fruits, les consuls font saisir pour
« 116 livres sur 3 cartonats d'un pré au terroir de Lunac
« par Pierre Gouzou sergent, avec offre de précompter
« au propriétaire 45 livres. L'adjudication en fut faite
« devant la porte de l'Eglise. de Latour par Gouzou.
« M. de Bellegarde, voyant les grands frais que les
« consuls lui faisaient, les pria de vouloir bien prendre
« de son pré en payement. » *(Min. B.).* En 1701, on
trouve un acte de protestation des consuls contre Jean
Blanc et Jean Cantagrel, qui ont laissé prendre, malgré
le séquestre, les fruits saisis au Sieur de Bellegarde,
lequel avait refusé de payer la taille. *(Arch. de Folm.
Notes B.).*

Le principal créancier était *Raymond Foissac*, qui
acheta Bellegarde le 28 juillet 1710. *(Ibid.).*

*
* *

Les Foissac étaient, à cette époque, la famille la plus
importante du bourg de Bélaye. Praticiens, greffiers,
commerçants, propriétaires fonciers, on les trouve
mêlés à toutes les affaires du pays pendant le 17e et

le 18e siècle. En 1710, ils avaient un magasin d'épicerie et de draperie, et tenaient une espèce de banque qui rayonnait dans toute la région. Ils habitaient l'immeuble appelé aujourd'hui maison *Belmon*.

Raymond Foissac s'installa donc dans son « Repaire » de Bellegarde, ainsi qu'il se plaisait à l'appeler dans ses actes, non sans une pointe de satisfaction d'ailleurs bien légitime.

Le 18 août 1719, il marie *Jean*, son fils, habitant son repaire de Bellegarde, avel Dlle *Françoise Solacroup*, fille à Sr Jean Solacroup, bourgeois, et Dlle Marguerite Lalbenque, habitant à leur repaire de Belmontet. Dot de l'épouse, 2.000 l. ; une robe nuptiale suivant sa condition, 6 linceuls de brin, 2 nappes, 2 douzaines de serviettes fines, un lit neuf garni d'étoffe verte, un coffre fermé à clef. Dot de l'époux, la moitié des biens, plus 250 l. Parmi les témoins : Sr Pons Lalbenque, consul honoraire ; Sr Pierre Foissac, bourgeois de la paroisse de Bélaye. (*Min. B.*).

Le 9 nov. 1719, Raymond Foissac fait son testament. Il veut que son corps soit enseveli dans l'Eglise Grande de Bélaye, et au tombeau de ses prédécesseurs ; fait des legs pour messes et œuvres pies ; donne à Françoise sa fille, 200 l., outre la constitution du mariage, et nomme Jean, son fils, pour héritier universel. (*Ibid.*).

Raymonde-Henriette Foissac, fille de Jean, épouse, le 18 nov. 1766, *André Guilhou*, riche négociant de Parnac. Parmi les témoins : Messire Jean-Anne de Laduguie, chevalier de l'Ordre de St-Louis, et oncle de l'épouse ; J. B. Lestang de Foissac, bourgeois de Duravel, oncle de l'épouse ; Sales, colonel. (Reg. de cath. de Bélaye).

Les nouveaux époux fixent leur résidence à Parnac. Le 15 août 1788, François Guilhou et Henriette Foissac assistent, en qualité de parrain et de marraine, au baptême de la cloche de Bélaye. (Ibid.).

Les époux Guilhou eurent, dit-on, 23 enfants, qu'ils ne virent tous réunis à leur table qu'une seule fois. De ce nombre fut l'abbé *Jean Guilhou*, qui reçut Bellegarde pour sa part d'héritage. Il fut maire de Bélaye pendant de longues années, et jouit d'une grande influence auprès des pouvoirs publics. C'est lui qui introduisit et vulgarisa dans sa commune la culture de la pomme de terre, vers 1825. L'abbé Guilhou, quoique prêtre, n'eut jamais charge d'âmes. En 1790, il prêta serment à la Constitution civile du clergé, ce qui lui valut de traverser sans être inquiété la tourmente révolutionnaire. Sur ses vieux jours, il se rétracta et fit sa réconciliation avec l'Eglise. Il mourut le 7 février 1830, et fut enseveli dans sa Chapelle de Bellegarde.

CHAPITRE XVI

Familles populaires. — Taillable de Bélaye. — Taillable de Lalaurie. — Notes.

Après avoir parlé assez au long des familles importantes de Bélaye, il n'est que juste de dire quelques mots des familles populaires.

Pour dresser le tableau qui suit, j'ai consulté : 1º Le cadastre de 1602, fort incomplet, du moins pour ce qui regarde le bourg de Bélaye (1) ; — 2º Le cadastre de 1673 (2) ; — 3º Le livre des charges ou mutations, de 1661 à 1672 (3) ; — 4º le livre des charges de 1685 à 1791 (4) ; — 5º Le cadastre de Lalaurie de 1655 (5) ; — 6º Le livre des charges de Lalaurie, allant de 1686 à 1789 (6) ; — 7º Les registres de catholicité de Bélaye et de Latour, qui ne concernent guère que le xviiiᵉ siècle, et qui sont fort incomplets, surtout ceux de Bélaye (7) ; — 8º Un Rôle d'impositions de l'année 1764, appartenant

---

(1) Appartient à M. de Folmont.
(2) Appartient à la Mairie de Bélaye.
(3) A M de Folmont.
(4), (5), (6), (7) A la Mairie de Bélaye.

à la famille Bernadou de Labeille ; — et 9° un grand nombre d'actes tirés des minutes Boulzaguet de Charroux.

J'ai pris pour base de ce petit travail le Cadastre de 1673, parce qu'il est le seul complet pour le Taillable de Bélaye. Tous les emprunts que j'y ferai seront placés entre guillemets. Je mettrai au bas de la page, sous forme de renvoi, les extraits du cadastre de 1602. Enfin, j'ajouterai quelques notes concernant certaines familles. Je mentionnerai en général les *surnoms*. Ceux que je citerai n'auront rien d'offensant pour personne, et ils auront le grand avantage de servir de fil conducteur pour suivre certaines familles à travers les changements de noms qu'elles ont subi au cours des siècles.

BOURG DE BÉLAYE (1)

« Les héritiers de Louis *Jaussen*. »

« M⁰ Barthélémy *Cluzel*, notaire à Bélaye ; maison et « boutge, jardin et terre à Bélaye, confronte avec rue « allant de l'Eglise Petite à la Grande, d'autre part avec « autre rue appelée Carrière-Basse, allant de la Porte de « la Faurie à la Grande Eglise. »

« M⁰ Pierre *Foissac*, praticien ; maison, terre, pactus, « confronte avec le Mercadiel ; d'autre part, faisant cap-« martel, avec la Grande Rue allant de la Grande Eglise « à la Petite ; d'autre part avec chemin allant de la

(I) Cadastre de 1602 La ville de Bellaye. Mlle *de St-Maurice*, maison dans le Fort de Bélaye. — M⁰ Raym⁰ *Jaussen*, notaire, maison au Barry-Nault. — M⁰ Raym⁰ *Monville*, praticien. — Guilhalme *Moly*, maison à la Carrière-Basse. — Jacmette *Lacombe*. — Marguerite *Gilly*, à la Carrière-Basse. — M⁰ Jean *Foissac* praticien. — Arnaud *Boulzaguet* meneschal, au Barry-Nault. — Bertrand *Martrous*. — Bernar⁰ *Labonde*, à la Carrière-Basse. — Laurent *Bel*. — Les hérit. de Jn *Cornil*, au Barry-Nault. — Les hérit. de M⁰ Pierre *Gouzon*, au Barry-Nault. — Les hérit. de Jn *Galhac* dit *Galhacy*, dans le Fort de F. — Les hérit. de Guilhem *Lula* dit Cambo de Couny — Les hérit. de M⁰ Guil⁰. *Rascouaille*, notaire, boriage à Belleguine avec maison ete. — Un acte de 1582 mentionne Pierre *Lagora*, cordonnier à Bélaïc. — En 1665, on trouve Jean *Laparra* laboureur de Bélaye.

« Grande Rue au Mercadiel... Tient maison à Peyre-
« mouly, qui a été de Jean Laparra... Tient maison à la
« Vergne, qui a été de Mathurin Lagar. »

« Jean *Foissac*, cordonnier ; maison et jardin, con-
« fronte avec la Grande-Rue et avec chemin allant de
« la Grande-Rue au Mercadiel... Tient autre maison à
« Bélaye, appelée la Mirande, qui avait appartenu aux
« Chanoines Réguliers. »

« Mathurin *Clerc*, gendre de Rouby. »

« Marc *Bouzou*, dit *Rouby*. »

« Les héritiers de Mathurin *Bousquet*. »

« Jean *Vixès*, meunier de Floyras, héritier de Barthé-
« lemy *Andral*. »

« Pierre *Baylé*, boutge au Pourtanel. »

« Les héritiers (1) de Raymd *Lafon* faure, boutge devant
« l'Eglise Grande, confronte avec la muraille de la Ville,
« avec le portail de la dite Ville. »

« Les hérit. de Blaise *Monville*. »

« Pierre *Boulzaguet* Grélou, à la Carrière-Basse. »

« Jean *Laviguerie Tarralhou*, boutge à la Carrière-
« Basse, près le portail de la Ville. »

« Les hérit. d'Antoine *Chambayrac*. »

« Les hérit. de Jean *Bel* Philippon. »

« Les hérit. de Méric *Roques*.

« Les hérit. de François *Bouyssié*, à la Carrière-Basse. »

« Guillaume *Rascouailhe*, faure, à la Place. »

« Antoine *Sirech*, travailleur, maison sur la Rue qui
« va de la Place au Pourtanel. »

« Jean *Malvy*, travailleur. »

« Jean *Sarrazy*. — Raymd *Bonpon*. — Jeanne de
« *Belou*. »

« Les hérit. de Pierre *Foissac* et de Bernard *Debelmas*. »

---

[1] On appelle héritiers ceux qui succèdent à un titre quelconque,
soit enfants, soit toute autre personne.

« Jean *Aldebert*, maçon, sur la Grande Rue, près
« l'Eglise Grande. »
« Antoine *Baudet*. »
« Les hérit. de Pierre *Laviguerie*, à la Carrière-Basse. »
« Raymond *Montagne*, à las Costes de Bélaye. »
« Les hérit. de Bertrand *Aldebert Pardalhan*. »
« Jean *Bel*, fils de Raymond. »
« Antoine *Guingal L'Huret*, à la Carrière-Basse. »
« Antoine *Bel*, maître cordonnier. »
« Bernard *Aldebert*, à la Carrière-Basse. »
« Me André *Bousquet*, prêtre. — Raymd *Bousquet*. »

LE MAYNÉ anciennement appelé DAFFAS.

« Pierre *Bonafous*. — Mathurin *Monville*. — Bernard
« *Bel*. En note : *Cougot* est chargé de cet article en 1721. »

BELLEGARDE, JOAN (1) et LA BEILHE.

« Bellegarde. — *M. de Bellegarde*, château, gran-
« ges, étables, pigeonnier.
« Joan ou Séguy. — M. *Dinéty*, médecin (de Puy-
« l'Evêque). Domaine à Jouan, de 32 quarterées. — Jean
« *Doumerg*. — Guill. *Salvayré*. — Etienne Salvayré. —
« Pierre Salvayré.
« Rouziès. — Jean *Demeaux*. — Antoine *Rouenc*. —
« Pierre *Récéjac*. (2) — Jean *Récéjac*. — Les héritiers de
« Bernard *Demeaux*. »
« La Beilhe. — Pierre *Gailhacy* de Puy-l'Evêque,
« chapelier, maison à la Beilhe. — Les hérit. de Raymd

[1] Cad. 1602. *JOAN*. Françoise *Fabre* et Marguerite *Salvayr*,
mère et fille 88 quarterées. — Arnaud *Salvayre*, dit Arnaudou. —
Jeanne *Salvayre*. — Jacmette *Salvayre*. — Raymond *Salvayre*. —
LA VEILHE. Antoine *Roques*. — Louis *Lagrange* dit Loïzou. —
ROUZIÈS. — Les hérit. de Bernard *Lagrange*. — Les hérit. d'Antoine *Lagrange*. — Les héritiers d'Ant. *Lagrange* dit Rosiés. Les
hérit. de Jean *Lagrange*.
[2] Les Récéjac sont mentionnés en 1666.

« *Labonde* et Pierre *Lafargue* de la Beilhe, à présent
« Charles *Lafargue*. — Raym^d *Roques* de la Beilhe. »

SÉGUÉLA (1)

« Jean *Delbès*. — Pierre *Bel*, l'article qui a été de M^e
« Antoine Couture. »

LES HOMPZ (2).

« Jean *Raynaly* ; maison aux Ons, sur le chemin de
« Grézels à Carnac ; autre maison aux Ons ; autre mai-
« son à Monville ; vigne à Graulan qui a été de Jamme
« Raynaly. En note : la maison de Monville a été
« déchargée sur Jean Monville Petit Jean, en 1721. »
« Les hérit. de Jeanne *Raynaly*. »
« Les héritiers de Bernard *Cantagrel*, ou *Lafon* son
« petit fils. »
« Les hérit. de Pierre *Lagrange*. — Hugues *Brunet*
« Minguet. »
(*MARTY*). « Pierre *Bonafoux*, nebout de Parbes. Mai-
« son à Marty, sur chemin de Bélaye à Bovila. »
(*GAYDOU*) « Antoine *Autefage Dansayré* ; maison à
« Gaydou ; boutge à Bélaye sur chemin de Juillac,
« passant le long de la Petite Eglise. »

GUERRE (3) ET LANDIECH

« Antoine *Raynal* dit *Guerre* ; maison al Soulié-Bas ;
« tient vigne al Playssou qui a été de Pierre Guerre. »

---

(1) Cad. 1602. — SÉGUELA. Arnaud *Bénech* ; maison au village
de la *Cabanaque*. Mentionné dans son article : terre de Pierre *Raynaly*. — Etienne *Bénech*.
(2) LES HOMPS. Gabriel *Richart*. — Les héritiers de Raymond
Séguéla, maison sur chemin de Jouan à Montcuq. — Les hérit. de
Guilhem *Séguéla* ; mentionné dans son article : Pierre *Arnaldy*. —
Les hérit. d'Antoine *Séguéla* ; mentionné dans leur article : terre de
Pierre *Raynaly*.
(3) Le nom de Guerre indique assez que ce lieu a été le théâtre
de quelque combat.

« Pierre *Bayle* dit Landiech, maison al Soulié. (1) »

LA LANDE (2)

« La *Dame Seigneuresse* de la Lande.... tient boutge de
« maison pactus et Sévenne à Bélaye, appelé la *Cave du*
« *Boulvé*, confronte au chemin de la Place au Pourtanel,
« du fond avec Lolt. »

« Guiral *Massip*, à la décharge de la Dame du
« Boulvé.... Ayral de tour et château à la Lande. »

« Mathurin *Boudet*, à la Place. — Françoise *Bousquet*,
« à la Lande. — Antoine *Cluzel*, dit *Beulaygue* à la Place.
« — Etienne *Bley*, à las Planes. — Guill. *Gilly*, à la
« Place. — Jean *Foissac*, pour Jean *Cluzel* son beau-père,
« à la Lande. — Raymond *Delbès* laboureur. (3) — Guil-
« laume *Sanhies*. — Mathieu *Delsol*, à la Lande. — Jean
« *Blanc Picard*, à la Lande. — François *Poujade* jeune,

(1) Cad. 1632. Maistre Jehan *Bayle*, praticien ; maison, grange, etc.
au village del Solié... terre au terroir des Camps des Pinhés, sur
chemin appelé de Roffiac, et chemin de service du village de Mem-
mon.

(2) Cad. 1602. LA LANDE, Le Seigneur de la Lande... tient le
boriage d'Hugoye et village de Laures (22 quarterées)... Maison, châ-
teau, etc. à la Lande. — Antoine *Rey* dit *Brugel*. — François *Boudet*
dit *Bardoc*, à la Place ; mentionné dans son article . les héritiers de
Jean *Delbès*.. sa part de maison et pactus communs à la Lande. —
Jean *Gilly* dit *Daurence*, au vill. de Laures. — Jean *Caville*. — Jean
Blanc dit Picard ; sa part de maison et pactus communs au lieu de
là Lande. — Jean *Delsol*, fils del Magiste, sa part de maison, etc. —
Jean *Roquié Peloyé*, sa part, etc. — Jeanne *Calhac*, sa part, etc. —
Jeanne *Bugis*, au Fourna rat. — Jeanne *Delsol*. — Les hérit. d'Hugues
Delmoly. — Les hérit. de Pierre *Delsol* dit Peye de la Place, sa part
de maison, etc. — Les hérit. de Géraud *Baudet*, sa part etc — Les
hérit. de Géraud *Boudet* dit Bourru. — Les hérit. d'Arnaud *Mirabel*.
— Les hérit. de Jean *Boudet* dit Blayou, sa part etc. — Les hérit. de
Jean *Rascoualhe* dit Jean Pichou. — Les hérit. de Jean *Galhac*, sa
part etc. — Les hérit. de Jean *Gilly* dit Petit. — Les hérit. de
Guilhalme *Rey*, sa part etc. — Les hérit. de Jean *Bartes*. — Margue-
rite *Boudet*, sa part etc. — Marguerite *Crayssac*, sa part etc. — Peyronne
Boudet, sa part etc. — Ram^d *Gilly* dit Barbayrou à Laures. — Raym^d
Galhac dit Ramonet, sa part, etc. — Géraud *Lalau*. — Raym^d *Baudet*,
sa part etc.

(3) Jean Delbès est consul en 1661.

« à la Lande. — Jean *Vialate* pour Antoine *Baudet* à la
« Lande. — Jean *Lascombes*. — François *Poujade* vieux.
« — Pierre *Roques*, à la Lande. — Armand *Lascombes*
« pour Jean son père, à la Lande. » (1)

HUGOYE

« Jean *Counil majassy*, maison à Majassy. »
« Pons *Aldhuy*. — Pierre *Broussi*. — Bernard *Broussi*. »

(1) Fief de LALANDE, aux seigneurs du Boulvé. « Du 9 mars
« 1456, lo noble home Bertrand d'Orguél, senhor del Bolbo, arrendet
« e bailet a nouvel fios e a toljor durable, a Guilhem Gailhac, Guil-
« hem Boudet, e a Daude Rey, habitans de la parroquia de Canhac,
« dioceze de Rodez, e a Ramond Bartez, de la parroquia de Peyrussat,
« al dit dioceze de Rodez etc., una certena quantitat de terra, pausada
« en lo fach e ténement de la Landa, pausat en la parroquia de Belay
« etc., confronta d'una part, devers la part de las Naukes, e en las
« terras de Jamme Richard ; per lo costat e d'autra part, per lo dig
« costat ab lo camy de Bélay al dig la Landa ; d'autra part, ab lo
« camy que part de Montcuq e tira a Grézels ; e d'autra part, tenen
« lo dig camy de Grézels d'aqui az Breziés (de Marty), oun d'autras
« bets (autres fois), per lo temps passat, se era tracha mina de fer ; e tot
« aysso es dela lo camy devers la partida de la Landa ; e d'autra part,
« d'aqui parten, travessen la comba d'aqui als Breziès de Pechestournel ;
« et d'autra part, d'aqui tirent tot lo terme de la Comba de la Barta,
« d'aqui al terme de Pechestournel e a las terras des hérítiés de Poncet
« de Braquet de Grézels. »

Fief de LABAJANIE, aux seigneurs de la Coste. « Du 29 juin
« 1473, la nobla dona Aldetta Valetta, e lo noble Johan de Golard,
» senhor de Brassac, e los nobles Johan de Luzech, senhor del dig loc,
« e Folc de Lezergas senhor de Cuzor, Bernard de la Bouissiera,
« senhor de Naces e de Gayrac, tutors testamentaris de noble Antoni
« de Giscard donzel, fil e heritier universel del noble home Guilhem
« Bertrand de Giscard donzel, condam (autrefois) senhor de la Costa,
« de lor bon grat etc., an bailat e arrendat a Ramond Cluzel, e a
« Johan may viél, e a Guilhem e a Johan may jouve, e a Peyre del
« Cluzel, labouradours habitans de la Costa, parroquia de Saint-Bénech
« etc. item may una pessa de terra e de prat, tot a un tenement ; e la
« terra en que lo prat es situat, en la parroquia de Belayc, terrador
« appelat de la Bajania, que confronte per lo cap en lo camy per lo
« qual on va de Grezels a Montcuq , e per lo costat, en las terras d'en
« Johan Negre, sartre (tailleur) de la Costa ; per lo fóns, en la meja
« comba del Capmas ; e per l'autre costat, en las terras des homes
« de la Landa ; e d'autra part e d'autre costat, en la terra herma
« (friche) de Bernard de Guingal. » *(Archives de Guiscard).*

ROQUEBAUDY et PECHDAOUST

« Bernard *Aldhuy*, à Pechdaoust. — Antoine *Prieu*
« *Losse*. — Arnaud *Andral*, Pechdaoust. — Raym^d
« *Andral*, à Roquebaudy. — Pierre *Mazer*. — Jean
« *Mazer*. — Bernard *Mazer*, maison qui a été de *Gary*
« *Moine*, à Roquebaudy. — Jeanne *Mazer* à Roque-
« baudy. »

TERRÉ

« Gabriel *Cantagrel*. — Antoine *Cluzel*. »

« Antoine *Canhac* du Bourrilhou ; maison, moulin,
« etc., au Bourilhou. » En 1663, Antoine Canhac acquiert
un douzième du moulin del Bourrilhou.

LA ROUMIGUIÈRE

« Jean *Soulhé* (1). — Jacques *Salacroux*. — Guill.
« *Hollières* (2) pour Pierre *Aldhuy*. — Pierre *Lacombe*
« *Trincounel*. — Arnaud *Delmas*. — Antoine *Séména-*
« *disse*. — Charles *Salacroux*. — Pierre *Salacroux*,
« meunier. »

LES CALPERNADES et VISCOMTÉ

« Etienne *Gilly*, de Viscomté. — François *Cantagrel*,
« à las Calpernades. — Antoine *Pouzet*. — Jean *Pouzet*.
« — Bernard *Rascouaille*. — Les hérit. d'Etienne *Gillis*.
« Les hérit. de Pierre *Laborie*. — Antoine *Delmas*. » (3)·

(1) Les Soulié sont signalés en 1661.
(2) François Olières était consul de Bélaye en 1666
(3) Cad. 1602. — ROQUEBAUDY. Arnaud *Andral*. — Catherine
Andral, femme de Poncet *Prieu*. — Catherine *Andral* jeune, femme
de P^{re} *Mazer*. — Jean *Andral*. — Jacques *Antral*. — Jean *Andral*
dtt *Lamblayre*. — Louis *Andral*. — Jean *Gary* dit *Moyne*, au village
des Andrals, sur chemin de Roquebaudy à Pons. — Jean *Froment*, au
vill. des Andrals. — Jean *Andral* à Roquebaudy. — Les hérit. de
Raym^d *Andral* à R. — Les hérit. d'Antoine *Andral*. — Les hérit. de
Jean *Guéry*. — Poncet *Prieu*. — Raym^d *Cluzel*, à Tarré. — Raym^d
Andral jeune à Roquebaudy.

MONVILLE et CHARROU (1)

« François *Monville* sur chemin de Castelfranc à
« Montcuq et chemin de Bélaye à Cousserans. — Pierre
« *Monville*. — Les hérit. de Jean Monville Petit-Jean.
« — Jean *Imbert* de las Séguinies (Audy). — Géraud
« *Gouzou* à las Séguinies. — François *Lagar*, à Pégaret.
« — Jean *Bolzaguet*, à Charrou. — François *Bolzaguet*
« vieux, à Charrou. — Antoine *Hébrard*, à Charrou. »

LATOUR, LAGRÈZE et FONGÈME

« Me Arnaud *Lalbenque*, procureur d'office aux
« Albenquats. »
« Me Jean Lalbenque, Conseiller du Roy et Maire de
« Bélaye…, maison, grange, pigeonnier à Cayac. »

LA ROUMIGUIÈRE. Ant. *Salacroux*. — Jean *Salacroux*, dit Tarré.
— Jean *Aldhuy*, dit Roumiguière. — Les hérit de Jean *Gilly*, dit
Gardy. — Les hérit. de Bertrand *Aldhuy*, dit *Martinet*. — Marguerite
Aldhuy. — Pierre *Aldhuy*. — Pierre *Aldoy Magiste*. — Pierre *Aldouy*
dit *Peyrotonel*. — Ant. *Aldouy*, dit Bourrilhou, maison et moulin au
Bourrilhou — Marguerite *Aldhuy*. — Cathérine *Aldhuy*. — Guilhem
Aldouy.

LES CALPRENADES. Catherine d'*Estang*. — Guiot *Gilly* et
Peyronne de Romieu, mariés. — Les hérit. d'Arnaud *Gilly*. — Les
héritiers de Guinot *Garic*. — Les hérit. de Pierre *Gilly*. — Les hérit.
de Guiot *Gilly* vieux. — Pierre *Gilly*, dit *Lhérétié*. — Les hérit.
d'Andrieu *Gilly*. (Mentionné un terroir appelé del Safranié, c'est-à-dire
safranière, lieu où l'on cultive le safran).

(1) Cad. 1602. — MONVILLE. Bertrand *Boulzaguet* dit Paupaloune,
à Charrou. — Catherine *Monville*. — Géraud *Gouzou* au vill. d'Audy
— Géraud *Gouzou*, dit Gouzounet. — Jean *Monville* dit Pichou, al
mas d'Audy. — Jean *Monville*, dit Petit-Jean. — Jean *Boulzaguet* dit
Paupaloune à Charrou. — Les hérit. de Pierre *Monville*, à Monville. —
Les hérit de Jean *Monville*, dit Joanotis, à Monville. — Les hérit. de
Jean *Daudy*, dit Lacavalerie, au vill. d'Audy. — Les hérit. de Pierre
Lapeyre, à Charrou. — Pierre *Lagar*, maison, grange, etc. au vill. de
de *Lagar*, sur chemin de Bélaye à Monville et autre chemin de Floyras
à Monville… Tient terre et grangeal au village de Fages, autrement
dit la Vernhe. — Jean *Albert* et Cath. Monville, mariés, au vill.
d'Audy.
LA TOUR. — Bernard *Roquet*, dit Chaffre, à la Grèze. — Antoine
Vignal. — Géraud *Baudet* jeune, maison au village de la Selve. —
Jeanne de *Séguy*, à Fongème. — Jean *Cantagreil*. — Jean *Lalbenque*.

« Blaise *Lalbenque*, aux Albenquats, près le moulin. —
« Jean *Froment Tempère*, à Triguedina. — Me Antoine
« *Ségala*, praticien ; maison et deux moulins à Latour.
« — Barthélémy *Cach*, à Fournié. — Antoine *Rouenc*, à
« Manisserre. — Géraud *Monville*, item. »

« François *Baudet*, à la Grèze. — Raymond *Baudet*,
« item. — Antoine *Baudet*, item. »

« Antoine *Séguy*, à Fongème. — Etienne *Chapt*, car-
« deur, à Berris, sur chemin de Fongème à Latour, et
« chemin de Juillac à Cénac. — Jean *Garric*, à Latour. —
« Pierre *Clerc* d'al Néquet, au vill. des Séguinies, autre-
« ment del Néquet. — Jean *Alblanchez* dit Léonard, à
« las Séguinies. »

« Le Seigneur de *Cousserans*... Pigeonnier à las Cal-
« pernades ; château de Cousserans ; château de Roque-
« baudy..... » (1).

FLOYRAS et JUILLAC

« Le *Seigneur marquis de Montcléra*, pour la place de
« Floyras... La Borie-Naulte ; château, moulin, pigeon-
« nier à Floyras ; deux îles dans la rivière du Lolt, et le
« moulin de Lolt. »

« Me *Dinety* (Jean, avocat à Puy-l'Evêque) 67 quarte-
« rées. »

— Les hérit. de Jean *Garrigou*, maison à Fournié, qui avait été de Pierre
Laparre. — Les hérit. de Jean *Séguy*. — Les hérit. de Jean *Roques*,
dit de la Matardène. — Les hérit. de Guilhem *Séguy*, dit de Fongème,
— Les hérit. de Jean *Vignal*, à Latour. — Les hérit. de Dorde *Séguéla* ;
maison, moulin, etc. au vil. de Dorde, sur chemin de Cousserans à
Latour. — Les hérit. de Guilhem *Baudet*, à la Selve. — Les hérit. de
Géraud *Baudet* vieux, au vill. de la Selve. — Les hérit. d'Antoine
Séguéla, au vil. de Manisserre, à la Combe de Graular. — Pierre
Lalbenque dit *Tourrenc*, maison et la moitié d'un moulin à Jouaneau,
autrement Torrène. — Pierre *Baudet*, à la Selve. — Pierre *Lalbenque*,
dit Potou, à Jouaneau. — Jean *Roques*, dit Néquet, au vill. de la
Séguinie.

(1) Cad. 1602. Monsieur de Cousserans... un Château ruine au lieu de
Roquebaudy.

« Mⁱ Jean *Bolzaguet* praticien, à la Sus. — Raymond
« *Clerc Taboury*, à Juillac. — M⁰ Raym^d *Delsol* notaire,
« tient l'article des hérit. de Raym^d Boulzaguet, à Juillac.
« — Mathurin *Pélissié* marchand ; maison et tuilerie,
« sur le Lot et au midi de la Carrière Ségalenque qui va
« de Toni au Lolt. — Les hérit. de Jean *Bertal* au Mayné
« de Bertal. — Bertrand *Maurel*, au Mayné de Bouyssou.
« — Arnaud *Séguy Peyrassou*, au Mas de Bouyssou. — Les
« hérit. de Jean *Malvy*. — Arnaud *Garrigou*. — Mathu-
« rin *Bouysset* et Raym^d *Lafage*, au ville de Bouyssou.
« — Laurent *Bouyssou*, au Mayné de Bouyssou. — Les
« héritiers de Jean *Lafon* et d'Hugues *Vidalenc*, au vill.
« de Toni, autrement del *Palays*. — Les hérit. de Louis
« *Lémosy*, à Juillac. » (1)

« Bernard *Bolzaguet* faure, maison et jardin al Mayné
« de Touny, confronte, du Midi, jardin et maison de
« Lémosy et place appelé *Lou Palays* ; du couchant,
« chemin de Floyras à Anglars ; du septentrion, jardin
« et maison de Raym^d Pélissié, notaire. »

« M⁰ Arnaud *Pélissié*, bachelier, à la place de feu
« Raym^d son père, au vill. de Touny. — M⁰ Jean *Pélissié*,
« notaire, à la place de feu Géraud, son père, al mayne
« de Touny. — M⁰ François *Bolzaguet*, praticien, à
« Touny. »

« Géraud *Baureilhes*, au Mayne de Granié. — Pierre
« *Ferrié* item. — Bertrand *Baulez*, it. — Jean *Cournil*,

(1) Cad. 1602. — Les héri⁴. d'Arnaud *Séguéla*, maison et teulière
à Séguéla. — Les hérit. de Raymd. *Boulzaguet*, dit Couturier, à Tréga⁻.
— Pierre *Séguéla*, au vil'. de Séguéla, sur le fleuve de Lol⁴. — Les
héritiers de M⁰ Jean *Bolzaguet*, au vill. de Bouyssou. — Françoise
Bouyssou, dite Longuerre. — Guillalm *Domerc*. — Peyronne *Lafon*,
au vill. de Lafon, sur chemin qui va du port del Saulou au Bas. —
Raymd. *Récéjac*, à Granié. — Raymd *Boulzaguet* dit *Rumel*, à Palla-
tas ou Pellatan (Enclos de Floyras), — Marguerite *Ferrié*. — Pierre
Boulzaguet, dit *Ristre* ; maison à la Grave, sur chemin du Bas au fleuve
de Laoult... (Le reste manque)... Géraud Jaffreau de Juillac est
mentionné en 1661.

« item. — Jean *Roques*, item. — Jean *Bolzaguet* mar-
« chand, item. »

« Me Arnaud *Lagar* praticien, au Mas de Lafon, sur
« chemin d'Anglars à Floyras. — Antoine *Estampe*,
« même village. — Les hérit. d'Héliot *Besombes*, it. »

« Antoine *Brouel*, au Mas de Fontaine. — Jean *Alde-*
« *bert*, au même mas. Bertrand *Lacoste*, item. »

« Raym^d *Bouyssou*, maître tailleur, au mas de Peyrus.
« — Pierre *Delfour*, it. — Pierre *Maurel*, maçon, it. »

« Jean *Lacoste*, au mas de la Bouyguette. — Arnaud
« *Lacoste*, même mas. — Jean *Lacoste*, cardeur, item. —
« — Jean *Salban* Barbefi, item. — Pierre *Sirech*, item. —
« Pierre *Vidalenq Tracas*, item. »

« Pierre *Bourdarie Peyrou*. — Jacques *Bourdarie Siren-*
« *ne*, au mas de Saulou. — Sieur Pierre *Couture*, bour-
« geois du Saulou. — Pierre *Couture*, marchand, au
« Saulou. »

« Louis *Jouffreau* Fauret, au mas de Fauret, autrement
« des Emmilhés. — Pierre *Bouyssou*, tailleur, au Saulou.
« — Jean *Ségala*, au mas de Ségala. — Le sieur *Lhézéret*
« pour l'article de Jean *Tessière*, marchand. — Jean
« *Jauffreau* faure au mas de Ségala. — Bertrand *Jauffreau*,
« à Ségala. »

LES CAMBOUS (ou PEYREBOSC) (1)

« Me François *Brugel*, praticien, à Peyrebosc. — Jean
« *Brousse*, à Peyrebosc. »

MANISSERRE

« Les hérit. de Jean *Manisserre*. — Jean *Manisserre*

(1) Cadastre de 1602. Arnaud *Manisserre*, maison et teulière à Manisserre. — Raymond *Manisserre*, à Manisserre. — François *Garrigou*. —
Jean *Garrigou* dit de Lanthonye. — Jeanne *Manisserre*, dite Langlèze,
à Manisserre. — Jean *Lacoste*, tailleur, à Peyrebosc. — Jean *Vaules*
vieux et Jean *Vaules* jeune, à Roches. — Lissandre *Garrigou*, dit
Lissendrou. — Maistre Jacques *Brugel*. — Maistre Jean *Garrigou*. —
Pierre *Joan*, dit Peyrebosc, à Peyrebosc.....

« *Peyrichou.* — Pierre *Laporte.* — Raym^d *Manisserre*
« *Maynard.* — Jean *Brunet.* — Jean *Manisserre Lonclette.*
« — Ant. *Montagnac.* »

LE MAS DE ROCHES

« Jean *Marmié.* — Jean *Baulez.* — Pierre *Albert.* —
« Pierre *Delparc.* — Pierre *Caminade.* — Pierre *Gar-*
« *rigou.* » (1)

TAILLABLE DE LA LAURIE (en 1655)

« Messire Arnaud *de Guiscard,* chevalier, seigneur de
« Lalaurie, Lagardelle et autres lieux, dit *M. de Lagar-*
« *delle,* gentilhomme ordinaire de la Chambre du Roy,
« sa part du château et du moulin dit de la Laurie. —
« Messire George *de Guiscard de la Coste,* seigneur de
« la Laurie, la Coste, Grézels, Pons et autres lieux ; sa
« part du Château et du moulin. »
« Maistre Pierre *Lacombe,* praticien. — Les hérit. de
« Géraud *Lacombe.* — Les hérit. de Philip *Rigal.* —
« Arnaud *Vidal.* — Pierre *Sales.* — Jean *Sales,* dit
« *Perricard.* — Les hérit. de Pierre *Lacombe,* dit Biardou.
« — Antoine *Décas,* roudier. — Jean *Prieu.* — Guill.
« *Mazer,* dit Paloffy. — Louis *Vialatte.* — Guill. *Vialatte.*
« — Ant. *Lacombe.* — Jean *Monville.* — Guill. *Mazer,* dit
« Messios, meunier de la Laurie. — Miquel *Delmas,*
« maison au vill. appelé de Péricard, autrement la
« Laurie. — Ant. *Mélines.* — Jean *Pons.* — Les hérit. de

(1) Le cad. de 1602 mentionne parmi les contribuables forains :
Me Pierre *Barriéty* du Bas ; — Me Antoine *Bonamye,* du Bas ; —
Me Etienne *Delrieu,* notaire au Bas, tenant un boriatge appelé Cayac,
avec maison, grange, etc. 28 quarterées ; — Le *Seigneur d'Anglars,*
tenant un moulin dans la Combe de Latour appelé Moly d'Anglars ; —
Les hérit. de Jean *Giscart* tenant un boutge de maison à Bélaye, qui
confronte avec la *Tour de Pateau* ; — Arnaud *Foissac* dit Massagran,
du vill. de Foissac. Il cite plusieurs maisons au village des *Valats* ou
Balats, dans la Combe de ce nom, etc.

« de Germaine *Canyès*. — Pierre *Prieu*, dit Pélissié. —
« Les hérit. de Pierre *Vidal*, dit Pédegal. — Pierre
« *Boulzaguel*. — Mathurin *Jauffreau*. — Jean *Pons*. » —
(Le vill. de la Laurie comptait en 1655, au moins
24 familles). (1)

* *

Nous allons maintenant ajouter quelques notes complémentaires sur certaines familles, en procédant par
villages et dans le même ordre que ci-dessus.

BÉLAYE. — « Arnaud *Lacavalerie*, brassier à Carnac,
à présent demeurant à Bélaye, » figure comme témoin
dans un acte du 8 sept. 1686. — Le 2 avril de la même
année, un obligé est fait en faveur d'Antoine Lacavalerie,
maître chirurgien, « habitant à présent au Château de
Floyras. » — Le 28 janvier 1561, Jean de Guiscard, seigneur de la Coste, fait son testament devant Jean Dela-
cavalerie, notaire de Bélaye (Manuscrit Lavayssière).
— Les Lacavalerie de *Carnac* comptent dans leur famille :
un notaire en 1546 ; un Conseiller du Roi et Maire de
Carnac en 1702 ; un juge de Montcuq en 1744 ; etc.

Les *Raynaly* sont signalés à Bélaye en 1686 ; les *Bel
Tempérou*, en 1733.

Le 27 nov. 1765, François *Cures*, de St-Jean-de-Grézels
épouse Marguerite *Aldebert* et s'établit à Bélaye.

Le 1er février 1769, Jean *David* de Cénet (Pomarède),
succède aux *Bouyssou* de Bélaye, par son mariage avec
Guilhalme Bouyssou.

Jamme *Lacoste*, dit Bruguet (2), figure sur le rôle de
1764, comme successeur de Bernard *Mambroussou*.

---

(1) Raymond Vidal, de la Laurie, reconnaît un pré au Pontet à
Soubirane de Ginouillac, seigneuresse de la Coste et de la . aurie, le
21 août 1565. (Mémoire imprimé, déjà cité).

(2) Jean *Boutet* dit Bayle, maçon, issu des Boutet du Soulié-Haut,
est entré plus tard dans cette maison.

M. Pierre Miquel *Lamothe*, de la Guilhelmie (Cassagnes), épouse Dlle Jeanne *Foissac*, le 15 févr. 1774, et habite Bélaye.

Le Mayne. — En 1685, Jacques *Cougot*, marchand, habite le Mayne ; il avait épousé Guilhalme Monville, fille de Mathurin. Ses descendants sont signalés au Tuc-des-Murailles en 1727.

Jouan. — Mathurin *Boudet* succède à Guilhaume *Salvayre* ; meurt en 1705. Antoine *Cournou* du Boulvé, épouse Jeanne Boudet, sa fille ; on le trouve à Jouan en 1708.

Antoine *Boulzaguet*, tisserand de Juillac, entre à Jouan, par son mariage avec Jeanne *Salvayre*, le 21 janvier 1740.

M. Etienne *Lacoste*, issu d'une ancienne famille bourgeoise de Bonnet, près Grézels, est cotisé au rôle de 1764 à la place de *M. Dinety*.

Labeille. — Armand *Bernadou*, natif du Mas, paroisse de Thézels, épouse, le 3 juillet 1760, Catherine *Lafargue*, fille de François, et succède à cette famille.

Séguéla. — Pierre *Gilis*, natif du Playssou, habite Séguéla en 1791.

Les Ons. — Les *Raynaly* y sont propriétaires en 1602. Dans le cadastre de 1673, ils sont dits héritiers de Jammes Raynaly de Monville. En 1696, on trouve un Bernard Raynaly, originaire des Ons, laboureur de la paroisse de Caïx. La maison des Ons parait bien être la souche de tous les Raynaly de la contrée.

Jean *Jeaufreau* est cotisé en 1673 à la place d'Antoine *Lagrange*, son beau-père.

Joseph *Pujol* ou Poujol épouse Françoise *Lafon* en 1742. Raymond *Garrigou*, de St-Jean de Grézels, épouse Jeanne Pujols vers 1765.

Jean *Aldebert* de Bélaye succède à Jacques *Bel* de Margou, dont il épouse la fille Françoise vers 1765.

16

Guillaume *Gouzou*, dit *Caviole*, des Ons (aujourd'hui La Serre), épouse Françoise *Lagard* de Bélaye, le 22 juin 1690.

Pierre *Lafargue*, laboureur de *Marty* mari d'Isabeau *Bonafous* Nébout, est mentionné dans un acte du 1er mai 1702.

Mathurin *Lagard*, de *Lavergne*, vend sa propriété à M. Pierre *Foissac* praticien de Bélaye, en 1693. Celui-ci la revend en 1720 à Jean *Chapt dit Cardayré*, de Latour. Son petit fils, Jean Chapt maçon, meurt à 35 ans, laissant un enfant, François, qui quittera la maison paternelle et sera la tige des *Chapt Vergnat* de Bélaye. Philippine Chapt, sœur de Jean maçon, épousa, le 28 nov. 1769, Jean-Pierre *Lacoste* de Caramel, qui s'établit à Lavergne.

LE SOULIÉ. — Jean *Boutet*, de Boutet (Lasbouygues) succède à Jean *Bayle*, dont il épouse la fille Raymonde, le 11 févr. 1761. « Le 12 nov. 1472, Pons de Guiscard « damoiseau, Seigneur de Lasbouygues et de Penne, « consentit un bail en faveur de Jean Boutet d'un tène- « ment appelé La Conque, aujourd'hui dit Boutet, parois- « se de Lasbouygue. (Archives de Folm., notes Bonamy). »

Bernard *Lacavalerie*, du Soulié-Bas, mentionné le 15 juin 1724.

Guillaume *Malvy* épouse Guilhalme *Raynal* au Soulié-Bas ; succède à cette famille en 1763. François *Massabie*, fils de Gabriel, de Montville, épouse Jeanne Malvy en 1765. Jean *Lagard* de Bélaye épouse Marie Massabie le 19 janvier 1792.

LALANDE. — Guillaume *Foissac Piquart* est cotisé au rôle de 1767 à la place de Jean *Blanc Piquard*.

Foissac Soldat est mentionné en 1768 ; — *Rajade* de Lalande, en 1766 ; — *Rajade* dit *Rouzette*, en 1758 ; — *Roques Chrestia*, en 1773.

Jean *Nouël* est cotisé au rôle de 1750.

Hugoye. — Jean *Counil*, originaire de Serres (St-Matré) épouse Jeanne *Delmouly*, fille d'Arnaud *Delmouly* dit *Majassy*, au village d'Hugoye, autrement de Laures, le 22 nov. 1667.

Bernard *Crassac* figure au Livre des charges en 1750.

Raymond *Bosredon*, de Bascouls (Sérignac) épouse Marie *Aldhuy* de Laures, le 14 février 1775.

Jean *Salacroux*, du Combel du Bouyé (Mascayrolles) épouse Jeanne *Lala* de Majassy, le 10 février 1790.

La famille *Sabatié Patraque*, de Patraque ou des Bossés, est mentionnée en 1762.

Roquebaudy. — François *Sabatié* figure au Livre des charges en 1750.

Jean *Bailles* maçon, originaire de Foissac, est cotisé à la place de François *Mazer*, en 1759.

Terret. — Jean *Alis* de Lavidale (Fargues) épouse Marie Cantagrel de Terret en 1715. Jean *Debelmas* de Sérignac, épouse Pétronille Alis vers 1765. — Antoine *Canhac* du Bourrillou est 1er consul en 1694.

La Roumiguière. — Mathurin *Estardié*, de Lacapelle, épouse Catherine *Soulié*, vers 1730.

Pierre *Salles*, de Lalaurie, épouse Marie *Séménadisse* vers 1750.

Les Calpernades. — Jean *Castagné*, natif de Parnac, épouse Peyronne *Cantagrel*, le 28 févr. 1707.

Pierre *Castagné*, de la paroisse de Ségos, épouse Marie *Delmas*, le 1er mars 1707.

Pierre *Gilly*, laboureur del Playssou, est mentionné en 1695.

Montville. — Dans un inventaire passé aux Ons en 1659, parait comme témoin « Jamme *Raynaly*, laboureur, à présent habitant à Montville. » Les Raynaly des Ons sont cotisés pour ses biens en 1673. — En 1668, François Raynaly plaide contre M. de Guiscard, au suje du tènement de Montville. En 1709, François Raynaly de Montville est consul de Bélaye avec Jean Blanc Picard. Le 3 janvier 1728, Gabriel (1) *Massabie*, du village de Piécourt (Sauzet), épouse Jeanne Raynaly.

Jean Raynaly épouse Marie *Montville Petitjean* (2) vers 1750 ; il est cotisé à la place de son beau-père en 1766.

Les *Molinié*, originaires du Vert (Carnac) sont signalés à Montville en 1752.

Jacques *Lescoul* est métayer à Cayac en 1790.

Le 18 mars 1582, Géraud *Gouzou* d'Audy solde à sa sœur Marguerite, femme de Jean Lafon de Farguettes, le premier terme de sa dot. Un autre Géraud est consul de Bélaye en 1672.

Charrou. — M. Pierre *Boulzaguet*, notaire royal de Cénac et Cambayrac, résidant à Charrou, décédé en 1759. M. Antoine Boulzaguet, son fils, avocat en parlement, juge de Bagat et autres juridictions, et notaire royal, décédé en 1788. On prétend que tous les Boulzaguet de la région viennent de cette famille dite Boulzaguet *le Vieux*.

Etienne *Rascoualhe*, de Bélaye, entre chez Géraud *Boulzaguet* laboureur, en épousant sa fille Elisabeth, le 24 février 1778.

Jean *Bousquet*, laboureur de Charrou, 76 ans, témoin dans une enquête, le 15 déc. 1770.

Antoine *Autefage*, gendre *Hébrard*, est cotisé à la place de cette famille en 1750. Pierre *Rédoulès* dit *Carrayrac* épouse Jeanne Autefage, et leur fils Jean figure sur les rôles de 1776. Un *Crassac* d'Hugoye est entré plus tard dans cette famille.

---

(1) De là le surnom de *Gabriel* qui est demeuré attaché à la maison.
(2) Le cadastre de 1602 signale un terroir dit la Font de *Grand-Jean* ; d'où l'on peut conclure que son corrélatif *Petit-Jean* est très-ancien à Montville.

Latour. — Jean *Labie* dit *Rassiel*, de Lalaurie, est cotisé pour Marc *Froment* son beau-père des Albenquats en 1781.

Antoine *Canniès*, de Masquières en Agenais, épouse Catherine *Cach*, de Fournié, le 31 janv. 1704. En 1793, on trouve *Pagès* de Graulan parmi les fusilliers de la Garde nationale de Latour.

Guillaume *Capmas*, de Lagardelle, entre au moulin de Latour par son mariage avec Jeanne *Séguéla*, le 27 novembre 1749.

Les *Séguy* habitaient depuis très longtemps à Fongème ; on les y trouve encore en 1786. Antoine Séguy était consul de Bélaye en 1663.

Juillac. — Gille *Vixès* dit *Gillou*, est inscrit au rôle de 1750 à la place de Pierre *Ferrié*, du Mayné de Granié. Les Vixès étaient une famille de meuniers, qui circulaient dans les moulins du pays au moins depuis 1670.

Antoine *Vignal*, du Boulvé, succède à Pierre *Estampe* de Juillac, dont il épouse la fille Jeanne, le 19 janv. 1775.

En 1786, M. *Pagès* de St-Vincent est imposé pour M. *Lagar* du Mas de Lafon.

Jean *Salcet*, charpentier à Juillac, mentionné en 1708. Les Salcet habitaient à Anglars vers 1660. (Ancien cadastre d'Anglars).

Bernard *Bolzaguet Faure* arrente à nouveau fief une terre du Seigneur de Cousserans, le 15 avril 1599.

Jean *Salacroup* est cotisé au rôle de 1750.

Michel *Tonnelier*, du Boulvé, épouse Madeleine *Bouyssou*, fille à Pierre, passeur du port de Fantou, le 20 janvier 1740.

Jean *Salban* est consul de Bélaye en 1671.

Louis *Cassan* habite Juillac en 1747. Les Cassan, originaires de St-Chamarand, résidèrent d'abord à Anglars, où ils étaient tailleurs du Château.

Raymond *Clerc* de Juillac est mentionné en 1655.

Les Clerc de Juillac, Latour et Bélaye semblent tous venir de Prayssac. Quant à ceux de Prayssac, ils sont originaires de Nouzières, au diocèse de St-Flour ; Guilhem Bernard de La Sudrie, seigneur de Calvayrac, leur arrenta ses terres et son moulin de Meymes en 1450. (Archives de la famille de La Sudrie).

Lalaurie. — Pierre *Lamoulère*, mentionné en 1694.

Louis *Lémosy* est mentionné la même année.

Jean *Delbès*, charpentier à Lalande, épouse Marguerite *Lagard*, le 21 février 1719. Les Lagard étaient les successeurs de Pierre *Salles*. Jean Delbès est 1er consul de Lalaurie en 1720.

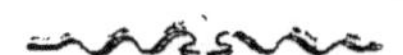

CHAPITRE XVII

Saint-Amans. — Hôpital de Bélaye. — Mines de Margou et de Rouziès. — Le Costal del Marrel. — Les Potences de Sébastia. — Moulin de Rivel. — Le Palay. — Le Bois des Fées.

Les cadastres du xviie siècle indiquent, outre la population, certains lieux sur les quels il convient d'arrêter un moment notre attention.

St-Amans. — « Le chemin allant de l'Eglise de St-Amans ou Saint-Chamans à Bélaye, » s'y trouve plusieurs fois mentionné. Cette Eglise s'élevait près de *Labeille*, à quelques mètres seulement au-dessous du chemin de *Ons*, à gauche du vieux chemin qui allait de Labeille à la fontaine de St-Amans, dans une terre friche qui appartient à la famille *Bernadou*. De cet édifice il ne reste aujourd'hui que le bénitier, qui est en la possession de la famille *Roques*. C'est une petite colonne de forme cylindrique, ne présentant aucun caractère particulier, sauf peut-être quatre oreillons qui ressortent à la hauteur du bassin, le tout grossièrement sculpté. A peu de distance de l'Eglise, en allant vers les Ons, et toujour au-dessous du chemin qui mène à ce village, on a trouvé, au cours de certains défoncements, des murs bâtis à la chaux, épais et solides, paraissant être les restes de quelque édifice important. La tradition locale assure qu'il y a eu en ces lieux un monastère. Vers le bas du côteau, un peu au-dessous de l'emplacement de la chapelle, on voit le bassin d'une ancienne fontaine, autrefois abondante, aujourd'hui à sec. Plus loin, dans la petite vallée, se trouvait un vivier où les Moines, voués à l'abstinence de la viande, avaient leur provision de poisson. Il est marqué dans les cadastres sous le nom de *Pesquié*, et les voisins l'appelaient le *Long-Pesquié*. On voyait encore, il n'y a pas longtemps, les *canelous* ou petits canaux qui avaient été construits pour l'adduction des eaux. Tout proche est une belle et abondante source qui porte encore le nom de *Fontaine de St-Amans*.

Au sud de l'Eglise, et à mi-hauteur du côteau voisin, le ravin mit au jour, il y a quelques années, deux auges funéraires en gré, dans lesquelles se trouvaient des ossements. On n'y toucha pas ; et aujourd'hui elles sont couvertes, soit par les broussailles, soit par les pierres d'un vieux mur en ruines. Ces cercueils ne paraissent avoir aucun rapport avec le Monastère, à cause de la distance qui les en sépare. On sait en effet que les moines enterraient constamment leurs morts dans leur établissement ou dans ses dépendances immédiates. Y aurait-il eu quelque village en cet endroit? Tout ce que nous pouvons dire c'est que, en 1323, Bernard II de Guiscard légua et ordonna de rendre à Guillaume, fils de Raymond de *St-Amans*, une maison de la Obre, qu'il avait à Bélaye ; — et que le cadastre de 1602 mentionne un Cathala de *St-Amans*, comme ayant une terre à la Nauze.

Le monastère de St-Amans ne parait pas avoir été

jamais un établissement considérable : c'était sans doute
un simple hermitage, asile de quelques religieux qui
s'adonnaient à la prière, en même temps qu'ils défri-
chaient ces côteaux arides et sauvages. Avait-il quelque
lien de parenté avec le monastère de St-Amans fondé à
Cahors par St Didier en 640, sous la règle de St Benoit?
Ou bien était-il, comme les prieurés de Duravel et de
Pescadoires, une dépendance de la célèbre abbaye de
Moissac, fondée vers l'an 620 par St Amans et sous la
même discipline? On ne saurait le dire.

Guill. Lacoste cite divers lieux de St-Amans au
x° siècle, notamment, une Eglise de St-Amans dans le
testament d'Ingelbert ; un lieu de St-Amans ; une Eglise
de ce nom réclamée par les moines de Moissac (T. I,
p. 358, 408 et 447); mais d'une manière si vague qu'il est
impossible de les identifier. M. l'abbé Albe qui a fouillé
les archives du Vatican, principalement au xive siècle,
n'y a rien trouvé sur cet établissement. Chose surpre-
nante ; les archives de la Maison de Guiscard qui remontent à 1225, et qui fournissent tant de détails sur les
paroisses et communautés religieuses de la contrée, et
sur tous les lieux environnants, sont absolument muettes
sur St-Amans. Il semble résulter de là que ce petit hermitage remonte à des temps très reculés. « Dans les pre-
« miers siècles, dit Guill. Lacoste, les chrétiens qui
« voulaient embrasser la vie religieuse choisissaient des
« lieux déserts, inaccessibles au commerce des hommes
« afin de pouvoir se livrer paisiblement à toutes les
« austérités de la vie pénitente. » (T. I, p. 180). Et plus
loin (p. 222) il ajoute : « Quand St Didier monta sur le
« siège de Cahors, en 630, il ne trouva dans cette ville
« aucune trace de la vie monastique ; la coutume de
« fonder des monastères dans les villes n'avait pas
« encore pénétré dans le Quercy; jusqu'alors, en effet,
« les moines avaient préféré les campagnes et les lieux

« inhabités, où ils menaient une vie plus recueillie et
« et plus conforme à leur état. » Il est vraisemblable
que le monastère de St-Amans fut détruit par les
Sarrazins, qui, après leur défaite à Poitiers par Charles
Martel, en 732, se répandirent dans le Quercy comme
un torrent dévastateur, s'acharnant avec une rage particulière sur les églises et les communautés religieuses.
C'est à cette date qu'ils saccagèrent les abbayes de
Moissac, Figeac Calviac et St-Amans de Cahors. (1).

* *

HôPITAL. — Cet établissement était situé dans le
quartier de la Grande-Eglise. Il confrontait, d'une part
avec la rue allant de la grande église à la petite ; d'autre
part avec la rue allant du Fort au Mercadiel ; et cou-
vrait une surface d'un demi-quart de boisselat et
une once.

Nous avons vu que le testament de Finelle de Guiscard, du 10 juillet 1286, mentionne déjà l'hôpital de
Bélaye, avec un legs de cinq sous une fois payés. — Dans
un acte du 14 avril 1315, par le quel Bernard II de Guiscard émancipe son fils aîné, également nommé Bernard,
on trouve, parmi les témoins, « Pierre *Belhomme*, hospitalier de l'Hôpital de St-Aignan. » — Le 28 janvier 1561,
Jean Ier de Guiscard, seigneur de la Coste, fait son testament et lègue à l'Hôpital de Bélaye « un lit garni de plume

(1) Le souvenir de l'invasion arabe s'est perpétué parmi nous Il
subsiste encore dans certains noms de lieux, comme Mauroux ; Castel-
sarrasi, près Luzech ; les chemins dits sarrasins en divers endroits. On
le retrouve dans quelques noms d'hommes. On dit des bœufs, des
chevaux, des moutons, qu'ils sont *maurels*, c'est-à-dire fumés ou tachetés
de noir, par allusion au teint basané des Arabes. Enfin, un trait qui
marque bien le mépris et la haine que nos pères professaient pour cette
race ennemie, c'est qu'ils donnèrent à la truie le nom de *maure*, que cet
animal porte encore dans la région de St-Matré et de Sérignac.

« jusqu'à concurrence de cent sous caorcens, au
« moins. » (1).

Cet établissement périt sans doute pendant les guerres
de religion, qui portèrent un coup mortel à Bélaye et le
couvrirent de ruines. Le cadastre de 1673 le qualifie de
vieille masure. Le Pouillé du chanoine Dumas, qui
remonte à 1679, dit : « Il y avait jadis, dans le lieu de
« Bélaye, et proche l'antique Eglise de St-Aignan, un
« hôpital qui présentement est presque entièrement
« démoli. *Fere funditus eversum.* »

Pour subvenir à ses besoins, la maison avait certaines rentes, les dons de la charité privée, et quelques
terres, d'ailleurs peu importantes, à Bélaye et dans les
environs. Le *Lac de l'Hôpital*, sur le chemin qui va de
l'église au cimetière, et la *Vigne de l'Hôpital*, près

---

(1) Cette pièce renferme un grand nombre de dispositions pieuses
ou charitables. Aux églises de Prayssac, Anglars, Albas, Sénac, Sauzet,
Cabanac, et à toutes les paroisses de l'honneur de Montcuq dans lesquelles il a quelque terre, 2 sous c. pour le luminaire. A l'église de
St-Jean près Lascabanes, une torche de deux livres de cire à refaire
chaque année et à perpétuité à la fête de St Jean-Baptiste. Une autre
du même poids à l'église de Lasbouygues, à refaire chaque année à la
fête de St-Jacques. Au couvent des Frères Prêcheurs de Cahors,
20 sous c. à perpétuité pour faire mémoire de lui au jour de sa mort.
Aux mêmes, une réfection pour une fois. Aux Frères Mineurs de
Cahors et de Montcuq, à chaque couvent, 20 sous c. Aux Augustins,
aux Carmes et aux Minorettes de Cahors, à chacun 10 sous c. A
chaque hôpital de la ville de Cahors, 5 sous c. A l'Eglise de Cassagnes,
pour le luminaire, 5 sous. A chaque église de Montcuq, 5 sous. A la
Recluse de Montcuq, 2 sous. Au luminaire des églises de Lagardelle,
St-Jean près Bélaye et St-Géniez, 5 sous. Pour faire une *charité*, le
Jeudi Saint, suivant l'usage, de pain et de fèves à Bélaye. Pour faire
cinq charités pendant cinq ans au jour de sa mort, la dépense de chaque
charité fixée à 2 setiers de froment au moins. A distribuer, pour faire
des tuniques, aux hommes de Bernard de Grézels, au choix de celui-ci,
22 livres et demi. Aux frères Jean d'Arreat, Arnaud de Ratier, et
Gasbert d'Orgueil, de l'ordre des Frères Prêcheurs, 40 sous pour faire
des tuniques. Aux pauvres des églises de Grézels, St-Benoît, Lasbouygues et St-Jean près Lascabanes, pour faire des tuniques, certaine
quantité d'étoffe. Aux hommes de Lasbouygues, à distribuer au choix
de Pierre de Lasbouygues, 10 livres tournois ; etc.

Fontbouy, rappellent encore à la génération actuelle le souvenir de l'ancien établissement hospitalier.

Le testament de Finelle de Guiscard mentionne, outre l'hôpital, une MALAUDIE ou léproserie à Bélaye, à la quelle il est fait un legs de deux sous.

Dans les environs, il y avait des établissements de ce genre à Grézels, Fargues, Puy-l'Evêque, Duravel, Goujounac, Prayssac, Labastide-du-Vert, Catus, Cazals, Montcuq, etc. (1)

On a prétendu que la lèpre, plus communément appelée au Moyen-Age *ladrerie*, avait été importée d'Orient en Europe par les Croisés, au retour de leurs expéditions lointaines. Mais il est certain que l'horrible mal existait dans nos contrées à l'état endémique bien longtemps avant cette époque. (2)

Rien de plus triste que le sort des lépreux. Ils ne pouvaient ni entrer dans les églises, dans les moulins, dans les boulangeries, dans les foires et marchés ; ni se laver dans les fontaines et les ruisseaux ; ni saisir la corde des puits, ni boire en d'autres vases que leur écuelle. Ils ne devaient toucher qu'avec une baguette aux objets qu'ils voulaient marchander ; sur un pont, ils devaient être gantés pour s'appuyer à la rampe. Toujours vêtus de noir, ils portaient un voile sur la bouche, agitaient une crécelle ou claquette pour donner avis de leur approche, et devaient se mettre au-dessous du vent des passants. L'Eglise établit un Ordre religieux, sous le vocable de

(1) E. Albe, *les Lépreux en Quercy*, p. 38, 39, 40.
(2) S. Grégoire de Tours (539-593) parle souvent de lépreux guéris — On lit dans la vie de Saint-Hilaire, par Fortunat (530-609), que deux lépreux du Quercy vinrent au tombeau du Saint et y recouvrèrent la santé. (AA. SS. Januar. I, 794). D'après G Lacoste (t. I. p. 187), ils devinrent clercs dans l'église Saint-Hilaire de Poitiers. — « Sous Charlemagne, dit Voltaire (*Essai sur les mœurs*, 19), les hôpitaux nommés léproseries étaient déjà très nombreux. »

Saint-Lazare, pour travailler spécialement au soulagement de ces malheureux.

***

MINES. — Le cadastre de 1602 mentionne la mine de *Margou*, sur le chemin qui va de Grézels à Bovila, et la mine de *Marioutet* ou de *Rouziès*, près le village de ce nom et sur le même chemin. Il y aurait lieu de pratiquer des sondages en ces deux endroits, pour reconnaître la richesse des gisements ferrugineux, et voir si l'on pourrait reprendre avec profit l'exploitation du minerai.

LE COSTAL DEL MARREL. — Mentionné en 1602. Ce nom lui vient d'un jeu de *Marrel* ou *Marelle* qui y avait été gravé sur une grande pierre. La figure du marrel consiste en un carré divisé en huit sections égales par quatre lignes droites, dont deux vont d'un angle à l'autre, et deux d'un côté à l'autre. Les deux partenaires ont chacun trois jetons qu'ils posent alternativement. Le gagnant est celui qui arrive le premier à les placer sur la même ligne. (1) C'était le passe-temps des bergers des environs. L'ancien marrel subsiste toujours.

***

LES POTENCES DE SÉBASTIA. — Pons *Aldhuy* de Laures ou Hugoye possède en 1673 une terre « à las *Potenssias* « *de Sébastia* (Sébastien), qui confronte d'une part avec « le chemin de Grézels à Bovila, d'autre part avec le « chemin de Bélaye à Bovila. » Nul doute que ce mot de Potences ne désigne des gibets réels, plantés dans ce lieu.

Sous l'ancienne Monarchie, « la Justice se divisait en

---

(1) Le *marrel* se fait aussi sur le sol ; mais alors il consiste à pousser à cloche-pied un palet dans chaque compartiment successif, et sans empiéter sur le compartiment voisin.

« Haute, Moyenne et Basse. Les droits de la Moyenne et
« Basse Justice consistaient uniquement, savoir : ceux
« la Basse, à connaître des causes civiles jusqu'à trois
« livres ; et ceux de la Moyenne à connaître de toutes
« causes civiles sans distinction, et des criminelles lorsque
« l'amende n'excédait pas soixante sols. Le Haut-Justi-
« cier connaissait seul des crimes où il pouvait échoir
« peine de mort naturelle ou civile, peine afflictive ou
« infamante. » (1) Les Evêques de Cahors possédaient
le droit de Haute-Justice dans la circonscription de
Bélaye, et avaient fait placer des potences à la limite
de leurs terres en signe de juridiction.

*
* *

LE MOULIN DU LOT. — Le Seigneur Marquis de Montcléra possédait en 1673, pour sa place de Floyras : ... « *Le*
« *Moulin de Lolt*, pactus et chaussée, appelé de *Rivel*,
« confrontant, suivant la reconnaissance faite du dit
« moulin, par Noble Bertrand d'Orgueil, seigneur du
« Boulbé, à Messire Joan (de Castelnau) èvêque de
« Cahors, le dernier février 1457 ; confrontait pour lors,
« d'une part au chemin allant de Bélaye au pont
« d'Issourque ; d'autre part, avec l'Isle et bois du dit
« Seigneur de Cahors ; contenant le moulin et pactus,
« sans comprendre la chaussée ni rach d'eau, (2) un
« boisselat. »
   « Deux isles dans la rivière de Lolt contiguës, confron-
« tent de deux côtés et du chef par une pointe au Lolt,
« et du fond avec isle restante appartenant aux *Manisser-*
« *res*, contenant trois quarterées, trois quartonnats. » (3)

---

(1) Boutaric, Traité des droits seigneuriaux p. 4.
(2) L'endroit où s'écoule l'eau à sa sortie du moulin.
(1) Les habitants de Manisserre possédaient dans l'île voisine du
moulin six quartonnats, ce qui faisait, pour les deux îles, une super-
ficie totale de 5 quarterées, 1 quartonnat.

Nous lisons dans un acte de Mériguet, notaire : « Le
« moulin de Bélaïc a été vendu en 1599 par le Seigneur
« du Boulvé à feu Pierre Lacombe (1) bourgeois qui l'a
« revendu à Messire François de Gironde, baron de
Montcléra, et à sa femme, Catherine de Foix. »

* *

LE PALAYS DE JUILLAC. — Le cadastre de 1673 mentionne la place du *Palays*.

On a prétendu à tort que ce nom provient de ce que
plusieurs des anciens juges de Bélaye tenaient là leurs
audiences. Il faut observer d'abord que le prétoire où le
juge des ordinaires rendait ses sentences s'appelait la
Cour, c'était son nom officiel, et non le *Palais* de justice.
D'autre part, s'il est vrai qu'au xviiie siècle les deux derniers juges de Bélaye, M. Pélissié et M. Boulzaguet, aient
tenu très longtemps leurs audiences au Palays, dans
leur propre maison, la justice était rendue auparavant à
Bélaye même par M. Demerlin et ses prédécesseurs. Or, le
nom de Palays était déjà donné couramment à ce lieu au
xviie siècle. Enfin il est certain que cet endroit était aussi
appelé *Repaire*, c'est-à-dire château, ce qui suppose qu'il
y eut autrefois une habitation importante. Dans un acte
de 1672, M. Géraud Pélissié se dit notaire royal du
Repaire de Juillac. En 1668, « M. Raymond Pélissié,
« marchand de Juillac, se charge pour une maison, une
« petite grange et un petit tronson de terre au *Repaire* de
« Juillac, confrontant, du couchant avec chemin qui va
« de Bélaye à Anglars ; d'autre part avec chaix de
« M. Géraud Pelissié notaire ; et d'autre avec rue de
« service. » Il y avait donc là anciennement un château,
et même plus qu'un château. Si les noms géographiques

[1] Qui fut depuis seigneur de Camy près Luzech [Abbé A. Foissac].

reposent sur quelque réalité, il y avait un *palais*, c'est-à-dire le logement de quelque grand personnage.

* * *

LE BOIS DES FÉES. — Le *Bois des Fachillères* était situé près de *Combe-Layroune* (1), et porte encore aujourd'hui le même nom. Il y avait un autre Bois des Fachillères devant Bélaye, un peu au-dessous du village de *Charrou*, qui ne figure pas dans les anciens cadastres. L'existence de ces deux bois à si peu de distance nous dit assez combien était profonde chez nos ancêtres la croyance aux fées. Dans l'opinion des foules, c'étaient des êtres féminins, moitié corps, moitié esprit, qui se plaisaient à tourmenter les hommes par quelques tours plus malins que malfaisants. Elles n'opéraient que pendant la nuit. Un de leurs plaisirs favoris était de s'introduire dans les maisons par la chatière ou par le tuyau de la cheminée, de démailloter les petits enfants au berceau et de chercher à les emporter. Naturellement l'enfant criait. Les parents éveillés volaient à son secours, et les fées s'éloignaient. Si quelqu'un voyageait pendant la nuit, portant sur la tête ou sur l'épaule, un panier, une pièce de bois ou tout autre objet un peu volumineux, ces lutins allaient danser sur l'objet, faisaient basculer la pièce de bois, en poussant de petits cris aigus semblables à ceux d'un petit enfant. Les fées aimaient à suivre les voyayeurs dans les ténèbres, à pousser sur leurs pas des éclats de rire stridents, et à se moquer de leur frayeur. Aux premières heures de la nuit, quand les gens étaient plongés dans un profond sommeil, elles allaient s'asseoir sur leur sein, au creux de l'estomac, pressaient les dor-

----

[1] *Layrou*, du latin *latro*, signifie larron, voleur. Combe-Layroune était donc un refuge de brigands.

meurs de tout leur poids, leur étreignaient fortement la gorge, de manière à leur causer des oppressions et des étouffements qui les réveillaient en sursaut. De là vient l'expression encore usitée quelque fois parmi nous : « La faxilièro m'a caxat ; » pour signifier qu'on a eu le cauchemar. Le samedi, les fées laissaient en repos les pauvres humains : c'était pour se réunir dans certains lieux écartés, de préférence dans les bois, et s'y livrer à des rondes échevelées, en poussant avec force leurs petits cris habituels.

La croyance aux fées se retrouve dans toutes les contrées de l'Europe et même en d'autres parties du globe. Quelle en est l'origine ? Il est certain que cette conception ne se rattache à aucun dogme du christianisme. Les uns la font remonter aux génies et aux prêtresses druidiques ; d'autres veulent qu'elle vienne du mythologisme grec et romain. On ne sait rien de précis à cet égard.

Puisque nous sommes au chapitre des superstitions locales, nous ajouterons quelques mots sur les loups-garous et sur le Drac.

Comme les fées, les loup-garous — ou *louperous* — n'opéraient que la nuit. C'étaient des hommes qui étaient nés dans une certaine heure, et qui étaient voués à cet état par cela même. Ils devaient nécessairement être pourvus d'une peau de bête dont ils s'affublaient pour exécuter leurs exploits nocturnes. Elle constituait une espèce de talisman qui les rendait invulnérables. Dès que les ténèbres couvraient la terre, les loups-garous se répandaient dans la campagne. Ils devaient manger la première chose comestible, même la plus dégoûtante, qui s'offrait à leur vue. Bien entendu, ils voyaient comme en plein jour, dans la nuit la plus noire.

Ils étaient loups-garous à vie. Avant de mourir, ils

avaient soin de léguer la fameuse peau à un successeur, né comme eux dans l'heure fatale. Ils la cachaient soigneusement pendant le jour, sous le fumier, sous une pierre, etc. Parfois, si on venait à la découvrir, on la détruisait en la lacérant ou en la brûlant ; alors le loup-garou souffrait comme s'il eût été tailladé ou livré au feu en personne. Mais, une fois la peau détruite, il avait cessé d'être loup-garou.

La croyance aux hommes-loups est mentionnée par Hérodote (484-406 av. J.-C.) comme existant chez les Scythes. On la trouve dans Virgile (Eglogue VII.) Pline parle aussi de certains hommes qui avaient le pouvoir de se changer en loups et qu'il appelle *Versipelles*, du latin *vertere pellem*, changer de peau.

Les fées et les loups-garous n'opéraient que la nuit : le *Drac* (1) travaillait la nuit et le jour ; d'où le dicton qu'il *comptait double*, condition essentielle qu'il ne fallait pas onblier quand on faisait un pacte avec lui. C'était un esprit follet, un démon espiègle, qui faisait du bruit, déplaçait les meubles, tressait la crinière des chevaux, etc. Il fréquentait ou *trébait* de préférence en certains lieux ; d'où l'expression *fa las trébos*, que l'on emploie encore quelquefois en parlant des bruits nocturnes, des insomnies qui ne laissent aucun repos : *a fat las trébos touto la net*.

Le Drac aimait surtout à prendre la forme d'un *objet perdu*. C'était un beau foulard qui s'étalait le long du chemin ; on le passait au cou, et bientôt il commençait à bouffer, à grossir, à prendre des dimensions extraordinaires. Ou bien c'était un joli couteau que l'on mettait en poche ; voulait-on le revoir, il avait disparu. Souvent on trouvait un agneau enlacé dans les ronces ; on le plaçait sur les épaules ; et bientôt il allongeait son corps,

(1) Du latin *draco*, diagon, serpent.

sa tête, ses jambes, de manière à toucher le sol. On le rejetait avec horreur ; et la bête poussait de grands éclats de rire en disant : « Ah ! Ah ! Ah ! Me souy bien fat « carrouilla. » Aussi, c'était la coutume générale de faire le signe de la croix avant de toucher à un objet perdu.

Parfois le Drac enfourchait un cheval et le poussait à une vitesse vertigineuse, jusqu'à ce qu'il tombât exténué. Ou bien, il se transformait lui-même en un âne bien doux, en un beau cheval, qui paissait l'herbe tranquillement : malheur au cavalier qui avait l'imprudence de le monter ! La bête le jetait dans un lac, dans une rivière, s'il y en avait à portée, ou bien courait le précipiter dans quelque abime, etc. etc. Au reste, le moindre acte religieux, un *Gloria Patri*, un simple signe de croix, suffisaient à mettre en fuite le malin esprit.

La croyance à tous ces êtres imaginaires était encore vivace dans nos campagnes pendant le premier tiers du 19e siècle ; et leurs exploits tenaient une large place dans les récits du foyer.

CHAPITRE XVIII

**Ordonnance relative aux poids et mesures. —
L'Archiprêtré de Bélaye est uni au Séminaire de
Cahors. — Passages de troupes et procès. —
— Pierre Boscas médecin du Roy.**

Il est temps de reprendre le fil des évènements et de
relater les quelques faits intéressants qui ont marqué la
la fin de notre histoire locale.

En 1671, les Consuls durent réprimer des abus considérables qui s'étaient glissés dans la communauté relati-
vement aux poids et mesures. Voici l'ordonnance qu'ils
rendirent à cet effet. « Baille et consuls de la Châtellenie
« de Bélayc, juges criminels et politiques d'icelle, pour
« Monseigneur l'Evêque, baron et comte de Caors. Sur
« ce qui nous a été représenté par Mᵉ Marc *Carlé*, pro-
« cureur juridictionnel, qu'il a été averti que certains
« particuliers serruriers se seraient ingérés de contre-
« faire les marques du dit lieu à marquer les cartons,
« boisseaux, croches, et pots à tenir vin, et que plusieurs
« ayant fait faire des mesures à leur damnation, les ont
« fait marquer de nouvelles marques et s'en servent pour

« leur usage, sans les avoir fait égaliser avec les véri-
« tables mesures et croches, ce qui revient à un notable
« préjudice au public ; Nous requérant, attendu que les
« consuls modernes ont en main les véritables marques
« des quelles tous poids et mesures doivent être mar-
« qués, et qu'il y a d'anciennes mesures tant à blé qu'à
« vin, poids, croches, marquées de véritables et ancien-
« nes marques ; ordonnons que tous serruriers et autres
« qui ont de telles nouvelles marques, seront tenus les
« rapporter et remettre ès mains des consuls ou devers
« le greffier, à la première réquisition, à peine de
« 25 livres d'amende, avec inhibition et défense de par
« ci-après s'en servir, à même peine et par corps ; et
« par même moyen ordonnons que tous poids et mesures
« seront marqués des marques dud lieu, et égalisés sur
« les anciens poids et mesures avant s'en servir, sous
« la même peine et de confiscation desd poids et mesu-
« res, et plus grande peine s'il échoit. »

« A ces causes, Nous Consuls, assistés de notre asses-
« seur, ayant égard aux réquisitions du procureur juri-
« dictionnel, avons ordonné et ordonnons que tous poids
« et mesures de notre juridiction seront égalisés et mar-
« qués sur les anciens poids et mesures ; enjoignons à
« tous ceux qui en ont et s'en servent, de les exhiber à la
« première réquisition, pour être égalisés et marqués desd
« marques, avec inhibition et défense de par après s'en
« servir que lesd poids et mesures n'aient été égalisés et
« vérifiés sur les véritables poids et marques. »

« Sy fait a été en présence de Nous et des habitants
« du Taillable, à peine, contre les contrevenants, de
« 25 livres d'amende pour chaque contravention et
« confiscation des poids et mesures qui ne se trouveront
« bien marqués et égalisés. »

« A cette cause, vous mandons, requérant led Carle,

« procureur juridictionnel, la presente ordonnance,
« intimée et signifiée à tous ceux qu'il appartiendra, et
« icelle affichée où besoin sera aux lieux susdits. »

« Fait à Bélayc, le 15 sept. 1671, étant consuls :
« Raymond *Pélissié* marchand d'en Juilhiac ; Pierre
« *Monville* de Monville ; Pierre *Bonafous* del Mayné, et
« Jean *Salban Barbefy*. » (1)

*
* *

En l'année 1688, l'archiprêtré de Bélaye fut uni au
Séminaire de Cahors. Voici à quelle occasion. Mgr *Alain
de Solminiac* avait fondé dans sa ville épiscopale un
établissement destiné à assurer le recrutement et surtout
la bonne formation du jeune clergé. En 1643, il en confia
la direction entière et perpétuelle aux prêtres de la
Congrégation de la Mission, plus connus sous le nom de
Lazaristes, que St Vincent de Paul venait d'instituer à
Paris. Pour doter le nouveau Séminaire, il unit à cet
établissement quelques bénéfices simples dont il avait la
collation. Il faut savoir qu'à cette époque, la nomination
aux curés n'était pas du droit exclusif de l'Evêque ; mais
que parfois elle appartenait, soit au *Souverain Pontife*,
soit à quelque monastère, soit même à de simples
laïques, qui avaient été les insignes bienfaiteurs de
l'Eglise, et auxquels, en récompense, on avait accordé le
droit de présenter le titulaire. Il fallait cependant que le
candidat fût pourvu du *forma dignum*, ou attestation
d'aptitude délivrée par l'Evêque.

Plus tard, les revenus de ces bénéfices et autres ressour-
ces dont disposait le Séminaire ayant été jugés insuffisants,
Mgr *Guill. Le Jay* unit à l'établissement l'Archiprêtré de
Bélaye, avec son annexe de Latour, dont il avait la

(1) Archives de Folmont.

nomination. L'acte est du 20 juillet 1688, et se trouve parmi les papiers de M. de Folmont. Les Supérieurs du Séminaire étaient nommés en cette qualité et à perpétuité archiprêtres de Bélaye. Les revenus qu'ils retiraient du bénéfice n'étaient d'ailleurs pas considérables. En 1699, M. François *de Chèvremont*, supérieur du séminaire, les afferme pour la somme de 1910 livres. En 1765, M. Jacques *Nopcèque*, syndic des Lazaristes, en retire 2000 livres. Le Séminaire devait entretenir un curé à Bélaye et un autre à Latour, et remplir les autres charges inhérentes à l'archiprêtré : le surplus était employé à l'éducation des jeunes clercs.

L'union de l'archiprêtré au Séminaire nous valut la restauration de la Grande-Eglise par les Lazaristes en 1721, restauration que la paroisse, laissée à ses seules forces, eut été impuissante à réaliser.

*
* *

Les années 1685 et 1688 sont signalées par des passages de troupes à Bélaye et dans les environs. Nous avons retrouvé, parmi les papiers de la famille *Gouzou*, plusieurs billets de logement envoyés à cette occasion. « Du « 4 Déc. 1685. Mathurin Gouzou logera M. le Lieutenant « Fournié dans la compagnie de M. de Jouauld, du « régiment de M. le chevalier Duc, consistant : *la place* « *au feu, au lit, et la chandelle seulement*, suivant ordre « de Mgr l'Intendant. *Pélissié*, consul. »

« Du 12 janvier 1688. — Mathurin Gouzou logera un « cavalier pendant un jour ; lui fournira l'ustensile « conformément à l'ordre de M. l'Intendant. De plus une « ration composée de quinte livres foin et cinq livres « päille poids de marc, deux tiers de boisseau d'avoine « mesure de Paris. Fait à Bélaye, du mandement de

« MM. les consuls. Pour aider au fourrage, Jean *Imbert*
« et Izac *Alary*. »

Le passage et le séjour des troupes dans un pays furent
considérés longtemps comme un fléau public pour les
populations livrées sans défense à la cupidité et à l'inso-
lence des gens de guerre. Mais à l'époque où nous
sommes arrivés, les sages règlements de Louis XIV
avaient réprimé ces abus : on souhaitait alors d'avoir
des troupes aussi vivement que l'on craignait auparavant leur arrivée. Elles faisaient une consommation
considérable qui facilitait l'écoulement des denrées, et
répandaient beaucoup d'argent qui restait dans le pays.
L'intendant fixait le prix des rations et des fourrages.

Le passage de 1685 fut l'occasion, pour la communauté
de Bélaye, d'un procès long et dispendieux. Quelques
pièces trouvées dans les minutes *Boulzaguet*, mais
malheureusement incomplètes et oblitérées, nous font
connaître en partie cette affaire. « François *Brugel* (1)
« praticien, consul moderne de Bélaye, faisant tant pour
« lui que pour les autres consuls, le quel, ayant la pré-
« sence des principaux habitants, leur a représenté que,
« pour le logement du sieur Brossard, lieutenant de
« cavalerie, le sieur *Pélissié*, agissant en sa qualité de
« Consul, aurait intimé au sieur *Durieu* (2), habitant à
« son domicile de *Cayac*, l'ordre de loger le dit lieute-
« nant ; — que le sieur Durieu, sous prétexte qu'il a
« épousé une demoiselle de Cahors, est soi-disant bour-
« geois de la dite ville, sans faire apparoir de son brevet
« de bourgeoisie ; — mais que le dit sieur Durieu est
« habitant presque toujours dans son domaine de Cayac,
« qui travaille et fait travailler son bien ; — que le dit

(1) De Peyrebosc, taillable de Bélaye et paroisse de Prayssac.
(2) Les Durieu étaient une ancienne famille bourgeoise d'Albas. Au
XVIIe siècle, ils possédaient, aux environs de Bélaye, Cayac et un certain nombre de terres, que M. Lalbenque leur acheta dans la suite.

« sieur Durieu aurait fait assigner le requérant devant
« Messieurs de l'Election de Cahors, pour être déchargé
« du billet de logement, avec inhibition de lui en bailler
« aucun pour l'avenir. Le dit Brugel somme et requiert
« la communauté, parlant à qui dessus, s'ils veulent que
« le requérant poursuive la dite instance, ou s'ils veulent
« consentir que le sieur Durieu soit déchargé de tout
« logement pour l'avenir ; autrement le requérant pro-
« teste contre la communauté de tout ce que peut et doit.
« Les habitants présents, d'une commune voix délibé-
« rative, ont dit qu'ils consentent que le requérant pour-
« suive l'instance contre le sieur Durieu devant Messieurs
« de l'Election, jusqu'à ce qu'il aura fait apparoir de
« son brevet de bourgeoisie, avec promesse de le relever
« de tous dépens, dommages et intérêts. »

Une autre pièce fort abimée permet de lire que,
quoique Durieu n'eût pas justifié de sa qualité d'habitant
de Cahors, il fut rendu, le 14 juin 1686, un appointement
par le quel l'ordre de logement fut cassé, avec inhibition
et défense aux consuls de Bélaye, de lui bailler à l'avenir
aucun billet pour le logement des gens de guerre, à peine
de cassation et de cent livres d'amende, et de répondre
au s[r] Durieu de tous dépens, dommages et intérêts ; —
que le comparant (Brugel 1er consul) et ses collègues furent
condamnés aux dépens ; — enfin que la communauté
ayant fait appel de ce jugement devant la Cour des
Aides de Montauban, le s[r] Durieu opposa que, une nouvelle nomination de consuls ayant eu lieu, les nouveaux
élus n'étaient plus personnes légitimes pour défendre en
l'instance.

*
* *

Sur la fin du XVIIe siècle, notre pays était représenté à
Paris, non seulement par les Guiscard et les Séguier,

comme nous l'avons vu, mais encore par une famille bourgeoise qui acquit alors une réelle importance.

Les *Boscas* habitaient le *Port de Grézels*. Vers 1680, *Raymond* Boscas acheta le domaine et la seigneurie du *Meure* ou *Méouré* à M. le baron de Fumel. Quelques années après, nous trouvons comme seigneur du Meure *Pierre Arnaud* Boscas, conseiller du Roy et son *médecin ordinaire*. Ce titre n'était pas une qualification purement honorifique, mais il répondait à une charge réelle et même très convoitée. « Le médecin du Roy avait, au « moins aux XVII⁰ et XVIII⁰ siècles, l'inspection générale « sur le service sanitaire de la Maison du Roi ; la sur- « veillance de tous les médecins, chirurgiens et apothi- « caires du Royaume ; l'intendance du Jardin du Roi à « Paris ; la surintendance de tous les jardins des maisons « royales et des eaux minérales du royaume. Sous « Louis XIV, il y avait huit médecins du Roi, tour à « tour de service par quartier auprès du prince, en quel- « que pays qu'il fût. » (1) Pierre Boscas mourut en 1726. Il avait épousé Dˡˡᵉ *Marguerite Valet* (2), qui lui avait apporté en dot son beau domaine de Lalaurie. Les Boscas du Meure possédaient encore cette propriété en 1754.

La branche du Port-de-Grézels prit le surnom de *Cazerac*.

(1) Dezobry et Bachelet, *Dictionnaire de Biographie et d'Histoire*.
(2) Les Valet paraissent avoir succédé aux Lacombe à Lalaurie. Ils avaient dans l'Eglise de Latour un tombeau de famille mentionné en 1701. (Voir notes Bonamy ; Registres de catholicité de Latour).

CHAPITRE XIX

Baptême de cloche à Latour. — Les Tard-Avisés.
— Restauration de la Grande Eglise. — Procès
avec les Lazaristes. — Marchands et Mendiants.
— Taxation des viandes. — M. Lacoste de Jouan.
— Déluges locaux. — Autre baptême de cloches
à Latour. — M. Bouquet.

« L'an 1703, et le 6e jour du mois de novembre, dans
« l'Eglise de Notre Dame de Latour, annexe de Bélaye, a
« été bénite la cloche qui porte pour son inscription :
« *Sit nomen Domini benedictum, Sancta Maria ora pro-*
« *nobis ;* au dessous de cette ligne : *Facta ab incolis de*
« *Latour,* 1703 (1) ; et plus bas, un crucifix d'un côté, et
« de l'autre l'image de Notre Dame portant le petit Jésus
« sur ses bras ; — par commission adressée à M. Jean
« *Larive,* curé d'Anglars, et vicaire forain de Ségos (2)

(1) Ces inscriptions latines signifient : *Que le nom du Seigneur soit béni ; Sainte Marie, priez pour nous ; Faite par les habitants de Latour.*

(2) Mgr Alain de Solminiac, évêque de Cahors (1637-1659) avait divisé son diocèse en 30 congrégations foraines. Il avait placé à leur tête autant de *vicaires forains,* qu'il avait choisis parmi les ecclésiastiques les plus capables de chaque district, et qui étaient ses représentants attitrés auprès du clergé et des fidèles. Ségos était le chef-lieu d'une congrégation foraine.

« Archiprêtré de Bélaye, par Mgr l'Evêque ; la quelle
« bénédiction le dit sieur curé a faite ; et à la quelle
« Messire noble *François de Guiscard*, seigneur de la
« Coste, de Grézels et de la Laurie, présente paroisse,
« assista en qualité de parrain ; et noble *Marie-Anne*
« *de Durefort*, dame de Paysat de Cousserans comme
« marraine. Présents aussi à la susdite bénédiction :
« M. Barthélemy *Malgoyard*, curé de Bélaye et bache-
« lier en théologie ; M. Jean *Boulzaguet*, vicaire de
« Latour et bachelier en théologie ; M. *Jean Lalbenque*,
« maire de Bélaye et de Latour et Conseiller du Roy. » (1)

*
* *

En 1707 eut le lieu le soulèvement dit des TARD-AVISÉS.
Voici comment les choses se passèrent dans notre
contrée, d'après un témoin oculaire, M. *Cazes*, notaire
de Floressas.

« Les paysans de diverses paroisses du Quercy s'étant
« mutinés, se seraient rassemblés par villes, par parois-
« ses, armés de fusils, espontons (2), hallebardes, épées
« et autres armes, prenant pour prétexte *le contrôle des*
« *contrats, des bans de mariage et des baptêmes, papier*
« *timbré et droit de foraine.* Etant attroupés, ils suivi-
« rent les maisons de ceux qui étaient commis aux droits
« du dit contrôle, qu'ils pillèrent et démolirent, entre
« autres, le 9 mars 1707, la maison du sieur *Cluzel* à
« *Bélaye*, au quel ils enfoncèrent plus de 40 barriques
« de vin, et rompirent tous les meubles qu'ils trouvè-
« rent. En partant de là, ils allèrent au lieu de *Quatre*,
« ès maisons du sieur *Soubira* notaire, qui était pourvu
« des bureaux du contrôle, où ils auraient pareillement

(1) Registres de l'Eglise de Latour.
(2) Espaton, espadron, espadon, grande et large épée qu'on tenait à
deux mains.

« gâté et emporté ses meubles, détruit la maison et brûlé
« les registres du contrôle. Le lendemain 12 mars, ils
« s'en allèrent à *Duravel*, où ils démolirent aussi la
« maison du sieur *Filhol*, commis au contrôle. Enfin
« ces gens enragés, poussant plus avant leur témérité,
« après avoir rasé diverses maisons des commis au
« contrôle et droits forains, seraient allés en partie
« assiéger *Cahors*. Mais leurs projets sur cette ville ne
« purent s'exécuter, vu les forces armées dont elle
« disposait. »

« Le 15 mars, passèrent dans le lieu de *Sérignac*
« 400 hommes bien armés, faisant commandement aux
« habitants de se mettre de leur parti et de se rendre
« à Cahors, avec menace qu'ils raseraient leurs maisons
« s'ils ne s'y rendaient. Cette troupe venait de brûler les
« registres et piller la maison du commis de la foraine
« au *Moulin-Bessou*, et le bureau établi chez le sieur
« *Larode*, au *Crucifix*. Ils allèrent le dit jour à *Floressas*,
« et brûlèrent pareillement les registres du contrôle
« établi chez le sieur *Lathèse*, et gâtèrent les meubles
« des dites maisons. Ils s'en allèrent ensuite prendre les
« autres devant la ville de *Cahors*, où on dit qu'ils
« s'assemblèrent 30,000 hommes sous le nom de TARD-
« AVISÉS. Ils se retirèrent après quelques démons-
« trations. »

« La paroisse de *Sérignac* se comporta parfaitement,
« par l'exhortation et l'exemple du sieur *de St-Cirq*, en
« l'absence du seigneur de Sérignac, son père. »

« M. le maréchal *de Montrevel*, averti de ces désordres,
« se serait rendu incessamment à Montauban, et de là
« à Cahors, avec Mgr le grand Intendant, pour voir le
« sujet de leur révolte.... Tout le monde avait mis bas
« les armes au bruit de la marche du maréchal. Le
« calme dura jusqu'au 6 avril 1707. Le 26 avril, les
« Tard-avisés seraient allés au lieu du *Crucifix*, sur les

« 6 heures du soir, où ils auraient continué le désordre
« en la maison et grange du sieur *Larode*, et lui auraient
« mis le feu au moulin à vent voisin, qui fut entièrement
« brûlé. »

« Le 2 mai, furent à *Sérignac* 400 hommes bien armés
« y ayant entre autres les habitants de *Mauroux*, pour
« se faire rendre les armes que les habitants de Sérignac
« avaient remises dans le Château, et les obliger à
« prendre ces armes et à se joindre à eux. Mais les habi-
« tants refusèrent. Alors, les dragons de *Fimarcon*, qui
« étaient logés à Floressas expressément pour donner à
« ces troupes mutinées, et étaient avertis de l'attroupe-
« ment fait à Sérignac, montèrent à cheval et furent à
« Sérignac. Les mutinés prirent la fuite à la vue des
« dragons. Mais les dragons les auraient poursuivis à
« coups de fusils et de sabres, dont ils tuèrent ou bles-
« sèrent environ 100 hommes, dans les paroisses de
« *Sérignac*, *Ferrières* ou *Masquières*. Par malheur, il y
« eut des innocents qui furent tués aussi par erreur,
« entre autres, Jean *Rigal Caulet* de Bélaye. »

« Ce même jour, 2 mai, furent pris et attachés six
« hommes de ces attroupements, qui s'étaient cachés
« dans une maison de *Sérignac*, dont deux blessés. Ce
« fut un commissaire de Montauban, envoyé pour faire
« la visite et estimation des biens et bureaux que les
« révoltés avaient ruinés, en passant au bas de Sérignac,
« accompagné par des dragons du même régiment de
« Fimarcon ; et, étant averti que des gens étaient cachés
« dans une maison, il y fut ; et les ayant trouvés, il les
« fit attacher et conduire à *Floressas*, où il dressa un
« verbal. Le lendemain, il les fit conduire à Montauban,
« où Mgr l'Intendant leur fit leur procès, et furent
« condamnés à être pendus et étranglés, savoir, deux à
« Montauban, deux à Mercuès et deux à Sérignac. Ceux
« de *Sérignac* furent exécutés au carrefour de la *Croix-*

« *Longue….* Le nommé *Couailhac*, de St-Pantaléon, le
« plus séditieux chef de ces troupes mutinées, fut pris
« par une compagnie de dragons, et le conduisaient à
« Cahors pour être rompu vif ; mais il s'échappa en
« chemin. » (Extrait du Cahier-journal de M. *Cazes*,
paru dans le Bulletin de la Société des études du Lot,
t. xii, p. 30).

Une note, appartenant aux archives de la famille de
Folmont, fournit quelques détails complémentaires. « Le
« 9 mars 1707, sont venus chez le sieur *Cluzel*, notaire
« et contrôleur d'actes à Bélaye, environ onze cents per-
« sonnes du petit peuple, qui y ont brisé tout le toit de
« sa maison, enfoncé les barriques et tonneaux. Ce sou-
« lèvement du peuple a commencé aux *Arques*, *L'Herm*,
« *Montcléra* et *Gindou*. Ils sont allés ci-devant à *Cazals*
« chez le contrôleur ; à *Catus*, chez le sieur *Dépétra*,
« contrôleur ; et à *Mercuès*, à la métairie de *Bollomie*,
« contrôleur de Cahors. Le 13, premier dimanche de
« carême, se sont assemblés à Mercuès environ 1700
« hommes, à ce qu'on nous assure, où M. Legendre
« intendant était, et on a mis le feu à la grange du dit
« Bollomie. »

* * *

La *Grande Eglise* de Bélaye n'était plus depuis longtemps qu'un monceau de ruines. Voici comment s'ex-
prime à ce sujet le pouillé du chanoine *Dumas* de l'année
1679 : « L'Eglise de St-Aignan, qui est près de la porte
« du lieu de Bélaye, du côté de l'occident, est actuelle-
« ment dépourvue de toit. Les murs restent encore
« presque entiers ; les offices paroissiaux ont été trans-
« férés dans une autre Eglise qui est au milieu de la
« localité, près la maison de l'Archiprêtre. » Quelques
inexactitudes renfermées dans ce passage semblent indi-

quer que le chanoine Dumas n'avait pas visité les lieux par lui-même, et qu'il avait rédigé son rapport sur la foi de personnes insuffisamment renseignées. Ainsi, non seulement la Grande Eglise était dépourvue de toit, mais encore de voûtes. De plus, d'après ce document, les offices avaient été transférés dans une autre église près de la maison de l'Archiprêtre (*propre domum*), qui ne pouvait être que celle de *Ste Catherine*. Or nous allons voir qne le culte paroissial se faisait dans une autre église, aujourd'hui la cave *Almus*.

La tradition locale dit qu'un ormeau avait poussé dans l'enceinte du vieil édifice en ruines et y avait même acquis un assez grand développement. Cependant on n'avait pas cessé de s'en servir comme lieu de sépulture.

En 1721, les *Lazaristes* de Cahors entreprirent de restaurer à leurs frais la Grande Eglise, qui était « proprement et de temps immémorial celle de l'Archiprêtré, » (1) dont ils étaient titulaires. Nous avons retrouvé parmi les minutes Boulzaguet le contrat de travail qui fut passé à cet effet.

« Pierre *Vidal*, tailleur de pierre de *Cucas*, paroisse de
« Cazes, promet au sieur Pierre *Ramondet*, frère de la
« Congrégation de la Mission du Séminaire de Cahors,
« de lui tailler la pierre nécessaire pour faire ce qu'il
« faut faire actuellement à la Grande Eglise de Bélaye ;
« et pour cela, le dit sieur Frère promet de lui payer,
« savoir : pour la maçonnerie, à raison de huit livres la
« toise cube ; et en cas il se trouverait, en tirant la dite
« maçonnerie, des quartiers, ils lui seront payés à
« raison de cinquante livres le cent ; de longueur chaque
« quartier, de deux pieds de roy ; de largeur et de hau-
« teur d'un pied ; avec pacte que pour la longueur des
« quartiers, il lui sera payé en proportion ; au contraire,

(1) Pouillé Dumas, déjà cité.

« que s'il se trouve des quartiers de plus grande lar-
« geur, il ne lui en sera payé que sur le prix convenu.
« Et pour faire le susdit travail, le sieur Frère lui baille
« d'avance 60 livres, qu'il lui a réellement comptées.
« Promettant le dit sieur Frère de payer, après que
« Vidal lui aura fait le travail pour les dites 60 livres, de
« temps en temps, à proportion du travail qu'il fera.
« Présents : Antoine *Pouzelgues*, maître architecte, du
« village de Montel.... 31 décembre 1721. »

D'après ce que l'on peut voir aujourd'hui, les bas-côtés
étaient demeurés à peu près intacts. Des travaux importants furent exécutés au sanctuaire. Ce fut J. *Lacombe*,
maçon de Bélaye, qui se chargea d'en rebâtir la voûte
« de bon mortier et pierre de calan, avec un arc croisier
« de même pierre ; et d'achever la reconstruction du mur
« de l'Eglise, le tout pour une somme de 600 livres. » (1).
Les voûtes de la grande nef furent reconstruites en entier,
mais sans le logis supérieur destiné à recevoir des
troupes en temps de guerre. La grande porte d'entrée fut
transformée en une autre de style roman, très simple et
de bon goût. Le maître-autel était adossé à un mur
encore existant, qui se terminait par trois pointes en
forme de pyramide. Le clocher ne paraît pas avoir été
restauré ; et l'on se contenta sans doute de réparer ce qui
restait de l'ancien. Cédant au préjugé de l'époque, qui
faisait du *gothique* le synonyme de *barbare*, l'architecte
avait adopté le style roman ; et c'est une chose bizarre
de voir côte à côte les deux modes d'architecture. En
somme, le monument faisait encore grand effet. Il est
demeuré sans changement jusqu'à ce jour.

A l'intérieur, M. *Couderc*, curé de Bélaye, fit placer en
1858 un grand et magnifique rétable en bois de noyer (1),

(1) Etudes de M. l'abbé A. Foissac, *Revue relig. de Cahors*, 7 déc. 1907.
(2) Il fut redoré par l'italien *Bozetta*, peintre-doreur, établi à Catus.

qui s'harmonise bien avec le caractère général de l'édifice,
et qui ajoute beaucoup à sa valeur, au point de vue religieux et artistique. On y remarque une belle cène, en
avant du tombeau de l'autel ; un ciel richement ouvragé ;
un beau Christ en croix peint sur toile qui orne le milieu ;
un grand tabernacle du meilleur goût ; enfin, plusieurs
bas-reliefs représentant des scènes dominicaines. Ce
rétable avait été acheté à l'Eglise de *Prayssac*. C'était,
dit-on, un don du maréchal *Bessières*, qui l'aurait trouvé
en Espagne, dans quelque couvent de St Dominique,
l'aurait pris pour sa part de butin, et ramené en France
pour en gratifier l'Eglise de son pays natal.

*
* *

Les habitants de Bélaye auraient dû se montrer
heureux et reconnaissants de voir leur Eglise relevée de
ses ruines, sans qu'il en eût coûté la moindre dépense à
leur communauté. C'est pourtant le contraire qui arriva :
cette restauration fut le point de départ d'une querelle
avec les Lazaristes, qui eut son dénouement devant la
justice. Un acte de délibération de la communauté de
Bélaye, appartenant aux minutes Boulzaguet, nous donne
des détails intéressants sur ce démêlé.

« L'an 1755, et le 16ᵉ jour du mois de septembre, dans
« Bélaye, devant moi, notaire royal et les témoins bas-
« nommés, ont été présents : M. Pons *Foissac*, bourgeois
« du présent lieu, Antoine *Gouzou* laboureur 1ᵉʳ consul
« de l'année précédente, Jean *Bayle* del Soulié, Fr.
« *Lafargue* et Géraud *Roques* de la Veille, Jean *Delbès* de
« la Lande...... et autres principaux habitants faisant la
« majeure et plus saine partie de la paroisse ; les quels,
« ici assemblés, ont dit que depuis 300 ans et plus, ils
« auraient joui d'une Eglise appelée l'*Eglise St Aignan* (1),

_____

(1) C'est aujourd'hui la cave *Almus*.

« où le service divin a été fait pendant tout ce temps, la
« seule église qu'il y eût dans Bélaye, et où générale-
« ment toutes les fonctions curiales ont été faites jus-
« qu'aux environs d'il y a 35 ans, que Messieurs de
« St Lazare de Cahors firent rebâtir la Grande Eglise,
« comme y étant obligés par l'union qui leur fut faite
« de l'archiprêtré de Bélaye, du seul consentement de
« Mgr Le Jay, pour lors évêque de Cahors, la quelle
« Grande Eglise n'a jamais été approuvée par les habi-
« tants. Ils ont été forcés d'abandonner leur ancienne
« église, parce qu'il plut à ces Messieurs de transporter
« le tabernacle, les vases sacrés, les fonds baptismaux,
« le confessionnal et la cloche à la Grande Eglise. Mais
« les habitants, voyant avec douleur que ces Messieurs
« ont entrepris de faire de leur ancienne Eglise des caves
« et greniers, ce qui n'est point tolérable, attendu que
« c'est un lieu où ont été inhumés un nombre infini de
« morts ; et que d'ailleurs le fond de droit commun
« appartient aux habitants ; qu'il était convenable de
« s'opposer à la continuation de cette entreprise, et qu'à
« cet effet il fallait nommer un syndic pour agir au nom
« des habitants ; à quoi ils ont tous et unanimement
« consenti, et délibéré qu'ils nomment pour syndic pour
« agir en leur nom, Pierre *Bouyssou*, travailleur, habi-
« tant du lieu de Bélaye, lui donnant pouvoir de faire
« un acte d'opposition aux Messieurs de St Lazare ;
« demander au dit nom, que la dite Eglise soit remise
« dans son premier état ; et au cas où, au préju-
« dice du dit acte d'opposition, ils passeraient outre,
« les rendre assignés par où et par devant qui il appar-
« tiendra, leur faire tous les actes requis, constituer pro-
« cureur, les poursuivre dans toutes les cours où besoin
« sera, jusqu'à sentence ou arrêt définitif ; promettant
« les dits habitants d'avoir pour agréable tout ce qui
« sera fait et géré par le dit Bouyssou, et de le relever et

« garantir envers et contre tous, à peine de dépens,
« dommages et intérêts. »

Nous ne connaissons pas la suite de cette affaire ; mais il est probable que les Lazaristes continuèrent à faire célébrer les offices paroissiaux dans la Grande Eglise.

***

Vers cette époque, plusieurs abus s'étaient glissés dans nos contrées, qui attirèrent l'attention des pouvoirs publics : c'étaient en particulier l'élévation exagérée du *prix des marchandises* et la multiplication des *mendiants*.

Le 15 novembre 1724, on écrivait aux consuls de Bélaye. « ...... Vous avez vu, par la lettre de Mgr le
« Contrôleur général, les intentions du Roy. Je vous ai
« expliqué, en vous l'adressant, combien l'exécution en
« était importante et nécessaire au bien public, et les
« soins que vous devez y porter. Mgr l'Intendant, dont
« le zèle et la bonté égalent la justice, m'ayant fait l'hon-
« neur de m'appeler à Cahors pour mettre en règle cet
« objet (règlement du taux des marchandises) et celui
« des mendiants, en conformité de la déclaration de sa
« Majesté, dont je vous envoie un imprimé, m'a chargé
« de vous faire remettre aux marchands de votre lieu,
« et deux jours après la présente, dont vous m'accuserez
« réception par le retour de mon envoyé, un état tiré de
« leur livre-journal, de la vente qu'ils firent de leurs
« marchandises l'année 1716, qu'ils certifieront véritable ;
« se soumettront de les délivrer au même prix, et le
« signeront. Vous en ferez faire une copie à chacun, que
« vous m'enverrez avec l'original pour les mettre en
« mains de Mgr l'Intendant, afin qu'il puisse connaître
« par vos soins et le compte que je lui en rendrai, les
« obstinés d'avec ceux qui entreront dans de justes
« dispositions. »

« Vous ferez enfermer dans vos prisons, ou, en défaut,
« dans les plus voisines que vous aurez, non seulement
« les mendiants passants, mais encore ceux de votre lieu
« et du voisinage, s'ils sont sans motifs pour mendier ;
« et vous leur fournirez deux livres de pain par jour, de
« l'eau et de la paille. Dès que vous en aurez fait arrêter
« quelqu'un, vous m'en informerez par des exprès. Je
« vous adresserai un ordre pour le cammandant de la
« maréchaussée, qui enverra de ses cavaliers pour les
« conduire à l'Hôpital généra¡ de Cahors, où ils seront
« nourris et entretenus. Vous recevrez pareillement dans
« vos prisons ceux que les consuls des communautés
« vous conduiront, aux quels vous donnerez la même
« subsistance. Je vous ferai rembourser très exactement
« l'avance, sur l'état que vous me présenterez. Tout
« cela intéresse fort le public ; et je ne doute nullement
« que M. le Curé ne vous fasse part de ses lumières, si
« vous lui communiquez ma lettre. »

« Si vous avez un hôpital dans votre lieu, vous m'en-
« verrez dans la huitaine un état des revenus de cet
« hôpital, avec celui de la dépense qu'il convient de faire
« pour les charges annuelles ou pour la subsistance des
« infirmes qui y sont et de ceux qui sont proposés
« pour en avoir soin. »

« Pour remplir, autant qu'il est en moi, des intentions
« aussi intéressantes, vous m'informerez du succès de
« ces deux objets. Si vous n'y donnez une attention sin-
« gulière, je ne saurais vous éviter les peines qui vous
« en arriveront par celle que vous me donnerez d'en
« informer Mgr l'Intendant. Je vous prie de m'en dis-
« penser, et de me croire, Messieurs, entièrement à vous.
« *Bonal* subdélégué. » (1).

(1) Papiers Gouzou.

* * *

Un autre abus, — mais celui-là particulier à Bélaye,
et concernant le prix de la viande, — fut énergiquement
réprimé par les soins des consuls. « ...... A la porte de
« l'Eglise paroissiale de Bélaye, et à l'issue des vêpres,
« en l'assemblée convoquée par MM. les consuls en exer-
« cice la présente année, par bulletin pour chacun des
« membres, et au son de la cloche, en la manière accou-
« tumée ; ont comparu...... tous paroissiens, manants (1),
« et principaux habitants de la dite communauté ; aux
« quels le sieur *Aldhuy* (de Pechdeau) 1er consul, aurait
« dit que, d'après le droit dont jouit de temps immé-
« morial le corps des officiers municipaux de la commu-
« nauté, il aurait scrupuleusement veillé, depuis son
« entrée en exercice, au maintien du bon ordre dans
« toutes les parties dépendantes de la police, et notam-
« ment sur le banc de la boucherie du chef-lieu, afin
« d'éviter le dol et la fraude, et préserver les peuples
« d'une distribution des viandes à un prix arbitraire ; —
« qu'il aurait fait procéder à la taxe des divers animaux
« massacrés chaque semaine avec toute l'exactitude
« qu'exige cette partie de l'administration ; — que le
« nommé *Lafage*, qui tient depuis quelque temps une
« boucherie, par un excès de licence intolérable et une
« désobéissance répréhensible, au mépris de cette taxe,
« se serait avisé de vendre, depuis deux semaines, la
« vache au-dessus de la taxe, tantôt un sol, tantôt dix
« deniers par livre, ce qui excite les cris et les plaintes
« du public, et anéantit le respect et l'obéissance dus
« au corps municipal ; — et le sieur exposant se trou-
« vant forcé, pour réprimer un pareil abus, le dénonce à
« la communauté assemblée, èt la requiert de délibérer

(1) Habitants, du verbe latin *manere*, demeurer.

« sur les moyens à prendre pour le réprimer. Sur quoi
« le sieur Aldhuy s'étant retiré, et la matière mise en
« délibération, il a été unanimement convenu et déli-
« béré : 1º que le sieur Aldhuy, pour procéder légale-
« ment avec ses consorts, prêteront leur serment, si fait
« n'a été, devant le juge de Bélaye ; — 2º qu'il sera par
« eux ou l'un d'eux, en présence de deux principaux
« habitants, procédé à la taxe des viandes suivant
« l'usage ; qu'elle sera annoncée et publiée à haut cri par
« par le sergent. » (1).

*
* *

Le 26 octobre 1775, naquit au village de *Jonan* M. Paul
Lacoste, qui devait se rendre célèbre dans toute la région
par ses excentricités. Puisque M. Greil lui a donné une
place, — et des meilleures, — dans sa galerie des *Fous
littéraires du Quercy* (2), on voudra bien m'excuser de
lui consacrer quelques lignes.

Il était fils de M. Etienne Lacoste, bourgeois, et de
D^lle Antoinette Constans, natif de Cessac, près Douelle.

Il avait eu sa première révélation à l'âge de 9 ans,
7 mois et 10 jours ; mais elle ne lui fut connue que 22 ans
après dans une seconde révélation.

Celle-ci eut lieu le 2 mars 1807. Il demanda à plusieurs
personnes de lui en donner l'attestation suivante. « Paul
« Lacoste, en un mémoire qu'il présenta à M. le curé de
« Grézels, exposa avoir eu une apparition le 2 mars 1807,
« en la quelle il lui fut dit par un ange, que le 16 mai
« 1785 Dieu lui avait apparu avec les anges, sous la
« figure d'un prêtre en aube, chez son grand père à
« Cessac ; et qu'en lui apparaissant, il l'avait fait mourir

____

(1) Minutes Boulzaguet.
(²) C'est de cette brochure que sont tirés la plupart des détails qui
suivent

« et en même temps ressusciter, et qu'il ne mourrait
« plus ; qu'il se maintiendrait le même, sans plus vieillir,
« à un âge déterminé, etc. »

Il s'imaginait qu'on avait essayé de le tuer, mais
que cette tentative avait été fatale à son auteur, et
qu'il survivrait à toutes celles qui seraient faites contre
lui. Il le raconte ainsi : « Un jeune homme de Cahors
« avait péri, voulant me tirer un coup d'arme à feu. Le
« feu de l'amorce du fusil s'était changé en autre feu qui
« l'avait dévoré et anéanti…. Des anges lui avaient révélé
« qu'il était le *Messie*, et l'avaient révélé également à
« Mgr l'ancien évêque de Quimper, dans l'Eglise St-
« Jacques à Paris, en l'année 1812 ; un ange de Dieu lui
« était apparu et lui avait dit que Lacoste était le Messie,
« et que je survivrai au poison que l'on m'avait fait
« prendre. »

Le 8 octobre 1823 il écrivait à M. le curé d'Anglars :
« Dans la nuit du 14 au 15 août 1807, des esprits célestes
« se manifestèrent, étant près de Bordeaux, en m'agitant
« et m'enlevant en l'air, et me parlant des mouvements
« que feraient les armées françaises, de ce qu'il avait
« été dit en l'apparition du 16 mai 1785. Dans la journée
« 15 dit août, ces esprits célestes se manifestant aussi
« de temps en temps en m'agitant, ils me provoquèrent
« à aller dans les landes de Bordeaux, et ils m'apparu-
« rent pendant le jour sous différentes formes humaines,
« et m'y tinrent de la pointe du jour jusque vers midi,
« dans la journée du 16, jour de dimanche, dit août 1807,
« et ils manifestèrent des choses miraculeuses. Quelques
« jours après, étant venu en Quercy, et étant chez mes
« parents à Grézels, des esprits célestes me tracassaient
« tellement en m'agitant surnaturellement, le vendredi
« 2 octobre 1807, susdite année, qu'ils me provoquèrent
« à aller à Fumel, et de là me faisant retourner à
« Grézels, ils se manifestèrent de la même manière que

« près de Bordeaux, en m'agitant, me parlant de temps
« en temps en l'air, et plus ouvertement près de Touzac
« et dans la plaine de Puy-l'Evêque ; et le lendemain,
« samedi 3 octobre, dite année 1807, étant de temps en
« temps agité à être enlevé en l'air, mes parents en furent
« si fort alarmés qu'ils envoyèrent chercher M. le curé
« de Grézels. »

Lacoste était très convaincu de ces révélations ; il se
croyait réellement le Messie. Il avait conçu la réforme de
toutes les religions, et voulait en créer une nouvelle
nationale : la religion de Dieu tout-puissant, créateur de
toutes choses.

Il prétendait que le jour de la Fête-Dieu, de l'année
1825, le Saint-Sacrement lui ayant parlé à Bélaye, lui
avait affirmé de nouveau que : « Lacoste était le Messie,
« et qu'il devait dire aux prêtres qu'ils ne pouvaient pas
« exercer sans passer à un autre sacerdoce. »

Lacoste demandait que tous les séminaires et établissements religieux fussent mis sous sa direction afin d'y
préparer des sujets pour le nouveau sacerdoce qu'il voulait fonder. « Alors, disait-il, il n'y aura plus en Europe
« qu'une seule et même religion ; tous les hommes seront
« en grâce devant Dieu, dont la bonté pourrait faire que
« dans la suite des siècles ils n'auraient pas besoin de
« manger pour vivre, ainsi que les anges. »

Le 15 août 1826, il écrivait à Mgr *de Frayssinous*,
ministre des affaires ecclésiastiques pour lui demander
d'assembler un concile, afin de mettre un terme aux
erreurs qu'il avait fait connaître dans ses mémoires. En
1828, il priait les Chanoines de Cahors (le siège étant
vacant), de se concerter avec M. le Préfet et les autres
autorités, et de lui permettre de parler en chaire dans la
cathédrale de Cahors. Il prétendait que le pape Léon XII
était venu en France exprès pour le voir, en 1828. « Il
« me parla, disait-il, au restaurant, à Paris, rue de

« l'Odéon, accompagné de son nonce qu'il avait en
« France ; il me dit qu'il était pape et qu'il venait en
« France pour me voir ; que j'étais le premier pape et
« qu'il me regardait comme son pape. »

Un jour, il écrivait à M. *de Macdonald*, duc de Tarente,
pour lui faire part de ses révélations, et terminait ainsi
sa lettre : « Recevez pour vous et pour tous ceux de
« l'état militaire, M. le Maréchal, la bénédiction du
« Seigneur, que je vous souhaite. J'ai l'honneur d'être á
« votre égard tout ce que Dieu voudra. »

Il était persuadé que sa qualité de Messie lui avait pro-
curé des biens immenses, mais qu'ils lui étaient volés.
Le 29 avril 1833, il écrivait au ministre des finances.
« .... J'espère que le gouvernement français me mettra
« en possession de ce qui m'est dû. M. Lafitte, après la
« révolution de juillet, dit à la Chambre des députés que
« douze millions de pension portés au titre qui m'a été
« volé en 1824 étaient maintenus. On sait que mon voleur
« fut condamné aux travaux forcés à perpétuité pour
« m'avoir soustrait ce titre. N'ayant rien reçu des douze
« millions, il y a beaucoup d'arrérages à percevoir, et
« aussi des deux millions de pension faite en 1810 par
« l'ex-empereur Bonaparte. »

Il était en outre persuadé que les forges de Decazeville,
celles de Bruniquel, les terres de Castelnau-Bretenoüx,
etc., lui appartenaient, et qu'on lui en volait les revenus.

Il voulait qu'on l'appelât *Melchissedech* ; il était très
irrité contre son cousin *Soubira*, de Montcuq, un autre
toqué illustre de l'époque, parce que, disait-il, ce poète
avait voulu lui voler sa qualité de Messie.

Convaincu de son immortalité, Lacoste aliénait, l'un
après l'autre, tous ses biens meubles et immeubles pour
les convertir en rentes viagères. Quelque fois il les cédait
à un taux dérisoire de bon marché ; mais il s'en conso-

lait aisément par la pensée que les revenus lui seraient servis à perpétuité ; et il se riait même de la simplicité et de l'imprévoyance de ses acquéreurs. Sa famille alarmée tenta de le faire interdire, et une commission fut nommée à cet effet. En apprenant l'arrivée des experts, Lacoste se porta à leur rencontre jusqu'au bas de la côte de Jouan, les reçut très-poliment, et leur fit accepter un excellent dîner qu'il avait fait préparer à leur intention. La commission conclut en sa faveur et il ne fut pas interdit.

Il ne laissait pénétrer personne dans sa maison, où il vivait dans un saleté repoussante. Il devait s'y livrer à quelques pratiques religieuses de sa façon, car on trouva mentionnés dans l'inventaire de sa succession : un surplis et une soutane noire.

Lacoste allait très-souvent à Paris. C'est là qu'il est mort, dans un hôtel garni, le 16 août 1852, à l'âge de 77 ans.

Il avait composé : 1° *Les plus importants mémoires adressés aux Rois de France Louis XVIII et Charles X ;* en lequels est déclarée une grande révélation de 1807, avec les lettres qui ont été écrites à cet égard à des évêques de France, à des ministres d'Etat, à des membres de la Chambre des pairs et des députés, etc., et les réponses faites à l'auteur, etc. Imprimé à Paris, 1826. — 2° *Suite des plus importants mémoires adressés aux Rois de France Louis XVIII et Charles X.* Paris, 1828. — 3° Un recueil de 14 opuscules, imprimés les uns à Bordeaux, les autres à Paris.

* *
*

Les années 1775, 1778 et 1779 furent signalées par de violents orages qui ruinèrent pour longtemps notre pays. C'est ce que nous apprend un acte de délibération de la

communauté de Bélaye du 17 février 1782, relatif à
l'impôt de capitation. « Les habitants, y est-il dit, ont les
« plus mauvaises possessions, dont une partie se trouve
« en non valeur par les ravines annuelles et notamment
« par les déluges locaux des 26 juin 1775, 6 juin 1778, et
« 10 mai 1779. Ces possessions sont tellement dégradées
« qu'il ne reste en plusieurs endroits, sur les montagnes,
« que des rochers décharnés ; et dans les valons, que des
« monceaux de pierres dépouillés de terre. Cette sur-
« charge (de la capitation), qui subsiste depuis plusieurs
« années, est devenue plus onéreuse encore par la chute
« et la ruine de quelques principaux habitants et de
« plusieurs parmi le peuple, ou qui ont vendu des pos-
« sessions à des forains, ou qui ont émigré et changé
« leur domicile. Nos Seigneurs de l'administration seront
« très-humblement suppliés de vouloir bien faire vérifier
« les faits ci-dessus exposés par une commission, et, sur
« son rapport, qui ne peut être que favorable et conforme
« aux vœux des délibérants, corriger la surcharge et
« accorder à cette communauté un soulagement propor-
« tionné à sa misère. » (1).

*
* *

Il y eut un baptême de cloche à Latour le 17 août 1788.
« La cloche de la paroisse, qui était fêlée depuis environ
« trois ans, fut refondue par Mᶜ Gousset, fondeur, le cinq
« du même mois, pour le prix de cent livres. Lors de
« la fonte, il y fut ajouté une augmentation de 70 livres
« poids, que les paroissiens ont payée, outre cent livres.
« Le poids de la cloche est aujourd'hui de 366 livres
« poids commun. Ont assisté à la bénédiction faite par
« M. le curé (de Bélaye), avec la permission des supé-

____

(1) Minutes Boulzaguet.

« rieurs, M. le curé de Cénac et M. le vicaire de Latour.
« La cloche a eu pour parrain le sieur Etienne *Canic e*,
« de cette paroisse ; marraine, D^{lle} *Marguerite Séguy* fille,
« aussi de la paroisse ; qui ont donné pour acheter une
« petite cloche : la marraine, 24 livres ; le parrain, 24 l. ;
« M. le chevalier *de Folmont de Lagrave*, 3 l. ; M. le
« vicaire de Latour, 6 l. ; M. le juge de Bélaye et M.
« *Pélissié* son fils, juge d'Albas, ... l. ; Mlle *Montet de*
« *Bolzaguet* (de Juillac) ... l. » (1)

* *
*

Le curé de Latour, portant officiellement le titre de
vicaire de Bélaye, était alors M. Pierre Ambroise *Bou-*
quet, originaire de Cahors. La vie de ce prêtre rappelait
par ses austérités et ses pénitences, celle des anciens
anachorètes. Pendant sa dernière maladie, il voulut être
couché sur un lit de sarments, n'ayant pour se sustenter
qu'un flacon d'eau et quelques tranches de pain, et
disant à tous ses visiteurs le bonheur qu'il éprouvait à
mourir sur ce misérable grabat. C'était en 1791. On
entendait gronder au loin l'orage révolutionnaire ; et
déjà la *Constitution civile du clergé*, condamnée plus tard
par Pie VI comme hérétique, avait été votée par l'Assemblée constituante. M. Bouquet profita de la présence de
plusieurs prêtres du voisinage pour recevoir les sacrements de l'Eglise, et publier hautement qu'il voulait
finir comme il avait vécu, dans la foi catholique, apostolique et romaine. Il mourut en odeur de sainteté le
15 septembre 1791, et fut enseveli le lendemain dans le
cimetière de Latour, au milieu d'un grand concours de
peuple. Il avait été pendant huit ans curé de cette
paroisse. (2)

(1) Registres paroissiaux.
(2) Registres paroissiaux de Latour. — Témoignages verbaux.

CHAPITRE XX

NOTIONS GÉNÉRALES (1)

Régime municipal. — Impositions. — Justice. — Famille. — Agriculture. — Commerce et industrie.

Arrivé au seuil de la période révolutionnaire, nous arrêterons là notre récit. Pour terminer, nous donnerons,

(1) Au point de vue de l'ADMINISTRATION GÉNÉRALE, le Quercy formait avec le Rouergue la *Généralité de Montauban*, dont le chef, appelé *Intendant*, remplissait, mais avec des pouvoirs plus étendus, à peu près les mêmes fonctions que les Préfets de nos jours. — La généralité de Montauban comprenait 16 *Subdélégations*, dont 9 dans le Quercy : Montauban, Moissac, Caussade, Cahors, Lauzerte, Gourdon, Figeac, Prayssac et Souillac. A la tête de chacune était un *Subdélégué*, sorte de Sous-Préfet. — La subdélégation de *Prayssac* comprenait la plus grande partie du territoire qui forme les cantons actuels de Luzech, Catus et Puy-l'Evêque. *Bélaye* appartenait à cette circonscription.

Au point de vue FISCAL, le Quercy était divisé en trois *Elections*, Cahors, Figeac et Montauban, dont chacune avait à sa tête un *Bureau d'élection* ou tribunal spécialement chargé de la répartition des impôts, (Voir L. Combarieu, *Dictionn. des comm. du Lot*).

d'après les documents que nous avons lus, quelques notions générales qui aideront à mieux connaître les mœurs, les institutions et l'état social de nos ancêtres. (1)

RÉGIME MUNICIPAL

Le trait caractéristique de l'ancienne communauté était de constituer une personne *majeure*, apte à posséder, vendre, acheter, donner, recevoir, plaider, transiger, etc. sans l'autorisation du seigneur, ni du Roi, ni d'aucun autre pouvoir quelconque. C'était comme un petit état autonome, indépendant, se gouvernant par lui-même, et sous la responsabilité de tous et de chacun de ses membres.

Toutes ses affaires se traitaient en assemblées publiques, convoquées et tenues selon certaines formes consacrées par l'usage et les règlements. La réunion avait lieu toujours le dimanche, et ordinairement après l'office des vêpres, devant la grande Eglise de Bélaye. Dans l'angle formé par cet édifice et le rempart, était un auvent destiné à servir d'abri en cas de mauvais temps ; on voit encore, le long du mur de l'Eglise, la rainure ou entaille sur laquelle s'appuyait cette construction.

Les consuls décidaient la convocation et en fixaient le jour et l'heure. Elle était criée par le *baille* (2) à Bélaye et à Latour, au sortir de la messe paroissiale ; quelquefois même elle était annoncée en outre par voie de bulletins envoyés aux familles. Les consuls devaient, à peine de nullité, y appeler le juge de la juridiction par convocation directe et personnelle, et lui exposer au préalable l'objet de la délibération. Ce magistrat était le

---

(1) Cette étude concerne spécialement Bélaye ; il ne faudrait pas la généraliser sur tous les points.

(2) Le baille de la communauté était le valet de ville d'aujourd'hui.

président né de l'assemblée communale ; à son défaut, c'était le lieutenant du juge ; et en l'absence de l'un et de l'autre, cet honneur revenait au premier consul en exercice. Un notaire servait ordinairement de secrétaire des séances ; quelquefois, mais très rarement, c'était un simple commis assermenté.

La réunion avait lieu au son de la cloche. L'assemblée une fois formée, le Président déclarait qu'elle était régulière ; et le premier consul faisait connaître clairement et succinctement l'objet de la convocation. Aussitôt les assistants se partageaient en divers groupes, selon les opinions, les relations personnelles, ou d'après le hasard des rencontres ; et on causait librement sur le sujet proposé. Quand la discussion était jugée suffisante, les représentants des groupes s'approchaient du président ; ils rendaient compte, l'un après l'autre et sans discussion, de la manière de voir de leurs commettants, et faisaient ressortir le motif de l'opinion qui avait prévalu dans leurs groupes respectifs. Quelquefois l'accord se faisait du premier coup. D'autrefois, il y avait des divergences ; et alors le premier consul fournissait de nouvelles explications. Puis le peuple était invité à se reformer en groupes et à délibérer de nouveau ; et on continuait ainsi à discuter la question proposée jusqu'à ce qu'il y eût unanimité morale des assistants, ou du moins une grosse majorité.

L'assemblée réglait ensuite, s'il y avait lieu, les mesures qu'elle entendait prendre à l'appui de la résolution adoptée. Ordinairement, c'étaient les consuls en exercice qui en étaient chargés. Mais pour certaines affaires extraordinaires, comme travaux à exécuter, marchés à conclure, procès à soutenir, etc., l'assemblée nommait un syndic chargé de la représenter, et s'engageait à lui rembourser tous les frais exposés, sur le vu de ses comptes, et après vérification faite en réunion plénière. C'est ainsi qu'en 1695, la communauté, ayant décidé la refonte de la cloche, nomma R^d *Demeaux*, de Rouziès, pour surveiller l'opération, et payer 82 livres à Jean *Aldebert* et Géraud *Delbru*, fondeurs de cloches à Prayssac. C'est ainsi encore que dans le procès qu'elle engagea contre les Lazaristes au sujet de l'Eglise paroissiale, elle choisit Pierre *Bouyssou* pour la représenter.

Enfin, la matière de la délibération étant épuisée, et toutes choses réglées entièrement, le secrétaire dressait le procès-verbal de la séance, le lisait à haute voix, et le faisait signer par tous les assistants lettrés, en commençant par le président, et en continuant suivant l'ordre des préséances et l'importance de la position respective des personnes.

Quand il s'agissait de fixer le ban des *vendanges*, le *Procureur d'office* convoquait tous les habitants de la juridiction en assemblée générale, et la réunion se tenait à Bélaye, chef-lieu de la circonscription judiciaire. Voici le procès-verbal de la séance qui eut lieu à ce sujet en 1754. « Le 29 septembre, en assemblée convoquée à « Bélaye par M. *Favard*, procureur d'office, en présence « de M. *Pélissié* juge, il a été représenté aux habitants « ici appelés, faisant la plus saine et majeure partie des « communautés de la juridiction, que pour le bien « public il importe de nommer des prud'hommes pour « procéder à la visite des vignobles de la présente juri- « diction ; et requiert le sieur Favard les dits habitants « de délibérer sur ce qu'il convient de faire. Sur quoi les « consuls de Bélaye, Grézels, Pescadoires, Ségos, Far- « guettes et Bovila, présents, et autres habitants ont « délibéré que, pour procéder à la visites des vignobles, « ils nomment, savoir : pour Bélaye et Latour, le sieur « Jean *Raynaly* et J^n Pierre *Séguy* ; pour Grézels et « Pescadoires, Joseph *Prady* et Pierre *Braquel* ; pour

« Séges, Guill. *Mourgues* et Géraud *Campagne*, etc. ; les
« quels seront tenus de faire leur rapport dimanche
« prochain, 6 octobre, sur la maturité ou non maturité
« de la vendange ; après avoir préalablement prêté ser-
« ment, pour être ensuite statué ainsi que de raison, et
« fixé le jour des vendanges » (1).

* * *

La communauté était administrée par quatre consuls.
D'après les règlements, ils devaient être nommés le
1er dimanche de septembre, en assemblée publique.
Anciennement, le peuple les choisissait directement ;
mais, sans doute à cause des inconvénients que présen-
tait ce mode d'élection, on les nomma ensuite d'après
un *acte de tour de rôle*, c'est-à-dire d'après une liste de
personnes consulaires dressée, après délibération, par la
communauté elle-même. Les noms étaient lus à haute
voix dans l'assemblée, et présentés par rang d'inscription.
Enfin un verbal de nomination consulaire de 1766 déclare
qu'il n'existe plus d'acte de tour de rôle, et que chaque
consul nomme lui-même son successeur ; et il en fut ainsi
jusqu'à la fin. Mais, dans ce cas, comme dans le précédent, l'assemblée devait approuver et ratifier la
nomination.

Les consuls nommés en septembre entraient en fonc-
tion le 1er janvier suivant, et gardaient le pouvoir l'espace
d'une année. Ils devaient d'abord prêter serment de
remplir fidèlement leur charge, pour assurer la validité
e la légalité de leurs actes. Cette formalité, à la fois reli-
g'euse et civile, se faisait avec une certaine solennité. La
communauté s'assemblait à cet effet, à l'issue des vêpres.
Le juge, ou en son absence son lieutenant, devait rece-

(1) Extrait des minutes Boulzaguet.

voir le serment ; et, à défaut de l'un et de l'autre, c'était
le premier consul de l'année précédente. Tout étant
ainsi disposé, « les consuls s'avançaient tête nue, et, l'un
« après l'autre, posaient la main droite sur les Saints
« Évangiles, et juraient de bien et fidèlement remplir
« leur charge, conformément aux ordres royaux et aux
« us et coutumes de la communauté. » Un notaire,
mandé pour cet effet, en dressait le procès-verbal, et le
faisait signer par les assistants pour servir et valoir aux
nouveaux dignitaires.

Les consuls avaient la police de la communauté. A
eux incombaient les soins de l'administration, et en
général le devoir de veiller aux intérêts communs, au
bon ordre et à la prospérité publique. Ils étaient chargés
de répartir et de recouvrer les impôts, de faire dresser
les rôles, et d'inscrire les mutations. Nous avons déjà
vu la part qu'ils prenaient au logement des troupes,
à la taxation des viandes, à la répression du vagabon-
dage et d'autres abus. Leur administration était au
besoin contrôlée par la communauté, principalement en
ce qui regarde la gestion des deniers communaux ; et
généralement ils pouvaient être rendus responsables de
leur incurie ou de leurs malversations sur leurs fonds
personnels (1). Ils ne pouvaient engager la communauté
dans aucune dépense sans son aveu formel et duement
constaté.

En compensation des charges, les consuls jouissaient
de certains honneurs et prérogatives propres à rehausser
leur dignité et leur autorité aux yeux du public. Dans
toutes les assemblées, ils avaient la préséance, immédiatement après le juge, son lieutenant et le procureur
d'office de la juridiction. Ce même ordre était observé à

(1) En 1669, les habitants d'*Albas* assignent leurs consuls devant le
juge du lieu pour malversations commises à l'occasion du recrutement
militaire (Min. Boulz.).

l Eglise. Ils se plaçaient, avec ces derniers, dans un grand banc ouvragé appelé le *Banc des cossouls* ; nous l'avons vu longtemps dans le sanctuaire ; il a subsisté jusque vers 1890, époque ou il est tombé de vétusté. Avec les officiers de justice, ils allaient les premiers à l'offrande ; recevaient les premiers l'aspersion de l'eau bénite et le pain bénit, et occupaient une place d'honneur dans les processions.

Les consuls portaient, comme marque caractéristique de leur dignité, le chaperon ou *capayrou*, consistant en une bande de velours ou de soie qu'ils fixaient à l'épaule gauche : ils le transmettaient à leurs successeurs à l'expiration de leur mandat.

A Bélaye, le premier consul avait le privilège singulier d'ouvrir officiellement les amusements du carnaval. Le jour de l'Epiphanie, qui était alors férié, le fifre et le tambour allaient le prendre à la porte de l'Eglise, à l'issue de la grand'messe. Il se rendait, au son des instruments et suivi de la foule, sur la place du *Mercadiel* ; là, il donnait la main à une danseuse et faisait deux ou trois tours : le carnaval était ouvert. Les maires de Bélaye héritèrent de ce privilège, et l'exerçaient encore sous la Restauration.

La noblesse n'entrait jamais dans le consulat, et n'assistait pas même aux délibérations de la communauté. On appelait à cette charge quelques bourgeois, hommes de loi, gens d'affaires, praticiens, qui, par leurs lumières ou leur situation personnelle, pouvaient rendre de grands services à la communauté. Mais les consuls étaient choisis presque uniquement dans les familles populaires, laboureurs, travailleurs, artisans : le peuple était jaloux de s'administrer et de se gouverner lui-même et de faire tout seul ses propres affaires.

Au terme de leurs fonctions, les consuls transmettaient à leurs successeurs les documents publics dont ils avaient la garde : le Livre des coutumes, le Cadastre, le Livre des charges, le Rôle de la taille, etc. ; et ils s'en faisaient donner décharge par les nouveaux dignitaires.

IMPOSITIONS

Le principal impôt que l'on payait à Bélaye, était la *taille* ou impôt foncier. La répartition se faisait d'après le *compois terrier* ou *cadastre* : c'était un livre qui renfermait, dans les plus grands détails, tous les fonds du taillable, avec leur contenance, leurs confrontations et le nom des possesseurs ; il n'était pas accompagné de plans linéaires. L'estimation des terres avait été faite, non d'après leur état de culture et leur rapport actuel, mais d'après leur qualité et valeur naturelle ; de sorte que si le propriétaire venait à améliorer ou à détériorer son fonds, la taille n'en était ni augmentée, ni diminuée. Les cadastres de Bélaye et de Lalaurie reconnaissaient quatre qualités de terre, la *foncière*, la *bonne*, la *commune* et la *maigre*. La bonne était prise comme valeur type, à laquelle étaient ramenées toutes les autres. Ainsi, une quarterée de terre foncière équivalait à deux quarterées de bonne ; la commune valait moitié bonne ; et la maigre, un quart seulement. Le taillable de Bélaye avait une contenance totale de 3,521 quarterées, qui, réduites à *bon*, donnaient 1979 quarterées.

La quarterée de bonne terre était prise pour unité, et allivrée à un taux uniforme pour tout le taillable : c'est ce qu'on appelait la *livre livrante*, dont la valeur augmentait ou diminuait d'une année à l'autre, selon que la somme à imposer était plus ou moins grande. Supposons, par exemple, que le taillable de Bélaye soit imposé pour un total de 3,292 livres, comme en l'année 1747. En répartissant cette somme sur 1,979 quarterées réduites à bon, on obtiendra pour livre livrante le taux de : 1 livre,

13 sous, 1 denier. Comme les terres de chaque contribuable formaient un total réduit à *bon* sur le cadastre, il n'y avait qu'à multiplier ce total par une livre, 13 sous, 1 denier, pour avoir le montant de son impôt foncier (1).

Le compois de Lalaurie comprenait, — en dehors de 36 quarterées qui demeuraient *nobles* (2) et quittes au seigneur du lieu, — 492 quarterées, lesquelles, réduites à bon, donnaient un total de 260 quarterées.

Voici comment on procédait à la confection du cadastre, d'après un acte d'arpentage de 1697, tiré des minutes Boulzaguet. « Me Raym^d *Garrigou*, notaire de Grézels, « promet de faire faire l'arpentement des terres de « l'entier taillable de Pescadoires et Lagardelle, et en « dresser un livre cadastre qui contiendra quatre degrés « de terre, savoir : bonne, commune, maigre et double « maigre ; la bonne demeurant dans sa contenance ; « la commune, de deux en fera une de bonne ; la maigre, « en sera mis quatre pour une ; et du double maigre, de « huit pour une. Et après, mettre la réduction au bas de « chaque article ; et du tout en dresser le livre composé « en bon état, sur papier timbré. Pour raison de tel « travail, lui sera payé trois sols, six deniers pour « chaque quarterée de terre en contenance ; et outre ce, « la somme de cinq livres pour acheter partie du papier. « Et seront tenus (les consuls) lui fournir des *démons-* « *trateurs* de terres, qui donneront les confrontations, « tant particulières que générales du dit taillable ;

---

(1) La livre valait 20 sous, et le sou 12 deniers.

(2) Les terres nobles étaient exemptes de la taille, à cause que primitivement leurs possesseurs payaient l'*impôt du sang*. Ils devaient courir sous les armes au premier appel du Roi, tandis que les bourgeois et gens du peuple n'étaient pas tenus au service militaire. Dans le taillable de Bélaye il n'y avait pas de biens nobles. Au reste, sur la fin de la monarchie, beaucoup de roturiers possédaient des biens nobles et ne payaient pas d'impôt. Cette exemption en faveur des biens nobles était devenue un grand abus.

« comme aussi, de lui fournir deux personnes des mieux
« connaissantes, une de Pescadoires, et l'autre de Lagar-
« delle, pour faire l'abonnement des terres. Et en cas
« les dites personnes ne pourront convenir de la bon·é
« et fertilité, leur sera baillé une autre personne connais-
« sante pour vider le partage.... Les sommes convenues
« sont payables, le tiers au commencement du travail,
« le tiers à la moitié, le reste à la fin. Le travail doit
« être fait dans huit mois. »

Le cadastre terminé, une commission de *jurats* nommés
en assemblée communale, était chargée de le vérifier ;
puis les consuls demandaient au Sénéchal du Quercy de
le rendre exécutoire. Ce magistrat faisait comparaître à
sa cour les consuls et les jurats, en personne ou par
procureur ; il entendait les avocats et procureurs des
parties, et le procureur du Roi ; et alors seulement il
rendait un appointement ou ordonnance permettant aux
consuls de se servir du nouveau cadastre et de procéder
à la cotisation des tailles (1).

Outre le compois terrier, destiné à servir d'assiette à
l'impôt foncier, il y avait en certains lieux un compois
industriel et cabaliste. « C'est, dit Cathala-Coture, un
« rôle fait par des prud'hommes nommés par la commu-
« nauté. Il contient les sommes imposées sur les parti-
« culiers par rapport à leur industrie, cabaux et meubles
« lucratifs. On entend par cabaux tous les bestiaux
« autres que ceux du labourage. Les meubles lucratifs
« sont les deniers à intérêt ou à rente. Il faut que ce
« compois soit d'un usage constant dans un lieu ; et si
« on veut l'y introduire, le consentement général des
« habitants est nécessaire » (2). Bélaye n'avait pas de
compois industriel : c'est ce qui résulte d'une quittance

____

(1) Cadastre de Bélaye, de 1602.
(2) Hist. du Quercy, t. 2, p. 360 et suiv.

faite à Arnaud *Bernadou*, consul collecteur pour l'année 1746.

Nos ancêtres n'avaient pas de *cote mobilière*.

Ils ne connaissaient pas, non plus, l'impôt des *portes et fenêtres*.

Mais ils payaient une *cote personnelle* beaucoup plus étendue que celle d'aujourd'hui, connue sous le nom de *capitation*. « Cet impôt fut décrété par Louis XIV, en « 1695, pour subvenir aux frais de la guerre ; on divisa « les français en 22 classes, d'aprés leur état et leur « qualité : en tête de la 1re figurait le Dauphin, et chaque « individu de cette classe était taxé à 2,000 livres ; ceux « de la deuxième classe ne payaient que 20 sols ; les « taillables payant moins de 40 sols de cote en étaient « exempts. Supprimée en 1698, la capitation fut rétablie « en 1701 ; en 1715, on la prorogea indéfiniment » (1). En 1745, l'impôt de capitation atteignait pour notre petit taillable la somme vraiment énorme de 1700 livres.

En plus des impositions de l'Etat, la communauté avait à payer des contributions *locales*, pour couvrir ses dépenses particulières ; et parfois des contributions *régionales*, pour des dépenses d'intérêt général, en faveur d'une circonscription, d'une ou plusieurs provinces, comme ponts, routes, etc. (2)

** **

On procédait à la confection des rôles et à la levée des impôts de la manière suivante. Le Receveur des finances envoyait d'abord aux consuls la *mande* ou part contributive demandée par l'Etat à la communauté. A la part

(1) Dézobry et Bachelet, *Dictionn. de biographie et d'histoire.*
(2) « La Province de Guienne, le Quercy compris, est exempte de « gabelle. Le commerce du *sel* y est libre. » Cathala-Coture, t. 2, p. 359).

de l'Etat il fallait ajouter les charges locales ou régionales, d'après un budget discuté et approuvé, article par article, dans une assemblée publique. C'est sur cette double base que les consuls dressaient les *rôles*, contenant le nom de tous les propriétaires du taillable, avec les sommes qu'ils devaient payer, en raison de leurs fonds et de la livre livrante, laquelle était toujours marquée à côté de chaque article. Pour répartir la capitation, les consuls devaient s'adjoindre six ou sept *asseurs*, choisis par le peuple parmi les plus capables.

Les rôles étant terminés, on en donnait lecture devant les habitants réunis à cet effet, pour voir s'il restait quelque bien vacant, et si les répartitions avaient été faites d'une manière équitable. « Les habitants devaient « consentir tant aux impositions portées par la mande, « qu'aux impositions locales. » C'est ce qu'on lit dans tous les actes de délibération passés en pareil cas.

Les rôles ainsi approuvés par la communauté étaient portés au bureau de l'Election établi à Cahors, pour y être vérifiés ; et c'était en vertu de l'ordonnance de vérification, mise par les officiers à la fin des rôles, que les collecteurs procédaient légalement à la levée des impôts.

Ce soin revenait toujours au *second consul*, qui était appelé pour cela *consul collecteur*. Bien qu'il fut rémunéré pour son travail à raison de 6 deniers par livre, ce n'en était pas moins une charge très-lourde et nullement enviée. Nous avons trouvé le cas d'un collecteur qui demanda en justice d'en être exonéré, alléguant pour motif qu'il était presque illettré.

La taille était exigible par quarts ou quartiers.

Le collecteur rendait compte à la Cour des Aides de Montauban, pour la part revenant à l'Etat; et à la communauté, pour les charges locales. Les collecteurs avaient trois ans pour faire entrer les fonds ; ils pouvaient alors contraindre les contribuables par des garnisons, des exécutions sur leurs meubles, des saisies de fruits et même de fonds. Le terme des trois ans expiré, ils ne pouvaient rien demander, et l'article restait sur leur compte.

Nous trouvons, en l'année 1757, treize saisies de fruits, ordonnées à la requête d'antoine *Gouzou*, consul collecteur. Le sergent, — Raymond *Ressejac*, de Rouziès, — devait saisir « tous et chacun des grains et fruits crois-« sant dans les biens du saisi, consistant en blé, orge, « fèves, millet, chanvre, noix, foin, vendanges, etc. » En attendant, la récolte était commise à la garde de deux séquestres pris dans le voisinage, qui en répondaient sur leurs propres biens.

Outre les dégrèvements concédés en cas de sinistre, le Roi accordait parfois des remises pour *don de joyeux avènement* ou autres motifs de réjouissance. C'est ainsi qu'en 1745, « sa Majesté fait don » de 300 livres ; en 1782, de 67 l., 7 sols, 1 d., etc.

Voici, à titre de spécimen, le budget communal de 1781.

« 1° Pour droit de quittance à M. le
« Receveur. . . . .   2 l.   »
« 2° Pour frais imprévus ou levée de
« milice . . . .   40 l.   »
« 3° Pour les actes consulaires, autres
« actes de la communauté, expéditions,
« contrôle, papier timbré, faction des
« rôles de taille, capitation, ou pour le
« droit du Secrétaire. . . . .   50 l.   »
« Pour le voyage de la vérification des
« rôles, y ayant 4 lieues de distance. .   10 l.   »
« 5° Pour les droits de MM. de l'Elec-
« tion . . . .   10 l.   »

« 6° Pour les gages ou habit du valet
« de ville . . . .   20 l.   »
« 7° Pour le droit de collecte à raison
« de 6 deniers pour livre, eu égard aux
« sommes qui sont sujettes qu'on paye
« de pied de taille la présente année
« (1780) . . . .   2,903 l. 12 s.
« 8° Impositions comprises dans le
« 2e brevet de sa Majesté. . . . .   1,613 l. 4 s.
« 9° Pour trop à livrer. . . . .   166 l. 9 s.
» 10° Pour les réparations des grand'
« routes. . . . .   260 l.   »
« Consuls (1780) : Marc-Antoine *Delbès*, Jean *Bouyssou*,
« Joseph *Clerc*, et Antoine *Monville*. »

Pour la levée et l'équipement des milices, nous trouvons, en 1766 et 1767 : 80 livres ; en 1770 : 60 livres, etc. (1)

Les plus imposés pour la taille de 1754 étaient : M. Pons *Foissac* de Bellegarde, 125 l. ; M. François *Pélissié* juge, 105 l. ; M. Jean *Boulzaguet* à Juillac, 105 l. ;

(1) Pendant longtemps, l'Etat n'avait exigé des populations, en fait de service militaire, d'autre charge qu'une contribution en argent Le recrutement des gens de guerre se faisait au moyen de *racoleurs*, qui engageaient les hommes pour un prix convenu librement, comme cela se pratique encore aujourd'hui en Angleterre et dans d'autres pays. Mais dans les derniers temps de la monarchie, l'Etat demandait aux communautés quelques hommes qui étaient désignés par le sort. On trouve aux Archives départementales du Lot (Série C., n° 635) les *Etats nominatifs* des garçons et des hommes veufs sans enfants, de l'âge de 18 à 40 ans, des communautés de *Bélaye, Cénac, Albas, Anglars*, etc. ; ainsi que les *procès-verbaux* de tirage au sort des hommes de la subdélégation de *Lauzerte*, appelés à faire partie des milices, dressé par le subdélégué de l'Intendance, François *Imbert*, pour l'année 1775. Il résulte du procès-verbal de la communauté d'*Albas*, que le nombre des absents était de 2 ; celui des présents, 245 ; que sur ce dernier nombre, ont été renvoyés : pour exemption en vertu des lois et règlements du royaume, 23 ; pour infirmités, 13 ; pour défaut de taille, 81 ; en tout 117. D'où il suit qu'il ne reste, pour tirer au sort, que 128 individus, les quels ont fourni *un* soldat provincial, le nommé Jean *Raynaly*. — En 1778, la subdélégation de *Puy-l'Evêque* fournit sur 199 individus, *un* soldat provincial. (Ibid. n° 663).

M. *de Bercegol* à Floyras, 196 l. ; M. *Lalbenque* aux Alben-
quats, 232 l. ; M. le *Marquis de la Pile* au Boulvé (le sieur
Mourguès payait cet article de ses deniers), 53 l. ; le
seigneur d'*Anglars*, pour ses biens de Bélaye, 97 l. ;
Mme *de Gard* de Cousserans, 207 l. Il faut y ajouter vers
cette même époque, et par ordre d'importance : M. *Coi-
ture* de Juillac, M. *Aldhuy* de Pechdeau, M. *Lacoste* de
Jouan, *Massip* de Lalande, M. *Boulzaguet* de Charrou,
M. *Lagard* de Juillac, *Raynaly* des Ons, *Lafargue* de
Labeille, *Olières* de Laromiguière, *Séguy* de Fongème,
Delbès de Lalande, *Bayle* du Soulié, *Gouzou* d'Audy, etc.

JUSTICE

Il ne s'agit ici que de la justice que l'on appelait *ordinaire*, laquelle avait une grande analogie avec notre
Justice de paix.

L'Evêque de Cahors était le *Seigneur justicier* de Bélaye ;
c'était lui qui nommait les officiers de la Cour, et c'était
en son nom que se rendait la justice. Tous les jugements
débutaient ainsi : « X. (nom, prénom et grade en droit)
« juge ordinaire de la Châtellenie de Bélaye, en sa juri-
« diction, pour le Seigneur Evêque Baron et Comte de
« Cahors, au premier sergent de la juridiction ou autres
« sur ce requis, salut. »

Les officiers et employés de la Cour étaient : un juge,
un lieutenant du juge, un procureur d'office, un substitut
du procureur, un greffier, plusieurs sergents et un
baille.

Le juge était toujours gradué en droit, bachelier,
licencié ou docteur. Le lieutenant suppléait le juge, en
cas de besoin. — Le procureur d'office exerçait les
fonctions du ministère public à l'audience, veillait à
l'ordre général, aux bonner mœurs, à l'observation des

lois, et requérait, quand il le jugeait à propos, les pouvoirs publics de réprimer les abus. — Le greffier écrivait les actes de justice et en avait la garde. — Les sergents remplissaient à peu près les mêmes fonctions que les huissiers d'aujourd'hui. Enfin le baille avait pour mission de remettre au juge les pièces de procédure, et de faire les criées pour tout ce qui concernait l'exercice de la justice : c'était le *valet* de la Cour, de même que le baille municipal était le *valet de ville* ou serviteur de la communauté.

Avant d'intenter une action, le demandeur devait adresser au juge une *supplique* dans laquelle il lui exposait l'objet du litige, et le priait de faire assigner l'adversaire à comparaître devant lui. La pièce était communiquée au défendeur, qui donnait sa réponse. Presque toujours le demandeur faisait une réplique, et le défendeur opposait une nouvelle réponse.

Nous avons trouvé plusieurs cas où le juge, dès ces premiers préliminaires, invitait les parties à la conciliation : peut-être était-ce là une règle générale.

Lorsque le juge estimait qu'une enquête était nécessaire, il nommait un ou deux experts compétents en la matière, parfois de simples artisans qui venaient faire leur rapport de vive voix.

Chaque partie était ordinairement représentée par un *procureur* ou avoué, agissant en son nom, et conduisant la procédure. Souvent même on se servait du ministère d'un *avocat* ; c'était facile et peu coûteux dans notre région, où les gradués en droit n'étaient pas rares.

Nos ancêtres étaient très processifs ; et si l'on s'en rapportait aux minutes Boulzaguet et aux papiers de certaines familles, on serait porté à croire que notre pays était une petite Normandie. Il résulte aussi de ces pièces que souvent, après avoir dépensé beaucoup d'argent, on finissait, grâce à l'intermédiaire de quelques bons amis, par s'en rapporter à des arbitres et conclure un *acte d'accord*.

Cet esprit procédurier de nos ancêtres tenait sans doute, pour une grande partie, à la foi invincible qu'ils avaient dans l'équité de leurs juges. Aussi, forts de leur droit et de leur fait, ils ne craignaient pas de s'attaquer aux plus grands personnages. C'est ainsi que nous avons vu les habitants de Roquebaudy s'élever énergiquement contre les prétentions du seigneur de Cousserans, et obtenir gain de cause ; de même, deux simples artisans rappeler ses engagements à très-haut et très-puissant seigneur de Gironde, marquis de Montcléra. Mais l'exemple le plus typique que nous ayons trouvé de la confiance du justiciable et de l'indépendance de la magistrature, c'est le cas d'un nommé *Pradié*, natif de Lafaurie, près Issudel. En 1770, il était employé comme domestique aux gages de 80 livres, chez M. X..., avocat et lieutenant du juge de Bélaye. Au bout de l'année, son maître lui retient 12 livres pour n'avoir pas chauffé le four pendant les quatre derniers mois et pour cinq jours d'absence. Pradié l'assigne le 25 juillet 1780 pour injuste retenue de salaire, et prend pour son procureur M. *Béral*, notaire à Castelfranc. M. X..., homme du métier, use de tous les subterfuges que peut lui suggérer une connaissance approfondie de la chicane. Tantôt, il fait défaut ; tantôt il demande que le cas soit soumis à deux arbitres qu'il désigne lui-même et qu'il a eu soin d'amener avec lui à l'audience ; un autre jour, il ne veut remettre ses pièces que sur jugement interlocutoire, etc., etc. En attendant, c'est un va-et-vient perpétuel des sergents chez les plaideurs ; et les exploits pleuvent en conséquence.

Le juge, M. *Pélissié*, avait une position fort délicate, puisqu'il s'agissait de juger son lieutenant. Cependant,

il ne fut pas récusé par Pradié ; mais il eut la sagesse
de se récuser lui-même, disant « qu'il ne pouvait con-
« naître de cette affaire comme ayant été médiateur
« d'icelle. » Alors M. *Mourgues*, « procureur juridictionnel et postulant au présent siège, » prend l'affaire en
main. Après les plaidoiries de M. Béral et de M. *Lagar*,
le défendeur est sommé de fournir ses raisons par écrit
dans trois jours. Réplique de Pradié. Nouvelles plaidoiries par M. Béral et M. *Pagès*. Enfin, le 15 juin 1781,
le jugement est rendu. « ... Condamnons le sieur X... à
« payer à Pradié la somme de 12 l. qu'il lui doit pour les
« restes de son salaire ; sur la quelle somme de 12 l.
« M. X... pourra, si bon lui semble, faire la retenue de
« 14 sols, pour les 4 journées dont il fait demande ; à la
« charge néanmoins par le s^r X... de se purger par
« serment par devant Nous, dans le délai de trois jours,
« que Pradié, quand il a employé les 4 jours à son usage
« particulier, l'a fait sans sa permission ou son agré-
« ment.... Condamnons le s^r X... à la somme de 31 l.,
« 2 sols, 3 den. »

*
* *

Les tribunaux ordinaires étaient fort nombreux. Pour
ne parler que des environs, il y avait des cours de
justice à *Puy-l'Evêque*, à *Castelfranc*, à *Albas*, au *Boulvé*
et jusqu'à *Lalaurie*. Cette multiplicité provenait des
diverses juridictions aux quelles ces lieux étaient soumis.
Chaque seigneur justicier devait avoir son tribunal ; il
ne pouvait juger par lui-même, mais seulement par le
ministère d'une Cour régulièrement constituée. En cas
de contestation avec quelqu'un de ses vassaux, il devait
porter sa cause devant une juridiction étrangère aux
deux parties. L'ordonnance de 1667 est formelle sur ce

point : « A l'égard des actions où le Seigneur sera partie
« ou intéressé, le juge n'en pourra connaître » (1).

Quand les juridictions étaient peu importantes, les
mêmes officiers et employés de justice servaient pour
plusieurs Cours.

Deux juges suffirent presque à remplir la judicature
de Bélaye pendant le XVIIIe siècle. Ce furent : M. Pierre
Bonamie d'Albas, que l'on trouve mentionné dès 1704 ; et
M. François *Pélissié* de Juillac, qui lui succéda vers
1740, et qui exerçait encore en 1789. M. Et. *Boulzaguet*
de Juillac remplaça M. Pélissié, et fut le *dernier* juge de
Bélaye (2).

RÉGIME DE LA FAMILLE

Le père et la mère avaient la libre disposition de leurs
biens à l'égard de leurs enfants. C'est le système encore
usité chez la plupart des peuples contemporains.

Dans la pratique, cette liberté absolue était limitée
par certains usages dont il n'était guère permis de
s'écarter. Les parents constituaient en dot à leur fils
aîné « la moitié de tous et chacun de leurs biens pré-
« sents et à venir, avec la moitié des charges, sous la
« réserve des usufruits d'iceux, pendant leur vie. » Quelquefois, mais seulement pour des motifs graves, ils
faisaient aîné, selon l'expression consacrée, un cadet ou
même une fille, de préférence à leur frère plus âgé. A
l'époque du mariage, les parents constituaient à chacun
de leurs enfants puînés une dot en argent, plus ou moins
forte, selon les ressources de la famille. En plus de sa
part en argent et des salaires qu'elle aurait pu se faire,
on donnait à l'épouse un trousseau composé de linceuls,

(1) Rapporté par F. Boutaric, *Traité des droits seigneuriaux,* p. 12.
(2) On pouvait appeler de la sentence du juge des ordinaires devant
le Sénéchal de Cahors, et en dernier ressort devant le Parlement de
Toulouse.

happes, serviettes, de mescladis, de brin ou de trélis ; robes de buret, de serge, de cadis (1), etc. ; presque toujours un petit coffre fermant à clef pour y serrer ses effets les plus précieux ; parfois des ustensiles d'étain, cuillers, plats, assiettes, écuelles, etc. ; une ou plusieurs brebis, une brebis avec sa suite que la mariée devait emmener avec elle le jour de la noce. Quelquefois, « la « future épouse, se voyant suffisamment dotée, du vou- « loir et consentement de son futur époux, a quitté et « quitte à ses père et mère tout droit de légitime qu'elle « peut prétendre sur leurs biens. » Le notaire se trans- portait toujours au domicile de la jeune fille, pour y passer le contrat, au milieu d'une nombreuse réunion de parents et d'amis.

On trouve mentionnés des *actes de respect* présentés aux parents en vue du mariage.

Quand la succession n'avait pas été suffisamment éta- blie par le contrat pour chacun des enfants, on achevait de la régler par des dispositions testamentaires. D'abord le père ou la mère léguaient la totalité des biens dont ils pouvaient disposer à leur conjoint dernier survivant, en ayant soin de spécifier les charges et intentions parti- culières. Plus tard, le dernier survivant réglait la succes- sion par son propre testament, et d'une manière définitive. « Pour éviter qu'il y ait procès ou querelle entre ses « enfants après son décès, pour raison de ses biens, le « testateur confirme les donations déjà faites par contrat « de mariage ; lègue aux enfants puînés une somme de... « quand se marieront ou auront l'âge de vingt-cinq ans « (formule invariable) ; leur impose pour le restant de « ses biens un silence éternel ; et enfin institue son fils,

---

(1) Le *cadis* était une étoffe fabriquée spécialement à Montauban avec des laines du Quercy ; il s'en faisait un grand commerce dans toute cette province. (V. Limayrac, *Histoire d'une commune*, p. 480.)

« aîné héritier universel, pour, de son hérédité, en jouir
« après sa mort, et en faire à ses plaisirs et volontés. »

Les minutes Boulzaguet renferment un certain nombre
d'actes d'*émancipation* de mineurs. « Le père ayant
« reconnu que son fils est présentement en état de négo-
« cier et faire tout ce qu'un homme libre peut faire, et
« voulant seconder ses bonnes intentions, a émancipé
« de puissance paternelle son dit fils ici présent et
« acceptant, et très-humblément son père remerciant ;
« consent le père que son fils agisse comme personne
« libre et duement émancipée peut faire, et que tous les
« profits qu'il a déjà faits et pourra faire à l'avenir ser-
« vent à son profit et avantage. »

Les *enfants naturels* avaient droit à l'alimentation, de
la part de leurs parents ; mais ils étaient incapables de
leur succéder. Nous trouvons dans les Registres de
Latour, un mode singulier de légitimation qui mérite d'être
rapporté. « L'époux a reconnu pour sien un enfant que
« l'épouse avait mis au monde avant le mariage, qui a
« *passé sous l'étole* (1) en présence des témoins, le jour
« et moment de la célébration du mariage. » La chose
était couchée sur les registres de catholicité, qui alors
tenaient lieu d'état civil, et l'enfant se trouvait légitimé.

Les familles étaient généralement très nombreuses, et
comprenaient en moyenne 4, 5, 6 enfants parvenus à
l'âge adulte. Il y avait très souvent des cadets qui ne se
mariaient pas, avaient cependant leur part d'héritage, et
ne quittaient pas la maison paternelle.

Pour conserver leur patrimoine, les familles avaient
recours, en outre du préciput accordé à l'aîné, à une loi
fort ancienne connue sous le nom de *Retrait lignager*.
C'était le droit, pour le plus proche parent du vendeur,

---

(1) Ornement ecclésiastique en forme de bande, que le prêtre passe
au cou, et qui pend des deux côtés par-devant.

de retirer des mains d'un tiers acquéreur un ancien propre de famille, en remboursant à ce dernier le prix du contrat. Il faisait pour cela un acte d'*offre* de compter la somme, et le *délaissement* par l'occupant devait s'ensuivre.

Au point de vue de la condition des familles, il y avait des classes parfaitement distinctes. Les *nobles* dominaient par leurs privilèges, et en général par leur situation de fortune. Les *bourgeois* portaient la qualification de *Sieur* ou de *Monsieur* ; ils ne devaient exercer aucune profession manuelle, sous peine de déchéance (1). Ils pouvaient posséder des fiefs, comme les nobles ; ils pouvaient même acquérir la noblesse par l'exercice de certains emplois, et quelquefois à prix d'argent. Les gens du peuple, à leur tour, pouvaient prendre rang de bourgeoisie, en vertu d'un négoce important, d'une profession libérale, ou d'un accroissement de fortune qui leur permît de s'exempter du travail manuel. Au reste, il existait un rapprochement très réel entre les diverses classes. Nous en trouvons une preuve, entre bien d'autres, dans les Registres de Latour. Les seigneurs de *Cousserans*, les *Lalbenque*, les *de Gironde*, les *Boscas*, les *de Bercegol*, les *Pélissié*, etc. tenaient sur les fonds du baptême, les enfants de leurs meuniers, de leurs métayers, de leurs domestiques, de leurs voisins, des amis qu'ils avaient parmi le peuple. On compte jusqu'à six baptêmes d'enfants pauvres, où *Marie-Anne de Durfort* servit de marraine. En même temps qu'ils donnaient leur prénom au filleul, — c'était une coutume invariable, — les riches s'engageaient à lui servir de protecteur. De même, nous voyons nobles et bourgeois apposer leur signature au mariage des plus humbles familles.

---

(1) On trouve un cas de déchéance dans les registres de Bélaye ; dans un acte de mariage, le père est qualifié de *sieur* et de *bourgeois*, tandis que le fils est dit simplement *laboureur*.

AGRICULTURE, INDUSTRIE, COMMERCE

Les habitants de Bélaye tiraient leurs principales
ressources de l'agriculture. En fait de cérérales, ils culti-
vaient surtout le froment, le maïs, le seigle, l'avoine,
l'orge ; et, d'après les anciens actes d'afferme, les récoltes
étaient bien supérieures à celles d'aujourd'hui. Les
légumes les plus communs étaient le haricot, la fève, la
gesse, la lentille et le pois-chiche. Il se récoltait beaucoup
de lin et de chanvre. Le pays produisait aussi une quantité considérable de safran. C'est ce qui résulte de la
création de quatre foires par an et d'un marché par
semaine, faite à *Albas*, à la demande d'Ant. de St-Sulpice,
évêque de Cahors ; principalemeut pour la vente de
« laines, *safran*, bestiaux, blés et vin » (1). Enfin les
côteaux étaient couverts de vignes, spécialement de
pieds-de-perdrix ou auxerrois à côte rouge, qui donnaient
un vin très-renommé. Le tableau-maximum de l'an II,
pour le district de Lauzerte, portait la barrique de vin
noir des côtes du Lot à 100 livres, et le vin clairet à
60 livres. Pour l'exportation, le coupage et le collage des
vins avaient lieu sur la plage de Lamole, d'où ils étaient
embarqués sur Bordeaux. De là, on les expédiait, sous
leur nom de *vins de Cahors*, en divers pays, et jusqu'en
Amérique. D'une manière générale, tout le sol était fort
bien exploité ; et c'est à peine si l'on trouve çà et là, dans
les anciens cadastres, quelques lambeaux de friches ou
terres hermes. Il faut dire aussi que les bras y étaient
très nombreux ; et les besoins de la population, en

(1) Les lettres patentes sont d'Henri III, roi de France, et portent la
date de janvier 1589. Elles sont conservées aux archives de la mairie
d'Albas.

conséquence (1). Les grands orages de 1775 et des années suivantes portèrent à l'agriculture un coup terrible dont elle ne s'est jamais relevée.

L'industrie était peu importante. Les moulins à eau formaient la principale. Il y avait une tuilerie à Juillac, un pressoir à huile à Floiras, un four à chaux près Cousserans, des tanneries à Rivel, ainsi que l'indique le nom de Las Tanarios donné à ce groupe de maisons. Enfin, rappelons, pour mémoire, les mines de Margou et de Rouziès.

Les registres de Bélaye nous donnent les principales professions exercées dans la paroisse au XVIII siècle. Les maçons, les charpentiers, les cordonniers, les tisserands, les tailleurs, les couturières, les tonneliers y abondent. On y voit plusieurs menuisiers, forgerons, peigneurs de chanvre et cardeurs de laine ; un boucher, un charpentier des moulins, deux teinturiers, un bijoutier, un agrimenseur ou géomètre, des bâteliers, un pailleur, un chapelier, un buraliste. A Lalande, on trouve : un potier, un boulanger, un voiturier, un fabricant de cerceaux, un sabotier, etc.

Le mouvement *commercial* était représenté principalement par les marchés à grains très fréquentés qui se tenaient tous les vendredis ; et par la foire du 25 novembre, dite de *Ste-Catherine*, renommée pour ses brebis, et pour ses dindonneaux, dont on faisait un grand élevage dans la région.

L'importation des objets étrangers, tels que : vaisselle, ustensiles de ménage, sucre, fromage, étoffes, cotons du

---

(1) En 1787, la paroisse de Bélaye comptait 482 h. et celle de Latour, 335 ; soit ensemble : 847 h. (L. Combarieu, *Diction. des Communes*). — En 1790, les deux paroisses réunies formaient un total de 1153 h. (Arch. Tarn-et-Gar. Q, n° 59). — L'écart considérable qui se trouve entre les deux chiffres indique assez que l'un d'eux, tout au moins, est inexact.

Levant et de St-Domingue, résines de Bordeaux, goudron des Landes, sel, épices, tabac de Tonneins, etc., se faisait surtout au moyen de grandes barques qui remontaient le Lot, et stationnaient au quai de *Lamole*.

Dès le milieu du XVIIIe siècle, on voit circuler dans le pays des *effets de commerce*, lettres de change, billets à ordre, etc. En 1720, M. Solacroup de Belmontet donne en payement à M. Foissac de Bellegarde un billet de la *Banque Royale* de mille francs.

ÉPILOGUE

Le 27 décembre 1788, Louis XVI ordonna que les Etats généraux se réuniraient à Versailles pour remédier aux maux du royaume. Au mois de mars de l'année suivante, la communauté de Bélaye nomma les deux délégués qui devaient aller à Cahors pour procéder à l'élection des députés de la province : ce furent MM. « Bersegol et Pélissié. » Le procès-verbal de l'assemblée n'a pu être retrouvé. Mais nous avons (Arch. de la Préf. du Lot, série L) le cahier de doléances qui fut rédigé à cette occasion et que nous allons reproduire en entier.

CAHIER DES DOLÉANCES

« Considérant le motif qui occasionne cette assemblée,
« et encouragés par l'amour que Sa Majesté nous
« témoigne avoir pour les cultivateurs; flattés princi-
« palement qu'elle veuille nous régir comme la classe la

« plus précieuse de ses sujets ; enhardis par la connais-
« sance qu'elle veut prendre de la situation déplorable
« de cette partie de son peuple la plus nombreuse et la
« plus utile ; animés enfin par la permission que nous
« donne le Roi de lui présenter nos doléances par l'or-
« gane de nos députés à l'Assemblée nationale, nous
« dirons :

« 1° POUR LES IMPÔTS. — Il est incontestable que les
« impositions sont si multipliées qu'elles ne sont plus
« susceptibles d'être augmentées. Leur poids est d'autant
« plus accablant qu'il est l'effet d'un abus inconcevable ;
« la masse s'en trouve extrêmement grossie par les
« exactions et la dureté des préposés au recouvrement.
« Ce genre de perception est infiniment vicieux ; le
« Tiers-Etat seul supporte ce mal. Nous demandons à
« la nation d'y remédier par un impôt unique également
« supporté par les trois ordres. »

« 2° SÉPARATION DU QUERCY AVEC LE ROUERGUE. —
« Nous demandons d'être séparés de l'administration du
« Rouergue, pour être régis par nos Etats du Quercy, en
« suivant les vœux de la ville de Cahors. »

« 3° GRANDES ROUTES. — Il y a vingt ans que nous
« payons un impôt pour l'entretien des grandes routes,
« et nos chemins particuliers demeurent impraticables
« pour y communiquer. »

« 4° ALIGNEMENT DES EAUX. — L'objet de l'alignement
« des eaux est des plus intéressants pour nous. Les
« ruisseaux, le long des quels notre meilleur fonds est
« situé, sont remplis de sinuosités qui en ralentissent
« le cours, et par là enlèvent le terrain ; nous l'avons
« éprouvé l'année dernière. »

« 5° EXERCICE DE JUSTICE. — La lenteur de la justice,
« les frais énormes qu'elle entraîne, suivis des abus qui
« s'y sont introduits, sont très contraires à la médiocrité

« de nos facultés et à notre félicité. Nous demandons à
« la nation d'en simplifier la pratique. »

« 6° DE LA SURETÉ PUBLIQUE. — La surveillance de la
« maréchaussée nous a été donnée sans protéger notre
« repos. Cependant notre communauté et nos alentours
« sont occupés par des filous que nous nommons petits
« voleurs, que personne ne dénonce ; et, s'il arrive que
« quelqu'un les fasse capturer, aucune prison né leur
« résiste. La maréchaussée ne parait jamais sur nos
« paroisses que pour y prendre des certificats de leur
« apparition les jours ouvriers. Le Roi leur ordonne
« cependant de paraître une fois chaque mois, à l'issue
« de la messe du dimanche, pour y écouter les plaintes
« des paroissiens. »

« 7° NATURE DE NOTRE FONDS. — Nous sommes envi-
« ronnés de montagnes qui sont la plupart stériles ; les
« ravins qui en descendent ont rempli de pierres nos
« vallons, qui par là sont sans production. »

« Il faudrait enfin que dans chaque communauté, une
« ou plusieurs fois dans l'année, on tînt des assemblées
« de paroisse pour discuter les besoins communs et qu'on
« établît des bureaux de charité (1). Dernièrement enfin,
« que le sort des curés congruistes (2), malgré le dernier
« bienfait du Roi, est encore trop dur pour opérer le
« bien, secourir les pauvres, et le décharger d'une contri-
« bution de casuel aussi honteuse au service divin
« qu'onéreuse au peuple, article qui sera expressément
« recommandé à la piété du Roi et à la justice des Etats
« Généraux ; qu'il sera pourvu par un règlement général

*

(1) Par une circulaire adressée, le 5 juillet 1783, à tous les curés
de la Généralité, l'intendant Meulan d'Abois avait recommandé la
création d'un bureau de charité dans chaque paroisse (Arch. Lot, C. 822).
(2) On appelait curés *congruistes* ceux qui recevaient simplement
une portion congrue ou convenable sur les revenus que le décimateur
retirait de son bénéfice.

« à ce que l'entretien des chœurs des églises de paroisse,
« la fourniture des ornements et le soulagement des
« pauvres ne soient plus laissés à la discrétion des déci-
« mateurs, qui trop souvent, notamment dans cette année
« de calamité, laissent presque périr de faim les malheu-
« reux dont les bras les nourrissent, et que la portion
« qui devrait servir à remplir ces divers objets, serait
« prise proportionnellement sur le produit des différentes
« dîmes qui composent leur bénéfice » (1).

« 8° ALLIVREMENT. — Notre communauté contient
« environ 3.000 quarterées (2) de terre, dont l'arpent en
« réduction paye annuellement au Roi 3 l., 15 s., 2 d.,
non compris les divers vingtièmes qui par arpent s'élè-
vent à 1 l., 8 s., qui, ajoutée à celle de 3 l., 15 s., 2 d.,
« forme celle de 5 l., 3 s., 2 d. pour chaque arpent, sans
« y comprendre la capitation qui s'élève à 2,308 l., 5 s.,
« 8 d. Sur quoi les privilégiés ou les forains possèdent
« environ le quart des biens.

« Les soussignés, ayant la confiance la plus entière
« sur la prompte justice de la nation assemblée à Ver-
« sailles par ordre du Roi, terminent ainsi leur cahier
« de doléances, qu'ils ont remis avec le procès-verbal à
« M. Boulzaguet consul, qui a bien voulu se charger de
« le remettre à M. Pélissié député. »

Signé : *Lacoste, Couture, Aldhuy, Bernadou, Boulzaguet,
Chapt, Manisserre, Salbant, Bolzaguet consul, Pélissié
juge.*

(1) Cette plainte est mal fondée en ce qui concerne Bélaye. Le Grand
Séminaire de Cahors, qui en était le décimateur, y prélevait un revenu
annuel de 1900 à 2000 livres Sur cette somme, il devait servir une
pension convenable aux curés de Bélaye et de Latour ; et le surplus
était employé, partie au soulagement des pauvres du lieu, partie à
l'éducation des jeunes clers. Il ne faut pas oublier que le Grand Séminaire fit faire, à ses frais, des réparations très importantes à la Grande
Eglise en 1721.

(2) A Bélaye, la quarterée valait 32 ares, 97 (Métrologie de Duc
Lachapelle, 1807).

* *

La loi du 4 mars 1790, en décidant que l'ancien Quercy formerait le département du Lot, divisa son territoire en six districts, qui eurent pour chefs-lieux : Cahors, Figeac, Gourdon, St-Céré, Montauban et Lauzerte.

Bélaye fut institué *chef-lieu de canton* et rattaché au district de Lauzerte. Voici le nom des communes qui lui furent attribuées, avec leur division en assemblées primaires, le nombre des citoyens actifs (1) et des électeurs nommés dans chaque assemblée primaire.

CANTON DE BÉLAY. — Communes (2)

Assemblées primaires	Communes		Nombre des citoyens actifs	Nombre des électeurs nommés
2	1re *Bélay*	231		
	Grézels, La Coste, La-laurie	160	485	5
	Le Boulvé et Creys-sens	94		
	2e *Sérignac*	104		
	Lacapelle-Cabanac	73		
	Cabanac et Mauroux	142	525	5
	Ferrières-le-Grand	22		
	Flouressas	115		
	Ségos	69		

Communautés 9
Population 6,060
Nombre des citoyens actifs. 1,010

(1) Les citoyens actifs, ou électeurs, devaient être : 1º français ; 2º majeurs de 25 ans accomplis ; 3º domiciliés de fait dans la commune depuis un an ; 4º payer une contribution directe de la valeur locale de 3 journées de travail ; 5º n'être point dans l'état de mendicité. (Bulletin de la Société des études du Lot ; t. 30, p. 394 ; A. Combes, Registres municipaux de Cahors).

(2) Archives de la Préfecture du Lot.

La commune de Bélaye comprenait exactement le même territoire que l'ancien taillable (1), et par conséquent, Latour et Juillac. En 1790, le village de *Lalaurie*, qui avait été rattaché d'abord à Grézels, fut annexé, sur la demande des habitants, à la commune de Bélaye. C'est ce que nous apprend un acte de délibération de notre municipalité en date du 14 novembre (2).

Bélaye se trouvant par sa position géographique à l'une des extrémités du canton, la plupart des communes réclamèrent un lieu plus central comme siège de l'administration cantonale. C'est pour faire droit à ce vœu légitime, que le 28 frimaire, an IV, l'administration centrale du Département prit un arrêté fixant le lieu des séances à *Floressas*. Bélaye conserva néanmoins le titre honorifique de chef-lieu de canton. Sa municipalité ne manqua pas de réclamer contre l'arrêté de frimaire ; elle proposa de rendre Bélaye plus central par une nouvelle répartition des communes, et par l'adjonction d'Anglars Castelfranc, Albas, Cénac, Rouffiac, Fargues, Bovila, etc., mais sa demande fut rejetée, et les choses demeurèrent en l'état jusqu'à l'an XII (1804). Au cours de cette année, le canton de Bélaye fut supprimé, et la commune rattachée au *canton de Luzech* (3).

** **

Il nous restait encore de notre passé les *marchés à grains* toujours très fréquentés ; mais ils ne tardèrent pas à disparaître. Tandis que de belles routes s'ouvraient de toutes parts, vers la fin de la Restauration et sous le gouvernement de Juillet, seul Bélaye demeura dépourvu

(1) A l'exception toutefois de Roches et de Manisserre.
(2) Minutes Boulzaguet.
(3) Archives de la Préfecture du Lot, série M, casier 152, dossier 219.

de grandes voies de communication. Cela tenait, en partie, à sa position topographique, qui rendait l'accès de ce lieu si difficile. Aussi, les populations environnantes désapprirent peu à peu le chemin de Bélaye, et la halle devint enfin déserte. En 1851, cet établissement ne servant plus à rien, on le démolit ; et les matériaux furent employés à la construction du pavillon Est du presbytère.

Enfin, un coup bien sensible fut porté à Bélaye en 1853. Le village de *Juillac*, le plus beau fleuron de sa couronne, s'en détacha, pour former avec Anglars une nouvelle commune sous le nom d'Anglars-Juillac.

En terminant, je me permets d'adresser un vœu à la municipalité de Bélaye : c'est que la commune acquière les restes de l'ancien *Château-Fort et la maison Raynaly*. Celle-ci serait convertie en un petit *musée* où l'on conserverait tous les monuments de l'histoire locale (1) qu'il serait possible d'y rassembler.

(1) On y placerait, entre autres, les deux vieilles piques qui se trouvent actuellement à la Mairie.

PIÈCES JUSTIFICATIVES

I

Supplique de Bertrand de Cardaillac, évêque de Cahors, au pape Clément VI, touchant la prise de certaines places, et en particulier celle de Bélaye.

S. V. significat dolenter et non sine gravi turbatione devotus vester B. episcopus caturcensis quod nuper nonnuli iniquitatis filii sediciose, timore Dei postposito, et eterne vite immemores, Deum pre oculis non habentes, cum armis secum coadunatis pluribus complicibus, more hostili, aliquando de die, aliquando de nocte, non ut lucis filii, sed ut satane ambulantes in tenebris, loca et castra temporalitatis et de patrimonio dicte ecclesie Caturcensis, invadere et expugnare prodicionaliter non verentes ; ymo aliqua ignis incendio combusserunt, aliqua depredaverunt, et aliqua, videlicet locum et castrum de Belayco, violenter subintraverunt, et de facto occupaverunt, et detinent occupata, nonnullosque homines et subditos dicte ecclesie, tam clericos quam laycos, martirio orribili occiderunt, et aliquos miserabiliter captivaverunt, et innumerabilia maleficia et nephanda sua contagiosa enormitate, maligno imbuti spiritu, dolose in dictis temporalitate et diocesi perpetraverunt, et incessante ausu temerario et dampnabili committere non formidant que in divini nominis redundant offensam et opprobrium fidei christiane. Quamobrem enim tam celerosis furoribus dictus episcopus resistere non valeret, nisi vestre paterne pietatis auxilio suffragante. Supplicat humiliter et devote S. V. ad finem quod dicta ecclesia ejusque loca et castra temporalis et spiritualis jurisdictio defendi, prout erit possibile, a talibus facinorosis et sacrilegis possit de benigna et solita clemencia sibi ad biennium concedi in absencia procurationes ecclesiarum dicte diocesis, quibus aditus haberi poterit, in pecunia numerata nulla camere vestre retencione facta. Fiat ad annum R. Et quod transeat sine alia leccione.

Datum Avenione XIII kal. januarii, anno quinto.

II

Lettre d'Edouard III, roi d'Angleterre à Rd de Durfort lui permettant de rendre à l'Evêque de Cahors le château et le lieu de Bélaïc.

Rex dilecto et fideli suo Raymundo Bernardi de Duroforti, militi, capitaneo nostro, in castro et loco de Belaïco, salutem.

Ut tuæ et complicum tuorum animarum saluti salubriter consulatur, quod dictum castrum et locum de Belaïco, pro cujus captione excommunicationum sententiæ in te et dictos complices promulgatæ existunt, Ecclesiæ et Episcopo Caturcensium, cujus dictum castrum existit restituere valeas, tibi, tenore præsentium, licentiam concedimus et donamus; proviso tamen per te, ante omnia, de cautione idonea per præfatum episco-

pum præstanda, quod ex nunc ex dictis castro et loco,
nobis, locis et personis nostris et obedientiæ nostræ,
guerra nullatenus inferatur; quam etiam eisdem castro
et loco nostro nomine inferri tenore præsentium prohibemus. In cujus...... Teste Rege, apud Westmestrum.
Sexto die julii. Per petitionem de Parliamento.

III

*Bulle du pape Clément VI, ratifiant la convention faite
entre l'Evêque de Cahors et Rd de Durfort, au sujet de la
restitution du château de Bélaïc.*

Ad futuram rei memoriam. Hiis quæ interdum......
Sane nuper venerabilis frater noster Bertrandus,
episcopus caturcensis, nobis significare curavit quòd
ipse, ut restitutio castri de Belaïco suæ Caturcensis
diœcesis ad mensam suam episcopalem pleno jure
spectantis, per nobilem virum Raymundum Bernardi de
Duroforti, militem Agennensis diœcesis et ejus complices
tirannicè diu detenti eidem Episcopo restitutio fieret,
prout jàm facta est, ipsos militem et complices de omnibus dampnis per eos in dicto castro et ipsius Episcopi
temporali jurisdictione illatis quitavit, et eis omnes
actiones eidem Episcopo adversus eos dictorum dampno-
rum occasione competentes remisit. Quare pro parte
ipsius Episcopi nobis... sit humiliter supplicatum ut
præmissa per eum pro utilitate suæ Ecclesiæ Caturcensis facta et concessa fulcire apostolico munimine
dignaremur.
Nos igitur ipsius Episcopi in hac parte supplicationibus
inclinati, præmissa per eum, ut præfertur, facta, rata et
grata habentes, illà auctoritate apostolicà ex certà

scientiâ confirmamus et præsentis scripti patrocinio communimus.

Nulli ergo...... Datum Avenione, XII kal. sept. anno septimo.

IV

Indult autorisant l'Evèque de Cahors à lever sur son clergé un subside de 3,000 écus d'or pour la rançon de Bélaïc.

Venerabili fratri Bertrando, episcopo caturcensi, salutem.

Exigit tuæ devotionis effectus......

Cum itaque, sicut tua petitio continebat nobis nuper exhibita, ut restitutio castri de Belaïco tuæ caturcensis diæcesis ad mensam tuam episcopalem pleno jure spectantis, per nobilem virum Raymundum Bernardi de Duroforti militem Agennensem et ejus complices tyrannicè detenti tibi fieret, eidem Raymundo Bernardi pro hujus restitutione dicti castri summam 3,000 scutorum auri duxeris pro utilitate tuæ Caturcensis Ecclesiæ persolvendam, nos, attendentes quatuor diversa in partes onera......, et equum reputantes et congruum ut personæ ecclesiasticæ tuarum civitatum et diæcesis tecum hujusmodi solutionis pecuniæ onera partiantur, tuis supplicationibus inclinati, ab omnibus et singulis ecclesiis secularibus et regularibus earumque personis exemptis et non exemptis beneficia ecclesiastica in eisdem civitatibus et diæcese obtinentibus, juxta ipsorum beneficiorum exigentiam et facultatem, petere, imponere, exigere, recipere et levare usque ad dictam summam auctoritate nostra semel duntaxat libere valeas subsidium pro hujusmodi oneribus facilius supportandis, non obstantibus generalis concilii et aliis quibuscumque consuetudinibus, etc. Tenore præsentium tibi de speciali gratiâ indulgemus.

Datum Avenione, 8 id. jan. an, 7°.

V

Bulle du pape Urbain V, accordant une indulgence d'un an et 40 jours aux fidèles qui contribueraient à l'achèvement de l'Eglise de Bélaïc.

Universis fidelibus...,.. Cum... in loco de Belaïco fuerit incepta ædificari quædam Ecclesia, de licentiâ diæcesani, opere non modicum sumptuosa, ad cujus operis consummationem eleemosymæ fidelium sint opportunæ,.... universitatem vestram rogamus et hortamur attente vobis nihilominus in remissionem peccatorum injungentes quod de bonis a Deo collatis ad consummationem operum hujusmodi vestras pias eleemosymas et grata charitatis subsidia erogetis, ut per subventionem vestram hujusmodi opus consummari valeat, vosque per hoc et alia bona.... ad sempiterna gaudia pervenire.... Dei misericordiâ et Beatorum Petri et Pauli ejus apostolorum auctoritate confisi, omnibus vere pænitentibus et confessis qui ad præmissa manum porrexerint adjutoria, unum annum et 40 dies de.... relaxamus.... Præsentibus post decennium minime valituris quas mitti per quæstuarios districtius prohibemus.

11 kal. aug. an. 3°.

V

Généalogie de la maison DE GUISCARD

La maison de Guiscard, première et unique source

connùe des Seigneurs du château de la Coste-Grézels, a l'avantage peu commun de justifier une filiation exactement suivie depuis plus de cinq siècles.

1er DEGRÉ

BERNARD Ier, chevalier, seigneur de la Coste, est connu par plusieurs actes de 1246 à 1250. *Finelle*, sa femme, testa le 10 juillet 1286. Elle eut sept enfants, entre autres : *Bernard*, qui suit ; — *Bertrand*, damoiseau, qui eut un fils naturel nommé *Gaillard*.

2e DEGRÉ

BERNARD II, chevalier, seigneur de la Coste, de la Bourlie et de la Laurie. Testa le 15 des calendes de juin 1323 et fut enterré à St-Benoît. D'*Hélène*, sa femme, il eut six enfants, parmi lesquels *Bernard*, qui suit.

3e DEGRÉ

BERNARD III, damoiseau, seigneur de la Coste, de la Laurie et de Montcuq. Testa en 1353. Il avait épousé *Hélitz de Montagut*, fille de Bertrand de Montagut, seigneur de Montcuq en Quercy. Il en eut : *Bernard*, qui suit ; — *Guiscard* de Guiscard, seigneur de Montcuq, marié à Françoise de Lolmie.

4e DEGRÉ

BERNARD IV, damoiseau, seigneur de la Coste et de la Bourlie. Il épousa : 1° *Nassaut de Narcès*, 2° *Hélitz de Salviac*, fille de Raymond de Salviac, chevalier, et de Marie de Valgador. Il eut du 1er lit : *Bernard* de Guiscard, héritier universel de la mère ; *Guillaume-Bertrand*, qui suit ; *Bertrand*, chevalier de St-Jean de Jérusalem ; — et du 2ᵉ lit : *Sélébru*, qui eut trois filles, Jeanne, Marguerite et Guiscarde ; *Bernard ; Guillaume*, abbé de la Sauve-Majeure, à Bordeaux.

5ᵉ DEGRÉ

GUILLAUME-BERTRAND Iᵉʳ, damoiseau, seigneur de la Coste, la Lauric, Montcuq, l'Olmie. Testa en 1416. Il avait épousé *Marie d'Aragon*, fille de Bertrand, d'où : *Guillaume-Bertrand*, qui suit ; *Bernard* dit *Bernot* ; *Catherine*, qui épousa Pons de Rozet, seigneur de las Tours.

6ᵉ DEGRÉ

GUILLAUME-BERTRAND II, damoiseau, seigneur de la Coste, la Bourlie, Montcuq, etc., marié à *Marguerite de Vayrac*, puis à *Hélitz de Landorre*. Du 1ᵉʳ lit : *Guillaume-Bertrand* qui suit ; et *Jeanne*, mariée en 1453 à Bertrand de la Boissière. Du 2ᵉ lit : *Marguerite*, épouse de Pierre de Ferrières, seigneur de Ferrières ; et *Finette*, épouse de Fouquet de Lézergues, seigneur de Cuzorn.

7ᵉ DEGRÉ

GUILLAUME-BERTRAND III, damoiseau, seigneur de la Coste. Il épousa *Aldette Valette*, fille de Fortuné Valette, seigneur de Cuzoul, d'où :

8ᵉ DEGRÉ

ANTOINE, damoiseau, seigneur de la Cos'e et la Laurie, de Montcuq, la Bourlie, etc. Il épousa *Isabelle de Lomagne*, dont il eut dix enfants, entre autres : *Jean*, qui suit ; *Finette*, mariée en 1522 à Pierre de Prayssas, seigneur de Quissac ; *Pons* de Guiscard, seigneur des Boygues.

9ᵉ DEGRÉ

Jean Iᵉʳ, chevalier, seigneur de la Laurie, la Coste, un des cent gentilshommes de la maison du roi en 1546. Epousa en 1528 *Sobirane de Genouillac* dite *de Ricard*, fille de Jean de Genouillac, chevalier, baron de Gourdon, seigneur de Genouillac, Valilac, Socirac, Beaumat, Rilhac, co-seigneur de St-Clar, et de Marguerite d'Aubusson. D'où 11 enfants, parmi lesquels : *Jean*, qui suit ; *Antoine*, seigneur de Jarnac et de la Laurie ; *Jean*, marié à Jeanne de Castéja ; *Anne*, religieuse à Beaulieu, inhumée à St-Benoit ; *Jeanne*, épouse de Louis de Gourdon, seigneur de la Vercantière (1562) ; *Maguerite*, épouse (1598) de François de la Boissière, seigneur de Lard, et de Pons.

10ᵉ DEGRÉ

Jean II, seigneur de la Coste, la Gardelle, etc., un des cent gentilshommes de la maison du roi. Mourut en 1569. Il avait épousé en 1554 *Françoise de la Barthe*, fille de Mathieu, baron de Montcornel, 1ᵉʳ baron d'Astarac, et de Catherine de Lomagne. Il en eut : *Jean*, qui suit ; autre *Jean*, auteur de la 2ᵉ branche de Guiscard ; *Gabriel*, auteur de la 3ᵉ branche de Guiscard.

11ᵉ DEGRÉ

Jean III, seigneur de la Coste, etc. Mourut en 1614. Il avait épousé en 1582 *Ysabeau de la Sudrie*, fille de Bertrand, chevalier, seigneur de Calvayrac et de Glatens, et de demoiselle de Golard. D'où trois enfants : *Jean*, qui suit ; *Françoise* et *Ysabeau*.

12ᵉ DEGRÉ

Jean IV, chevalier, seign. de la Coste, la Laurie et

Pons. Epousa *Jeanne du Tillet d'Orgueil*, fille de Georges, baron d'Orgueil, Mauroux, Thozac, la Chapelle du Thoron, et de D^lle d'Alzac. D'où : *Georges*, qui suit : *Louis François*, recteur de Grézels ; *Jean*, mousquetaire du roi mort à Aigues-Mortes ; *Marguerite*, religieuse à Issendolus.

13e DEGRÉ

GEORGES, seign. de la Coste, la Laurie, Pons, St-Jean, capitaine de cavalerie. Il épousa en 1647 *Héliette de Lard*, fille de Bertrand, seign. de Rigoulières et St-Bauzel, dont il eut : *François*, qui suit ; *Jean* de Guiscard de Pons, capitaine au régiment de Normandie ; *Jean-Charles*, prieur et curé de Grézels, mort en 1744 ; *Jean*, chev. de Malte.

14e DEGRÉ

FRANÇOIS, seign. de la Coste, la Laurie, Pons, St-Jean, mort en 1734 et enterré dans l'Eglise de Grézels. Il avait épousé *Catherine Le Breton*, fille de Pierre, baron de Mornas, dont il eut 7 enfants : *Jean*, appelé le Marquis de Guiscard, capitaine de dragons, passa au service de l'Espagne ; *François Gaston*, qui suit ; *Marie*, qui épousa en 1707 Pierre Louis de la Boissière, seign. de la Boissière, de las Bouygues, etc. ; *Héliette*, mariée en 1709 à Gui de la Duguie, seign. de la Capelle et de Romal, etc.

15e DEGRÉ

FRANÇOIS-GASTON, seign. de la Coste, la Laurie, Pons, Arvieu et Bru, appelé le Marquis de la Bourlie. Il épousa D^lle *de la Roque Sénezergues*, dont il eut *Jean-Louis-Armand*, qui suit ; *Jeanne-Héliette*, mariée à Joseph XVI de Mirandol, seign. de Péchant et de Peyrusel en Périgord.

16e DEGRÉ

JEAN-LOUIS, appelé le Comte de Guiscard, page du roi en 1739 ; capitaine au régim. de Rohan, puis au régim. de Broglie. Il épousa, le 11 mars 1750, *Marie-Anne de Cadrieu* et ajouta à ses nom et armes les nom et armes de Cadrieu. En leur faveur, la terre de Puy-Calvary en Agenais fut érigée en comté sur la tête du comte de Guiscard.

Deuxième branche : Pech-de-Sirech et Bar

11e DEGRÉ

JEAN de Guiscard, seign. de la Vercantière, Rampoux, St-Martin, Montcornel, Pech-de-Sirech et co-seigneur du Cayrou. Il épousa *Marie de St-Astier*, qui testa en son château de Bar. Il en eut : *Jean*, qui suit ; *François*, seign de Clédelles, mort sans postérité.

12e DEGRÉ

JEAN, seign. de Pech-de-Sirech et de Bar ; épousa en 1658 *Marie de Folmon de Ramon*, dont il eut : *François-Gaston*, qui suit ; *Gabrielle* qui épousa Gabriel de Lort, seign. de Grimard.

13e DEGRÉ

FRANÇOIS-GASTON, seigneur de Pech-de-Sirech, Bar, Courbenac, testa en 1734. Il avait épousé *Jeanne de Ron-danes* ; d'où : *Raymond*, qui suit ; *André-Raymond*, seign. de la Tour ; *Georges*, curé de Grézels ; *Jeanne*, mariée à N. seigneur de Blanzac.

14ᵉ DEGRÉ

Raymond, seign. de Bar, capitaine des canonniers dans
Royal-Artillerie, au service depuis 1710, chevalier de
St-Louis en 1742. Il épousa en 1740 *Marie-Anne de la
Boissière*, fille de Pierre-Louis, seign. de la Boissière et
de Ginouillac ; d'où :

15ᵉ DEGRÉ

Georges de Guiscard de Bar, né en 1744 ; et *Gabrielle*,
née en 1742.

Troisième branche : la Bourlie

11ᵉ DEGRÉ

Gabriel de Guiscard, seign. du Cayrou et de la Gardelle, co-seigneur de la Laurie et de Montcornel. Il
mourut en 1630 et fut enterré dans l'Eglise St-Sauveur de
Puy-l'Evêque. Il avait épousé en 1589 *Anne de Laquai*,
fille de Jean, seigneur de Bourville, et de Marguerite de
Lion, dame de Milhau et de Pomarède, dont il eut
9 enfants : *Jean*, seign. du Cayrou, qui épousa Anne de
Thémines, fille naturelle du maréchal de Thémines
(Pons de Lauzières) et de Marguerite de Thémines ; fut
tué en 1625 à la prise de St-Paul-de-Damiate ; était
aide-de-camp du maréchal son beau-père ; — *Arnaud*,
seign. de la Gardelle, du Cayrou, Bruel, la Laurie, Puy-
Calvary ; lieutenant-colonel du régiment de Vaillac ;
gentilhomme ordinaire de la chambre du roi ; épousa
en 1613 Antoinette de Navinal ; mourut en janvier 1686 ;
— *Jean*, sieur de Bovila, curé de Floressas, mort en
1686 ; — *Jean*, curé de Sauzet, prieur de Rampoux, puis
curé de Grézels, mort en 1663 ; — *Georges*, qui suit ; —

Joseph, seign. de la Roquerie ; en 1659 maître d'hôtel ordinaire du roi ; épousa Gabrielle de Losse ; mort sans postérité ; — *Hélène*, épousa en 1616 Marc de Cadrieu de Puylaunis, maréchal de camp ; — *Melchiore*, en 1610 religieuse d'Issendolus, et supérieure de St-Jean de Toulouse.

12e DEGRÉ

Georges de Guiscard, comte de Neuvy-sur-Loire, séigneur de la Bourlie, etc., appelé Comte de la Bourlie, sous-gouverneur du roi Louis XIV, conseiller d'Etat, gouverneur et grand bailly de Sedan, lieutenant général des armées du roi ; né le 9 août 1606, mort le 9 décembre 1699. Il avait épousé en 1648 *Geneviève de Longueval*, dont il eut 4 enfants : *Louis*, qui suit ; — *Jean-Georges*, dit le Marquis de la Bourlie, seign. de Neuvy, la Selle et la Boulerie ; né en 1657 ; capitaine au régiment des Gardes ; mort en 1712 ; — *Antoine*, appelé l'Abbé de la Bourlie, né le 27 septembre 1658 ; nommé par le roi en 1672 abbé de Bonnecombe en Rouergue et prieur de Dieu-en-Souvienne en Barrois ; — *Chatherine-Geneviève*, qui épousa en 1683 Camille Savary, dit le marquis de Brèves.

13e DEGRÉ

Louis de Guiscard, marquis de Guiscard, comte de Neuvy, etc., appelé comte Guiscard, chevalier, commandeur des ordres du roi, lieutenant général de ses armées, ambassadeur en Suède, gouverneur de Sedan et de Namur, naquit à Puy-l'Evêque le 27 septembre 1651. Il épousa, le 24 février 1677, *Angélique de Langlée*, fille de Claude, seigneur de Lespichelière, maréchal général des logis des camps et armées du roi, et de Cathérine Rozet, dont il eut deux enfants : *Louis-Auguste*, qui suit, et *Catherine*.

14ᵉ DEGRE

Louis-Auguste. appelé le marquis de Guiscard, né le 10 mai 1680. Etant à Vienne en Autriche, il y tomba malade de la petite vérole dont il mourut en 1699.

Catherine, marquise de Guiscard, née le 12 juin 1688, épousa, le 11 juin 1708, *Louis-Marie d'Aumont*, marquis de Villequier, depuis duc d'Aumont, pair de France, premier gentilhomme de la chambre du roi, gouverneur de Boulogne et d'Olympe de Pienne. Elle mourut le 9 juillet 1723, laissant 3 fils, dont l'aîné fut *Louis-Marie-Augustin* d'Aumont, qui épousa en 1727 Victoire de Durfort-Duras.

TABLE DES MATIÈRES

CHAPITRE V

CHAPITRE VI

CHAPITRE VII

CHAPITRE XI

CHAPITRE XII

CHAPITRE XIII